18项培训管理精进

18 PROGRESSES OF TRAINING MANAGEMENT

闫轶卿 著

中国法制出版社
CHINA LEGAL PUBLISHING HOUSE

前言 preface

最初接触人力资源管理工作，就是从培训开始的。历经20年时间，策划、组织、参加、主讲了各式各样的培训，也亲自感受到培训管理的变革与发展。在开始写这本书前，我花了近1年的时间，把这些年所有现存的培训资料和书籍进行了回顾、分类和总结。在此基础上，结合20年实战经验，提取了培训管理工作中的20多个关键点，再进一步论证、合并、筛选，最终选定18个关键点。这18个关键点又划分为3个阶段或层面，分别是入门阶段，主要聚焦执行层面；提升阶段，主要聚焦制度层面；精通阶段，主要聚焦战略层面。全书整体的架构如下图所示：

培训管理18项精进

顶层	对接战略绩效 / 掌握培训趋势	精通阶段：战略层面
第二层	搭建人才梯队 / 建设企业大学 / 创新培训模式	
第三层	融合企业文化 / 培养内部师资 / 管理课程开发	提升阶段：制度层面
第四层	完善培训制度 / 提升技能培训 / 加强管理培训	
第五层	评估培训效果 / 落实新人培训 / 挑选外部资源	入门阶段：执行层面
底层	理解培训管理 / 分析培训需求 / 制定培训计划 / 组织培训实施	

之所以取书名为"培训管理18项精进",一是全书围绕培训管理的18个关键点展开阐述。为了夯实这18个关键点,全书贯彻"落地、实战"的风格,共有132份实用表格/图形/样本文件、26项实战经验分享、18个企业实景案例、14项工作流程、18个精选培训知识点。这些为读者在实践工作中落地提供所需的操作技能、工作流程、实景案例、实战经验和知识点,既可以全面深入理解关键点,又可以"拿来就用、用了就会",快速萃取经验、落地操作。

二是取"精进"的"一心进取、努力向上"之意。这18个关键点的掌握是循序渐进的、阶梯性的,大可分为3个阶段、3个层面,小可分为6个阶梯、18个专项。希望这本凝结着20年经验的书为读者提供些许力量和支撑,在学习和工作中,继续积累、努力向上!

最后,真诚感谢一直以来在生活、工作中支持我的家人、朋友、同事,我也会与大家一同向前、一心进取、不断精进!

闫轶卿

目录 contents

入门阶段 执行层面

第1项 | 理解培训管理 / 003
- 一、理解培训与培训管理 / 004
- 二、从企业角度看培训管理 / 006
- 三、从 HR 角度看培训管理 / 008
- 四、培训管理的整体流程 / 014

第2项 | 分析培训需求 / 019
- 一、培训需求分析的目标 / 020
- 二、培训需求分析的内容 / 022
- 三、培训需求分析的方法 / 028
- 四、培训需求分析的流程 / 032

第3项 | 制定培训计划 / 035
- 一、制定培训计划的原则 / 036
- 二、制定培训计划的分类 / 038

三、制定培训计划的内容 / 040

四、制定培训计划的流程 / 046

五、制定培训计划的技巧 / 049

第4项 | 组织培训实施 / 053

一、培训实施的审批/协议 / 054

二、培训实施的计划制订 / 061

三、培训实施的准备工作 / 065

四、培训实施的过程监控 / 067

第5项 | 评估培训效果 / 075

一、培训效果评估的工具 / 076

二、培训效果评估的执行 / 080

三、培训效果的定期总结 / 086

四、培训效果的总体分析 / 089

第6项 | 落实新人培训 / 093

一、建设新员工培训体系 / 094

二、组织落实新员工培训 / 096

三、新员工培训融合导入 / 101

四、不断提升新员工培训的效果 / 105

第7项 | 挑选外部资源 / 109

一、培训供应商选择原则 / 110

二、培训供应商选择机制 / 111

三、培训供应商日常管理 / 120
四、与培训供应商的合作 / 122

提升阶段　制度层面

第8项 ｜ 完善培训制度 / 129
一、设计好培训制度体系 / 130
二、制定完善的培训制度 / 132
三、培训管理的流程设计 / 136
四、培训管理的流程制定 / 138

第9项 ｜ 提升技能培训 / 146
一、岗位技能的培训体系 / 147
二、销售线岗位技能培训 / 149
三、技术线岗位技能培训 / 154
四、职能线岗位技能培训 / 159
五、生产线岗位技能培训 / 165

第10项 ｜ 加强管理培训 / 170
一、管理岗位的素质要求 / 171
二、管理人员的职业发展 / 175
三、管理培训的阶段划分 / 180
四、领导力培训规划设计 / 182

第11项 | 融合企业文化 / 185

一、企业文化与培训管理 / 186
二、培训融入文化的建设 / 187
三、增强文化的培训作用 / 191
四、避免文化培训的误区 / 193

第12项 | 培养内部师资 / 197

一、培养内部讲师的作用 / 198
二、内部讲师的选拔机制 / 199
三、内部讲师的认证评估 / 202
四、内部讲师的激励发展 / 208

第13项 | 管理课程开发 / 212

一、课程开发的定义和意义 / 213
二、课程开发的基本原则 / 214
三、课程开发的体系建设 / 217
四、课程开发的管理流程 / 221

精通阶段　战略层面

第14项 | 搭建人才梯队 / 227

一、搭建人才培养体系 / 228
二、人才梯队建设与培训 / 229
三、企业人才盘点与培训 / 234
四、职业生涯规划与培训 / 239

第15项 | 建设企业大学 / 243

一、建设企业大学的缘由 / 244
二、企业大学的组织规划 / 247
三、企业大学的运营模式 / 248
四、企业大学的发展趋势 / 250

第16项 | 创新培训模式 / 254

一、建设动态多模式培训 / 255
二、游戏化成人培训模式 / 256
三、线上线下相融合培训模式 / 258
四、新技术变革培训模式 / 261

第17项 | 对接战略绩效 / 263

一、培训对接战略和绩效 / 264
二、培训目标与企业战略 / 264
三、培训落实与企业运营 / 265
四、培训效果与企业绩效 / 267

第18项 | 掌握培训趋势 / 271

一、培训管理的发展趋势 / 272
二、企业培训管理的发展 / 272
三、职业人培训需求升级 / 274
四、新技术推动培训变革 / 275

入门阶段

执行层面

入门阶段是培训管理的基础，主要侧重于执行层面的关键工作，包括1—7项精进：（1）理解培训管理；（2）分析培训需求；（3）制定培训计划；（4）组织培训实施；（5）评估培训效果；（6）落实新人培训；（7）挑选外部资源。入门阶段的内容主要面向培训管理的初级人员，如培训助理/专员，或者适用于人力资源管理初级知识的学习。

- 如何加强培训供应商管理？
- 如何做好新员工培训工作？
- 如何全面评估培训的效果？
- 如何落实跟进培训的执行？
- 如何制定科学的培训计划？
- 如何准确分析培训的需求？
- 如何全面理解培训与管理？

评估培训效果	落实新人培训	挑选外部资源	
理解培训管理	分析培训需求	制定培训计划	组织培训实施

入门阶段：执行层面

培训助理/专员的职责通常包括：进行培训需求调查、协助培训主管/经理整理分析培训需求；协助培训主管/经理制定培训预算、制定培训具体实施计划；执行培训审批工作、签订培训协议书；协助落实培训实施前准备工作、跟进/执行培训实施工作；进行培训效果评估、整理培训相关记录；汇总分析培训效果、整理培训结果报告；落实执行新员工培训工作、形成新员工培训报告；寻找合适的培训供应商、协助培训主管/经理选择/评估供应商。

第1项 ▎理解培训管理

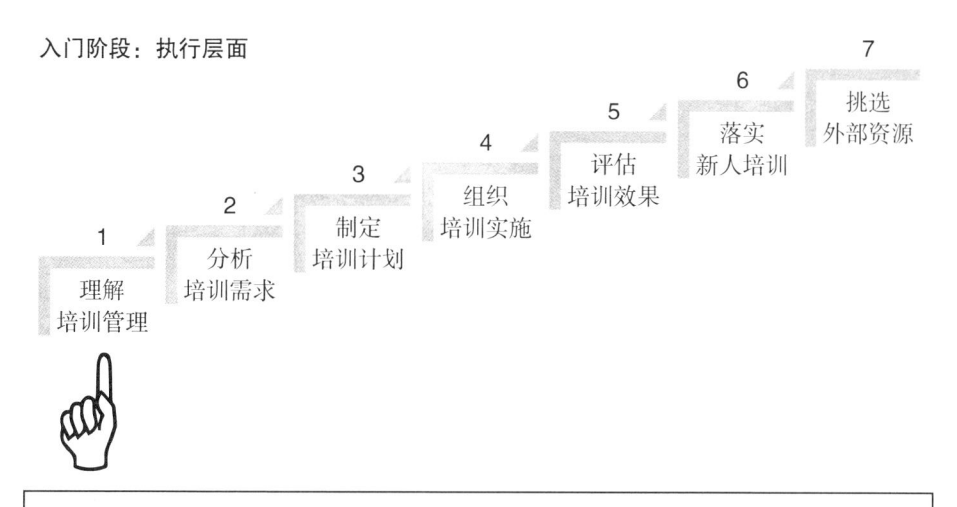

入门阶段：执行层面

1. 理解培训管理
2. 分析培训需求
3. 制定培训计划
4. 组织培训实施
5. 评估培训效果
6. 落实新人培训
7. 挑选外部资源

通过本项精进，旨在掌握以下方面：
- 如何理解培训和管理的定义
- 从企业角度如何看培训管理
- 从HR角度如何看培训管理
- 不同管理模式对培训的理解
- 培训的整体管理流程是什么

人才，是具有专业知识和专业技能的人。21世纪最贵的就是人才。在当今企业管理实践中，我们也切身感受到人才的"贵"。一方面，"贵"体现在人力资源成本不断上涨，企业年度8%—10%的增薪对于优秀人才来说早已失去吸引力，跳槽可以实现几倍的薪酬增长；另一方面，"贵"也体现在人才难寻，前些年企业的发展苦于缺资金、技术和业务，但近些年来，多数企业发展最大的"瓶颈"在于缺人才。

对于企业来说，所处的竞争环境让企业不得不面对人才的"贵"——投入更多的成本寻找人才。在以高额薪酬招聘到人才后，企业才开始面对真正的问题，即"贵"的人才是否能为企业创造更高的效益？现实中，企业在吸引、承担高薪人才的同时，最怕高薪人才无法创造超过自身价格的价值。

企业要使人才发挥出才能，为企业提供增值服务，关键在于让人才快速融入企业，在岗位上发挥个人才能，并随着企业发展需求不断提升技能和思维意识，而所有这些都离不开培训。

一、理解培训与培训管理

我们先来看一下，如何理解培训和培训管理？

培训从字面意思上讲，由"培"和"训"两部分组成："培"即"培养"，"训"即"训练"。简单地讲，培训是通过培养、训练使受训者掌握知识、提升技能、改变思维的过程。

培训管理，是组织通过开发员工的知识、技能、思维认知，从而帮助实现组织目标的系统过程。

通过培训和培训管理的定义，我们可以看到以下关键点。

1.培训与培训管理的方式是"培养、训练"

与"培养、训练"内涵相近似的词还有"教学""辅导""指导""引导""栽培""培育""造就""锻炼"，等等，其中心都是围绕"教"。在培训与培训管理中，第一个核心问题是如何"教"，需要考虑"教"的人是谁，组织者是谁，方法有哪些，是否有效，等等。本书后续将围绕这个核心问题展开分析。

2.培训与培训管理的目标是"掌握、提升、改变"

培训与培训管理的目标是掌握知识、提升技能、改变思维。这个目标实现的可能性、实现途径是培训与培训管理的第二个核心问题。

3.培训与培训管理的对象是"人"，具体对象是"人的知识、技能、思维"

培训与培训管理的第三个核心问题是"人"。"人"的可变性与复杂性不言而喻。我们从小到大学习了很多知识和技能，思维方式也在不断地转变。在企业培训管理中，我们首先需要回答的问题是，需要继续学习哪些知识，掌握哪些技能，转变哪些思维。另外，不得不提的就是关于"人"的知识、技能、思维的冰山模型（参见知识链接：冰山模型）。

知识链接　冰山模型

> 冰山模型由美国著名心理学家麦克利兰提出，指个体素质的不同表现形式可划分为表面的"冰山以上部分"和深藏的"冰山以下部分"。其中，"冰山以上部分"包括基本知识、基本技能、个体行为，是外在的、容易了解与测量的部分，相对而言也比较容易通过培训来改变和发展；而"冰山以下部分"包括社会角色、自我形象、特质和动机，是个体内在的、难以测量的部分，它们不太容易通过外界的影响而得到改变，但却对人的行为与表现起着关键性的作用。

通过冰山模型（见图1-1），我们认识到，显性的"知识、技能"在培训和培训管理中，可以通过测试等方式评估效果。但"思维"是冰山下"社会角色、自我形象、特质、动机"的集合体，它们决定了表象的"知识、技能、行为"，但却难以测试和衡量。所以，如何能够有效地改变思维就成为培训和培训管理的主要难点。

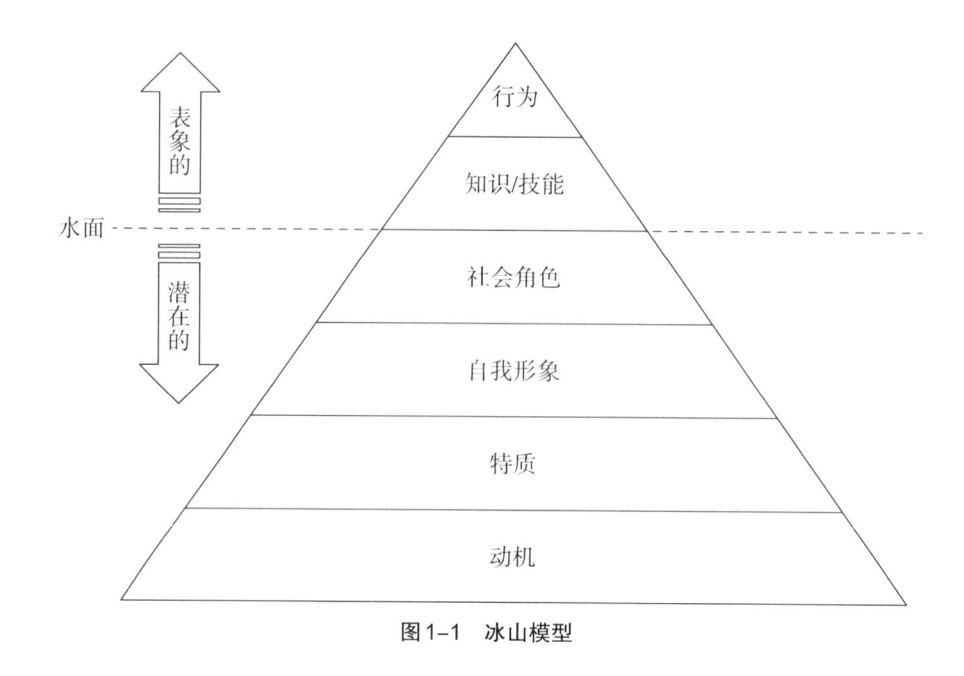

```
                    行为
                  知识/技能
       ─ ─ ─ ─ ─ ─ ─ ─ ─ ─ ─ ─ ─
水面
                  社会角色
                  自我形象
                   特质
                   动机
```

图1-1　冰山模型

二、从企业角度看培训管理

实景案例

C公司创立近5年，人员近100人。经过几年的发展，公司已经完成了两轮融资。融资后，新的投资者要求企业第二年实现销售收入翻一番（增长100%）的目标。总经理在年底的大会上公布了新一年的目标，并把任务分解到各个部门。虽然企业属于高速发展的行业，但各部门经理仍觉得完成这个目标很困难。于是，总经理召开了内部会议，共同讨论完成任务目标的主要困难并制定解决方案。

在会议上，各部门经理都将完成任务的困难集中在人力资源问题上，包括"没有足够的人手""薪酬不具备竞争力，无法吸引优秀人才""技能差、缺少专业技能培训""虽然有期权，但奖金等即时激励不足"等。因此，总经理让HR经理制定新的招聘计划、培训计划和薪酬计划。总经理特别提出加强培训的重要性，指出培训应包括新员工培训、专业技能培训、管理培训等，并向董事会申请了几十万元的培训费用。

在新的一年中，HR经理根据年初的计划组织实施培训，但在培训实施时，各部门参与度并不高，只要总经理不强调，参训者往往都不积极。HR经理与各部门沟通时，部门经理说"业务为先，员工要出差跑客户、搞实施、做售后，人手也不够，根本抽不出人参加培训"，年度计划中的几项重要培训也因此而取消。

到了年底，多数部门没有完成年初的计划，总经理开总结会，各部门经理又把矛头指向HR部门，声称"人没有招到""新员工培训不到位""岗位专业技能培训不足""管理意识缺乏"等为业绩没有完成的主要原因。

案例启示

通过以上案例我们可以看出，培训管理工作是人力资源管理的重要模块之一，培训管理关系企业人才技能培训和人才培养，是企业发展和取得效益的重要支撑。同时，通过这个案例我们也可以看到企业培训和培训管理工作的困难：需要有培训经费、需要HR组织、需要各部门积极配合。但即使这些都做到了，仍有一个关键的问题无法确定，那就是培训是否能够促成企业绩效的达成？如果几十万元的培训费用花了、培训均按照计划执行了，企业仍未达到业绩目标，那又如何评估培训效果？是培训无效果吗？是培训经费少吗？还是培训组织有问题？这些问题往往也是HR管理者在实践中最感头痛的。

通过以上案例分析，我们一起来梳理一下企业培训的主要目标。

1.导入新员工

企业培训新员工主要是引导新员工进入组织中，使他们尽快熟悉和了解岗位工作职责、工作环境和工作条件，了解企业的规章制度、历史文化、产品业务、组织设置等，同时，也引导新员工了解企业所在行业及相关外部环境。

企业在做新员工培训时，除了以导入为主要目标的通用型新员工培训，有的企业还针对新员工欠缺的知识和技能展开查漏补缺式的培训，让新员工的知识和技能尽快达到岗位的要求标准。

通过培训，新员工可以较快地融入企业，较快地适应新岗位，这大大地缩短了新员工的适应期，也为企业节约了大量成本。

2.提升员工素质

企业通过培训，让员工掌握知识、提升技能、改变思维。这些都会提升员工的整体素质：一方面，员工个人有不断成长、发展的需求，企业的培训有利于培养员工，同时也有利于提升员工对企业的忠诚度；另一方面，企业也在不断发展，为了适应内外部挑战，需要不断提升员工素质，以应对技术、业务升级发展的需求。

3.提高企业绩效

不论是导入新员工，还是提升员工素质，企业最终的目标是要实现效益与可持续发展。所以，企业培训的最终目标就是通过培训提高员工工作绩效，进而提高企业绩效。

企业培训对促进企业绩效提升有诸多作用：企业培训可以使具有不同价值观、不同工作习惯的员工，按照企业经营的要求，形成统一融合的集体，使工作效率得到提高；企业培训可以使员工学习新知识、新技能、新思维，进行技术革新、方法创新，产生效益；企业培训可以降低员工在工作中的错误率，进而减少成本支出，降低企业损失。

三、从HR角度看培训管理

（一）HR六大模块中的培训管理

1.人力资源管理六大模块的划分

企业中的人力资源管理工作通常可以划分为六大模块，或者说细分为六个方向，即人力资源规划管理、招聘配置管理、培训开发管理、薪酬福利管理、绩效考核管理、员工关系管理（见图1-2）。

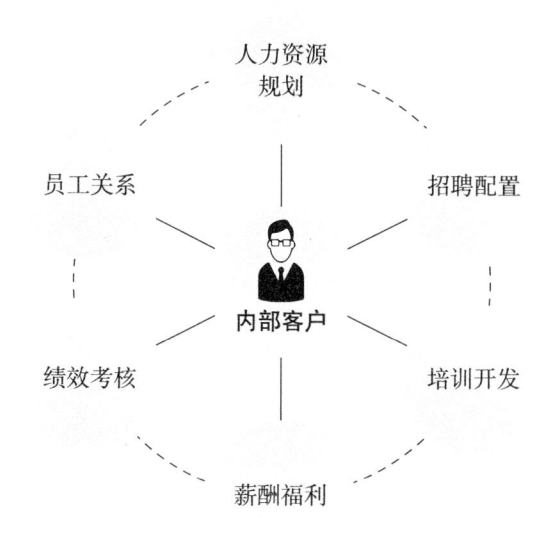

```
        人力资源
          规划
员工关系        招聘配置
        内部客户
绩效考核        培训开发
        薪酬福利
```

图 1-2　人力资源管理的六大模块

不论以何种角度对人力资源管理工作进行划分，人力资源管理工作都是一个密不可分的整体，虽然不同工作模块都有各自的侧重点，但是这些模块或方向之间是紧密关联的。任何一个模块工作的缺失或不到位都会影响整体人力资源管理系统的正常运行，甚至会引起失衡。

2.人力资源管理六大模块的主要工作内容划分

从整体上看，人力资源管理的总体目标是对"人"这一资源进行管理。围绕如何对"人"进行管理这一主题，人力资源管理系统被细分为六大模块，具体的工作方向如下（见表1-1）。

表1-1　人力资源管理六大模块主要工作方向

人力资源管理六大模块	主要工作方向
人力资源规划管理模块	人力资源战略规划；组织机构的设置与调整；工作分析、工作评价与岗位设置；职位级别、类别的划分，职位体系管理；人员编制核定；人员供给市场分析；人力资源管理制度的制定与修订；人力资源管理费用预算的编制与调整；人才梯队建设等。

续表

人力资源管理六大模块	主要工作方向
招聘配置管理模块	招聘需求分析；招聘程序和策略；招聘渠道分析与选择；候选人的邀约；人员甄选实施；背景调查；招聘中的特殊政策应对与应变方案；离职面谈等。
培训开发管理模块	内部培训需求调查与分析；培训计划的制定与调整；外部培训资源的考察与选择；培训内容的开发与设计；培训的具体组织与实施；培训效果的评估；培训建议的收集与工作改进等。
薪酬福利管理模块	薪酬策略的制定；薪酬架构的设计；岗位评价与薪酬等级的设置；内外部薪酬调查；薪酬总额计划预算制定与调整；薪酬的核发；薪酬成本统计分析；福利计划的制定与福利项目设计；福利的执行等。
绩效考核管理模块	绩效管理策略的制定；绩效管理方案的设计与调整；绩效计划的制定与落实；绩效考核的具体实施；绩效管理的沟通面谈；绩效改进方法的跟进与落实；绩效结果的应用等。
员工关系管理模块	国家和地区最新的劳动法规与政策的掌握；劳动合同管理；员工入职、离职、调动、转正、调岗等日常管理；特殊员工关系（例如劳动纠纷、集体劳动合同、罢工等）的处理；员工信息的保管与更新；员工心理辅导；员工关怀等。

除以上人力资源管理的主要工作外，在现实的企业人力资源管理中，可能还会有一些工作，例如：人力资源自身的队伍建设；E-HR系统的建设与完善；集体合同的管理；工会的管理；外包人员的管理；集团/总部人力资源管理与分/子公司人力资源管理；人力资源业务外包等。这些工作是在人力资源管理的范围内，但具有一定的个性化，并不是每个企业都会遇到，所以没有列入常规人力资源管理模块的工作内容中。

3.人力资源管理六大模块之间的关系

人力资源管理六大模块各自的侧重点不同。人力资源规划管理是人力资源管理工作的综合指引，它决定了人力资源管理工作的主要目标与方向；招聘配置管理主要是吸引并合理地将人员配置到匹配的岗位上；培训开发管理可以帮助员工胜任工作并发掘员工的最大潜能；薪酬福利管理是激励员工最有效的手段；绩效考核管理可以合理地评价员工的工作产出；员工关系管理可以维护企业和员工的共赢关系。

人力资源管理六个模块之间的关系是密不可分的，它们之间相互衔接、相互作用、相互影响，从而形成一个整体的体系。人力资源规划是人力资源管理的起始点，通过规划明确了人力资源管理的战略，确定了企业整体架构、人员需求及岗位要求。没有人力资源规划，招聘配置工作就是无源之水、无本之木，变成盲目的人员引进，配置也无法做到合理科学。只有以科学的人力资源规划为基础，招聘配置工作才能解决企业的人员吸引、人岗匹配问题。人员引入后是否能真正转化为资源，主要决定于对人才的培训与开发，所以培训开发模块的工作是以人力资源规划和招聘配置为基础的。人员引进并培训开发后，薪酬福利作为一个激励的关键要素必不可少，也是保留员工的基本要素。在人员的使用中，绩效管理是解决如何用人的问题，合理的绩效管理能够全面评估人员的产出、潜能，主要目标在于帮助人、提高人。最后，员工关系管理将管理员工形成法律化和人性化的具体操作，最终形成一个闭环，帮助企业形成合理配置人力资源的有效循环。

通过以上两方面的分析，我们可以看出，人力资源管理六大模块之间虽然工作各有侧重点，但关系密不可分，任何一个模块的缺失都会影响整个人力资源管理系统。人力资源管理工作是一个有机的整体。从企业和员工的感触上看，人力资源管理也是一个整体，企业和员工会自然地涉及人力资源管理的各个模块、各个环节。所以，综合来看，人力资源管理是整体性的、不可分割的。即使我们分不同的模块去操作人力资源管理，落实人力资源管理的各项工作，从整体上看，人力资源管理的所有工作都必须到位，同时要根据不同的情况，不断地调整工作的重点，才能保证人力资源管理整体保持良性运作，并支持企业战略目标的最终实现！

（二）HR三支柱中的培训管理

1. HR三支柱的界定

HR三支柱模型（又称"三驾马车"，见图1-3），由戴维·尤里奇（Dave Ulrich）于20世纪90年代提出，近十几年引入中国，中国一些大型企业正在逐步践行这个管理模型。

HR三支柱模型的核心思想是把人当作"资本"，而不是"资源"，将"人力资本"当成一项业务来经营，重新定位了人力资源部门——从职能导向转向业务导向，要求HR要像业务单元一样运作，以实现业务增值。

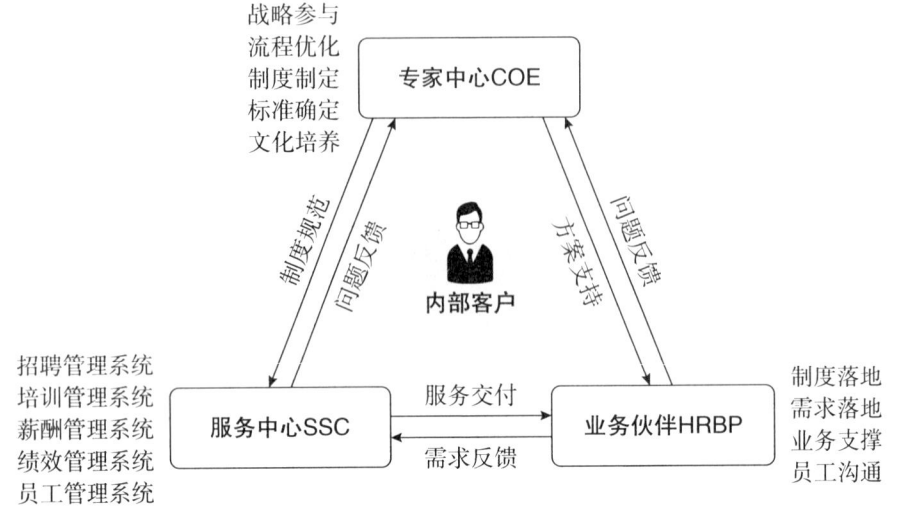

图1-3 人力资源管理的三支柱模型

在HR三支柱模型中，对HR组织进行了重新设计，将HR的角色一分为三，即HR"三驾马车"，具体包括以下几个方面。

（1）HRBP（人力资源业务合作伙伴Business Partner）

HRBP的定位：作为业务伙伴，确保以业务为导向，贴近业务配置HR的相关资源，为业务提供HR解决方案；同时，为企业核心价值观的传承和政策落地提供保障。

通常HRBP扮演以下几种角色。

- 解决方案集成者：集成COE的设计，形成业务导向的解决方案。
- HR流程执行者：推行HR流程，支持业务的HR管理决策。
- 关系管理者：有效管理员工关系。

（2）COE（人力资源专业中心或人力资源领域专家Centre of Excellence or Center of Expertise）

COE的定位：作为HR领域专家，确保HR管理设计的一致性，提升HR的整体专业能力，增强企业人力资源政策、流程和方案的有效性，并为HRBP服务业务提供技术支持。

通常COE扮演以下几个角色。

- 设计者：运用领域知识设计业务导向，创新HR政策、流程和方案，并持续改进。
- 管控者：管控政策、流程的合规性，控制风险。
- 技术专家：对HRBP、HRSSC、业务管理人员提供本领域的技术支持。

（3）SSC（共享服务中心Shared Service Centre）

SSC的定位：作为HR标准服务的提供者，确保服务交付的一致性，提供标准化、流程化的服务，使主管和HR从可操作性事务中释放出来，提升HR整体服务效率。

通常SSC扮演以下几个角色。

- 员工呼叫中心：支持员工和管理者发起的服务需求。
- HR流程事务处理中心：支持由COE发起的主流程行政事务部分。
- SSC运营管理中心：提供质量、内控、数据、技术和供应商管理支持。

从以上HR三支柱模型可以看出，HR作为业务单元，围绕内部客户，HRBP负责客户管理、COE负责专业技术、SSC负责服务交付，这个模型有助于促进HR业务模式的变化，也有助于提升HR的管理效率和管理效能。

2. HR三支柱中的培训管理

在HR三支柱模型中，培训管理可以根据HR业务模式分解为3个层面：培训-COE、培训-HRBP、培训-SSC，3个层面的角色及主要工作职责各不同（见表1-2）。

表1-2　人力资源三支柱模型中培训的角色及主要工作职责

三支柱中的培训管理	角色	主要工作职责
培训-COE	● 培训体系的设计者 ● 培训体系的管控者 ● 培训体系的技术专家	● 对接企业战略与培训策略 ● 设计企业整体培训管理体系 ● 管控企业培训体系 ● 更新培训体系技术
培训-HRBP	● 培训解决方案的集成者 ● 培训流程的具体执行者 ● 培训效果评估者	● 对接业务、明确需求 ● 形成培训具体解决方案 ● 执行落实培训 ● 评估培训效果

续表

三支柱中的培训管理	角色	主要工作职责
培训-SSC	• 培训平台的运营管理者 • 培训通用内容的组织者 • 培训员工服务的提供者	• 管理平台中培训相关模块 • 组织培训通用内容 • 员工培训结果记录反馈 • 为员工提供培训相关的服务

经验分享　人力资源管理的两种模式

大部分HR从业者及目前学校开设的人力资源管理专业，多是从人力资源六模块来工作和学习的，对于新的HR管理模式——三支柱模式，目前国内只有部分大型企业或互联网企业在试行。笔者在实践工作中体会到，两种模式并不完全矛盾。很多有E-HR系统的企业，其实在HR六模块中的部分模块已经实行了SSC模式；部分集团化HR统一管理的企业，集团总部就在扮演COE的角色，各分/子公司的HR其实就是HRBP。

四、培训管理的整体流程

企业的培训管理一般遵循通用的流程（见图1-4），即培训需求分析、培训计划制定、培训组织实施和培训效果评估4个主要步骤。

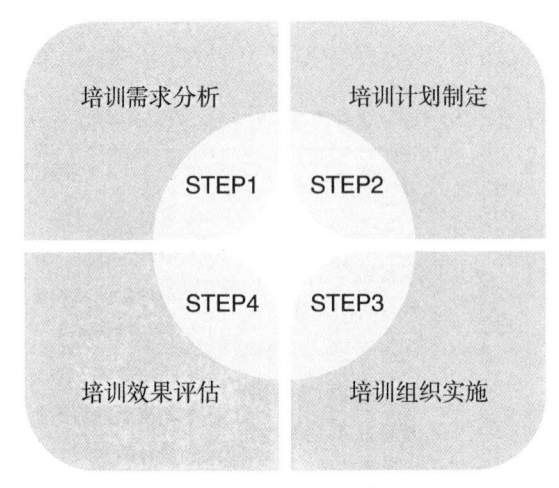

图1-4　培训管理的整体流程

1.培训需求分析

培训需求分析是培训管理整体流程的第一个环节,是其他三个环节的基础。在这个环节中,企业培训管理人员需要明确培训需求分析的目标、内容、方法和流程。

2.培训计划制定

培训计划制定是培训管理整体流程的第二个环节,其必须以培训需求分析为基础。在这个环节中,企业培训管理人员需要明确培训计划制定的原则、分类、内容和流程,也需要掌握一些培训计划制定的技巧。

3.培训组织实施

培训组织实施是培训管理整体流程的第三个环节,是以培训需求分析制定的培训计划为准来组织实施的。在这个环节中,企业培训管理人员需要明确培训实施的计划制定、审批流程、准备工作和过程监控。

4.培训效果评估

培训效果评估是培训管理整体流程的第四个环节,是对前三个环节的效果评估,也是新一轮培训需求分析的基础。在这个环节中,企业培训管理人员需要明确培训效果评估的工具、执行,以及培训效果的定期总结和总体分析。

在培训管理整体4环节流程的基础上,每个环节还有与整体流程相匹配的具体流程(见表1-3)。

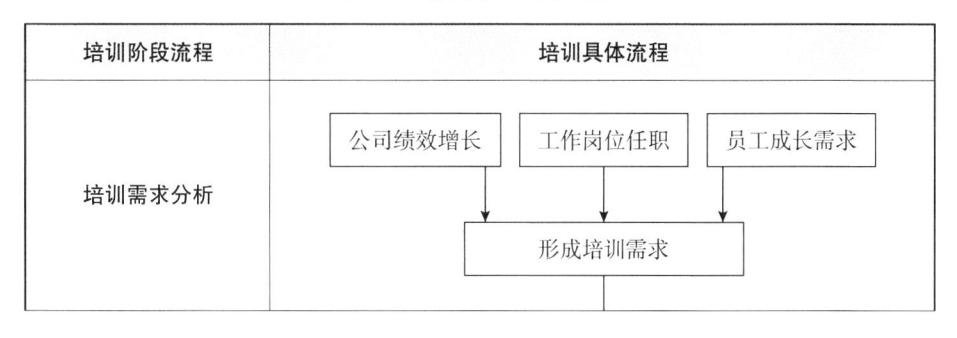

表1-3 培训管理的具体流程

培训阶段流程	培训具体流程
培训需求分析	公司绩效增长 → 形成培训需求 ← 工作岗位任职 / 员工成长需求

续表

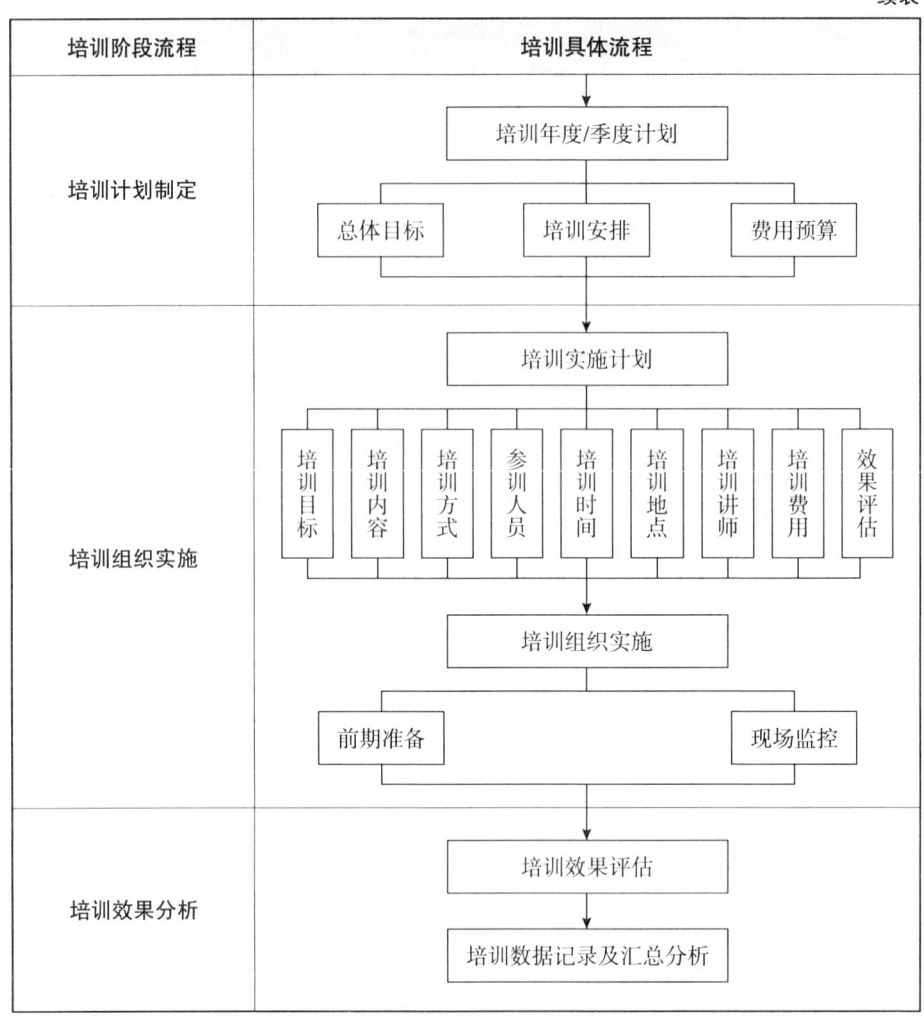

培训阶段流程	培训具体流程
培训计划制定	培训年度/季度计划 → 总体目标 / 培训安排 / 费用预算
培训组织实施	培训实施计划 → 培训目标、培训内容、培训方式、参训人员、培训时间、培训地点、培训讲师、培训费用、效果评估 → 培训组织实施 → 前期准备、现场监控
培训效果分析	培训效果评估 → 培训数据记录及汇总分析

将培训阶段流程与培训具体流程放在表格中匹配对照，可以从整体上掌握培训管理的主要流程和关键业务点。后续，我们将逐步展开并详细分析每个环节，读者也可以在详细了解每个步骤后再返回，从整体上看培训管理，可以站在更高的角度以加深理解。

> **经验分享　培训管理初级职位者如何参与培训管理?**
>
> 作为培训管理的初级职位者,如培训助理或培训专员,在日常工作中很快会接触到培训管理的4个环节。培训助理/专员会协助进行培训需求调查,如收发培训需求调查表等;会协助制定培训计划,如对外询价、寻找候选供应商等;会协助组织实施培训,如申请审批、准备工作、现场协助等;会协助评估培训效果,如课堂培训满意度调查、现场考试、进行培训资料整理、汇总分析等。

🔔 在实践工作中运用
第1项精进：理解培训管理

1. 请写下你对培训的三个主要理解。

   ✎ _____

   ✎ _____

   ✎ _____

2. 请回想一下，在实际工作中，你遇到的冰山模型水面下的部分是什么？你是如何感知到的？它们对你的生活或工作有什么影响？

   ✎ _____

   ✎ _____

   ✎ _____

3. 请你写一个实际参加过的培训，例如：名称是什么？讲师如何讲？培训过程如何？你觉得效果怎么样？你的整体感受如何？

   ✎ _____

   ✎ _____

   ✎ _____

第2项 ｜ 分析培训需求

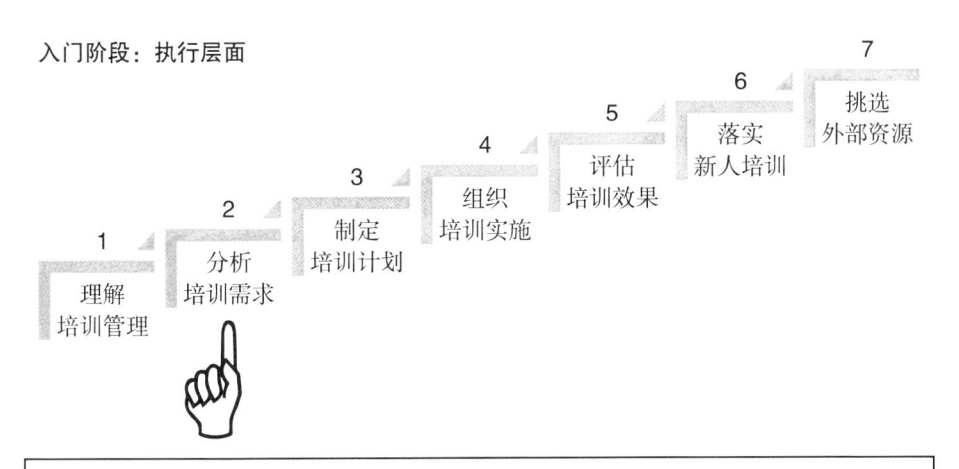

入门阶段：执行层面

1 理解培训管理
2 分析培训需求
3 制定培训计划
4 组织培训实施
5 评估培训效果
6 落实新人培训
7 挑选外部资源

通过本项精进，旨在掌握以下方面：

- 理解培训的需求分析是什么
- 培训需求分析的目标是什么
- 培训需求分析的内容有哪些
- 哪种培训需求分析方法有效
- 了解培训需求分析主要流程

培训需求分析是培训管理工作的起点，也是培训管理的第一阶段工作。那么，什么是培训需求分析？

培训需求分析是指在制定培训计划以及组织具体培训前，由企业相关管理人员采取各种技术与方法，对企业、相关部门的培训目标和员工的知识结构、技能情况、思维状态等方面进行调查与分析，以确定企业、部门或员工是否需要培训，并确定培训的主要方向。

培训需求分析（见图2-1）是培训管理整体流程的第一个环节，是后续三个环节（培训计划制定、培训组织实施、培训效果评估）的基础。作为首要环节，培训需求分析非常重要。如果培训需求分析出现偏差，后续的培训计划就会做出错误判断，培训组织实施就会浪费人力、物力、财力，培训效果不仅不会有正面评估，反而会出现负面效果。因此，培训需求分析是企业培训管理人员必须掌握而且要准确把握的关键技能。

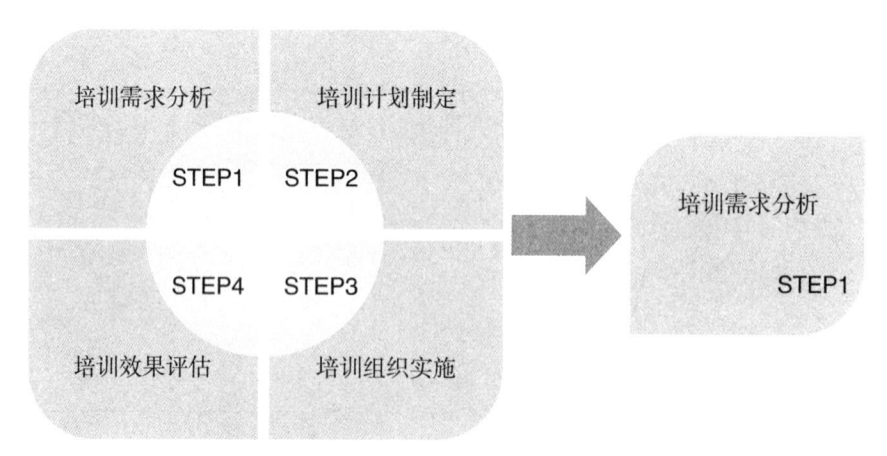

图2-1 培训管理整体流程第一步：培训需求分析

一、培训需求分析的目标

我们在前面分析过，从企业的角度出发，培训的目标主要有3个方面：导入新员工、提升员工素质和提高企业绩效，这也是培训需求的来源。可以说，新员工进入企业（人员的变化调整）、提升员工素质（岗位知识、技能、思维等的变化调整）、提高企业绩效（员工、企业整体绩效的变化调整）是培训需求产生的根本原因。有效的培训需求分析首先要建立在其需求的成因分析基础上，然后才能保证培训需求的针对性和实效性。

下面我们来看一下培训需求分析的主要目标。

1. 了解信息

培训需求分析可以全面地了解与培训相关的各方面信息，主要包括员工信息（基本个人信息、岗位信息、个人知识/技能情况、个人思维认知情况、个人发展规划等）、岗位信息（岗位基本信息、岗位知识/技能要求、岗位思维认知要求、岗位调整规划等）、组织信息（组织设置情况、组织流程情况、组织绩效情况、组织发展情况等）。

2. 分析差距

培训需求分析的主要目标是分析差距。差距主要包括3个方面：一是员工实际情况与个人发展规划要求的差距；二是现有岗位人员与岗位要求的差距；三是组织实际情况与组织绩效和发展要求的差距。通过培训需求分析，可以明确这3个方面的差距。

3. 确定方向

培训需求分析的另一个目标是确定培训方向，这个方向主要是针对某一项或某几项差距。方向的确定旨在通过缩小或消除相关的差距以达到相应要求。在一般培训需求分析中，确定方向包括确定培训的主要类型（知识、技能或思维）、主要方法等。

4. 初定成本

在了解信息、分析差距、确定方向之后，可以初定培训成本。培训成本不仅包括直接的培训支出（如场地、老师等），还包括间接的培训支出（如参训人员薪酬、时间成本等）。培训成本是企业成本的重要组成部分，既支持企业绩效，也影响企业绩效。所以，初定成本是培训需求分析的主要目标之一。

5. 评估依据

对于企业来说，培训已经成为一项重要的成本投入。培训的成本投入必须要对企业绩效产生支撑作用，否则培训对于企业将失去意义。所以，在进行培训需求分析时，要有明确的培训效果评估依据。

二、培训需求分析的内容

实景案例

F公司由李总一手创办，他亲自跑业务、做客户、盯交付。随着业务的发展，公司招聘了一些员工。为了让员工能够更快地掌握业务，并且能够忠诚于企业、与企业共同发展，李总亲自为员工做培训。李总一遍遍地为员工讲解一些他认为员工应该掌握的内容，经常一讲就讲两三个小时，而且还不允许员工请假。有时候，为了培训，李总还要求员工周末到公司。虽然李总付出很多努力，但员工还是流动得很快，有的员工甚至刚来不久就离开了。员工离开时，李总都会和他们谈话，分析离职的原因：有些员工只是说离家远、家里有事等；有个别员工直接对李总说，他的培训和讲解让人受不了。培训是好事，但根本不问员工是不是需要，就一遍遍地讲，让人无法接受。其实，李总讲的很多内容他们早就知道并学习过，只需要在业务中实践就可以了。占用了太多时间进行培训，反而会导致因正常工作完不成而加班，造成巨大的工作压力……

案例启示

通过以上案例我们可以看出，有些企业负责人非常重视培训，也将培训当作提升员工业务能力的主要方式。但是，做培训必须要有的放矢！不能单从企业管理者的角度出发，想当然地做培训。如果在没有仔细调查和分析培训者需求的情况下就投入人力、物力，那么培训效果与培训目标之间会相去甚远。另外，也要通过培训需求调查选择合适的培训方式、培训时间等。培训是一个教与学的过程，培训方法对于培训效果也有非常大的影响，在以上案例中，我们就可以看到这一点。

企业培训需求分析的内容可以从企业的不同层次来区分,具体如下所示(见表2-1)。

表2-1 按层次划分培训需求分析内容

培训需求分析层次	培训需求分析分类	培训需求分析内容
企业——组织层面	目标分析	分析企业目标与实际差距
	资源分析	分析企业具备的资源
	价值观分析	分析企业独特的价值观和文化理念
	环境分析	分析企业所处行业、外部环境特点
	业务分析	分析企业目前业务特点、优势、不足
	管理分析	分析企业目前管理特点、流程、架构
工作——岗位层面	岗位设置分析	分析岗位设置目标、上下游关系
	岗位要求分析	分析岗位具体知识、技能、思维要求
	岗位特殊分析	分析岗位的特殊要求
受训者——员工层面	知识分析	分析员工所具备的知识
	技能分析	分析员工所具备的技能
	思维分析	分析员工的思维状态
	绩效分析	分析员工的实际绩效、目标绩效
	发展分析	分析员工的发展路径与发展需求

根据上表培训需求分析内容的总结,下面再做一下细化。

1.企业——组织层面分析

培训需求分析在企业——组织层面的分析,主要针对组织目标、资源、价值观、环境、业务和管理等方面,对组织情况进行整体分析,精准地寻找到企业在组织层面存在的问题及深层次的原因,以找到能够用培训解决问题的方法。

企业培训需求分析在组织层面的分析是根本分析,就如我们前面说到的企业培训根源在于企业的需求。所以,培训需求分析首先要分析清楚企业的需求。企业是一个组织,所以只有全面分析影响组织的各种因素,才能全面分析组织所需要解决的问题。

（1）目标分析

企业存在与发展都是以目标为导向的，这里所说的目标不仅仅是企业阶段性的绩效目标，如年度收入、年度盈利、成本控制等，还包括企业长远发展的愿景性目标。企业明确、清晰的目标是企业培训需求分析和培训规划设计的决定者。可以说，企业的目标决定了培训的目标。

（2）资源分析

企业资源分析也是培训需求分析的重要方面。企业资源包括人力、物力、财力、时间等。如果资源不充足，必然会影响到培训的目标。

（3）价值观分析

企业价值观分析直接决定了企业培训的方向，比如，有的企业价值观主导先学后干，必须经过学习培训后才能上岗；而有的企业价值观主导边干边学、学中干、干中学。不同的价值观导向会深刻影响培训的需求与规划。

（4）环境、业务、管理分析

对企业所处环境、企业业务及企业管理的分析是培训需求分析中分析更加全面的体现，是将企业放在一个动态的整体环境中看待，而不是僵化地看企业本身。企业所处的行业环境、竞争对手、业务特点、管理特点等都会对培训需求和规划产生影响。

2. 工作——岗位层面分析

在分析清楚企业——组织层面的情况后，培训需求分析进入到第二个层面，即工作——岗位层面的分析。岗位是企业组织的最小单位，岗位设置是为了达到绩效目标，同时，岗位有详细的岗位职责、标准，以及岗位任职资格，包括达成工作所应具备的知识、技能和思维认知等。

岗位分析是培训需求分析的重要来源，岗位分析的具体内容也决定了培训规划中的培训课程内容。

（1）岗位设置分析

通过分析岗位设置的目标、上下游岗位的关系，可以清晰地了解岗位在企业组织中的位置及作用，也可以清晰地了解岗位绩效与企业整体绩效的关系。

（2）岗位要求分析

岗位要求分析是培训需求分析中最常见的分析，岗位的知识、技能和思维要求，与岗位任职人员的实际情况之间的差距往往是培训课程设计的核心。

（3）岗位特殊分析

除岗位设置和岗位要求分析外，岗位特殊要求也是培训需求分析的一项内容。岗位特殊要求包括对任职者的特殊要求、对环境的特殊要求、对工具的特殊要求等。

3.受训者——员工层面分析

受训者——员工层面的分析是培训需求分析的核心点。员工层面分析主要是通过分析员工现有实际情况与岗位要求和组织要求的差距，确定员工应该接受的培训及培训的主要内容。

（1）知识分析

知识分析主要是分析员工现在已经具备的知识与岗位要求知识的差距，同时，还要考虑担任岗位的预备性知识与发展性知识。

（2）技能分析

技能分析主要是分析员工现在已经具备的技能与岗位要求技能的差距，同时，还要考虑担任岗位需要的预备性技能与发展性技能。

（3）思维分析

思维分析主要分析员工现有的思维认知情况与企业组织层面要求的差距，同时，还要分析员工对企业价值观和文化理念的认同情况。

（4）绩效分析

绩效分析主要分析员工现有的绩效与岗位要求绩效和组织要求绩效的差距，明确目标，同时，还要确定培训是否能达到提升绩效的目的。

（5）发展分析

发展分析主要从员工发展需求、个人发展规划、岗位晋升规划以及企业组织整体发展的储备等方面，综合分析培训能起到的作用。

以上培训需求分析的内容，其实我们是借鉴了Goldstein模型（参见知识链接：Goldstein模型）。在这个模型中，组织分析是要在明确公司经营战略的条件下，决定相应的培训——判断组织中哪些策略和哪些部门需要培训，以保证培训计划符合组织的整体目标与战略要求，为培训提供可利用的资源和管理者以及获得员工对培训活动的支持。任务分析能够确定工作岗位的各项工作任务，精细定义各项任务的重要性、操作频率和掌握的困难程度，并揭示成功完成该项任务所需要的知识、技能和态度。人员分析是从员工实际状况的角度出发，分析现有绩效水平与完成任务的标准之间的差距，鉴别培训因素及非培训因素的影响，确定谁需要培训，以及需要怎样的培训（见图2-2）。

知识链接　Goldstein模型

"Goldstein模型"是由 I. L. Goldstein、E. P. Braverman 和 H. Goldstein 三人在20世纪80年代构建。三人经过长期的研究，最终将培训需求分析系统化，将培训需求分析分成了组织分析、任务分析和人员分析3个部分，并且认为培训需求分析应该从组织、任务、人员三个角度进行。雷蒙德·A.诺伊、约翰·霍伦拜克等人总结了Goldstein的三要素理论，他们从培训"压力点"的角度出发，分析了培训需求产生的原因，并基于此提出了培训需求评价三要素程序。

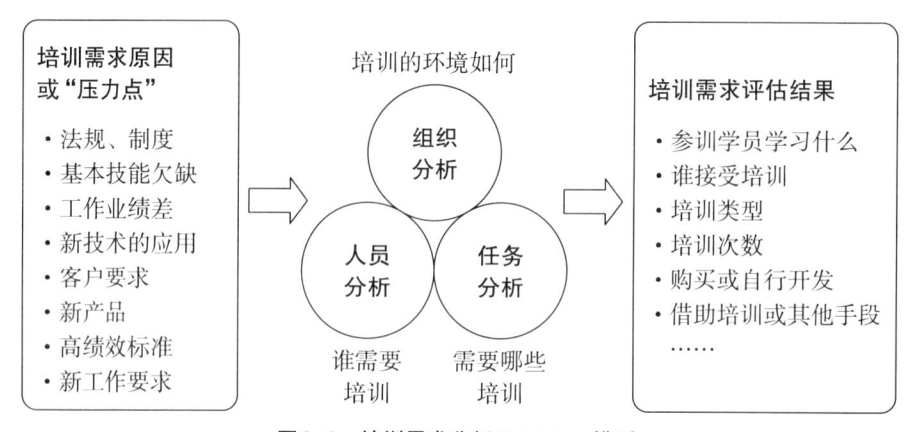

培训需求原因或"压力点"
- 法规、制度
- 基本技能欠缺
- 工作业绩差
- 新技术的应用
- 客户要求
- 新产品
- 高绩效标准
- 新工作要求

培训的环境如何
- 组织分析
- 人员分析（谁需要培训）
- 任务分析（需要哪些培训）

培训需求评估结果
- 参训学员学习什么
- 谁接受培训
- 培训类型
- 培训次数
- 购买或自行开发
- 借助培训或其他手段
……

图2-2　培训需求分析Goldstein模型

企业进行培训需求分析时，常用的Goldstein模型是相对比较全面和系统的培训需求分析模型。但是，还有一些其他模型也值得我们在工作实践中借鉴。

1.绩效差距分析模型

绩效差距分析模型在培训需求分析时，注重通过询问一系列寻根究底的问题揭示绩效问题和提供解决方案。绩效差距分析模型的环节包括以下几个方面。

①发现问题：发现理想绩效与实际绩效之间的差距。
②预先分析：对问题进行预先分析和初步判断。
③需求分析：对需求进行分析，找到能够弥补绩效差距的培训需求。

2.胜任力分析模型

岗位胜任力是指能显著区分优秀绩效和一般绩效的可被测量或计算的个体特征，包括知识、技能、社会角色、自我概念、特质和动机等。基于工作岗位的胜任力分析模型是培训需求分析的一种重要模型。胜任力分析模型的环节包括以下几个方面。

①确定胜任能力：分析和确定岗位关键技能和具体胜任能力。
②制定发展计划：根据员工评估，分析与胜任能力的差距，制定发展计划。
③评估发展计划：对员工技能进行定期评估，在反馈基础上制定进一步培训发展方案。

3.前瞻需求分析模型

前瞻需求分析模型强调，即使现有员工的绩效令组织满意，也要进行培训，尤其是知识型员工。企业所处的环境在不断变化，目标需要及时调整，不断应对新需求，同时，员工个人也在不断成长发展。所以，基于未来分析的培训需求是前瞻性需求分析模型的要点。

4.循环分析模型

循环分析模型强调把对员工的循环评估作为培训需求分析的连续反馈，螺旋上升地评估培训需求。在每一个循环中，都可以从组织整体层面、岗位层面和员工层面进行分析。

5. 员工发展分析模型

员工发展分析模型强调以员工职业生涯发展为导向分析培训需求。企业与员工的发展是双赢的，不仅企业利益与员工利益息息相关，企业的发展与员工的成长之间也有相互促进的作用。员工发展分析模型让员工进行全面深入的自我评估、让企业配合员工拟定职业生涯发展计划、让企业与员工共同分析确定培训需求。

三、培训需求分析的方法

企业培训需求分析有多种方法，我们将以是否常用为顺序来介绍5种培训需求分析方法。

1. 调查法

在企业培训需求分析的方法中，调查法是最常见、最为大家熟知的一种方法。调查法以标准化的问卷或表格形式列出问题，要求调查对象就问题进行回答或填写。在企业中，当需要进行培训需求分析人数较多、范围较大、时间较紧时，调查法是一种方便、快捷、高效的方法。

调查时可以采用培训需求调查表的方式（见表2-2）。在培训需求调查表中，要求被调查人填写部门、需要培训的内容、培训的方式、培训要达到的目标、培训费用预算、培训时间、培训人数等。培训需求调查表可以以部门为单位填写，也可以由员工个人填写。

表2-2 培训需求调查表

序号	部门	培训内容	培训方式	培训要达到的目标	费用预算（元）	培训时间	培训人数	审核人

培训需求调查也可以采用问卷调查的方式。通常问卷调查法遵循的步骤如下：

①列出希望调查的事项清单。

②设计问卷的相关问题，封闭式问题和开放式问题各占一定比例，形成文件。

③在小范围内进行测试，并对结果进行统计分析。如有需要，则对问卷进行修改。

④全面实施调查。

2.测评法

测评法是培训需求调查中，企业使用较多的一种方法。测评是一种专业化程度较高的需求分析方法，尤其是在专业知识、专业技能方面有非常好的分析效果。调查表或问卷调查只能获得常规性的分析结果，但测评，尤其是专项测评，则可以提供具体化、专业化的测试评价结果，能够更加精准地分析培训需求；同时，由于测评法专业性强，企业一般会使用专业的测试题目或外请专业的测评公司来进行测评，测评结果更加科学。

经验分享　培训需求分析中的测评哪些有效？

在企业的实践管理中，分析培训需求时，最常做的是专业技术测评，例如，培训JAVA开发技术时，先对参训的技术人员进行JAVA专业技术测试，再根据测评结果进行分级分班培训，这种测试是最有效的。另外，在企业分析培训需求时，还会用到性向测试（如常用的DISC、MBTI）、管理潜能测试等，这类测试被称为冰山下的素质测试，有一定的准确度，但需要与具体需求相结合才有效。

3.访谈法

访谈法是通过与被访谈人进行面对面的交谈来获取培训需求信息，也是培训需求分析中一种常见的方法，尤其是在进行非专业技术性培训的需求调查时，访谈法是一种非常有效的方法。

在访谈前一般需要准备访谈提纲，并且采用结构式访谈比较有效，即以标准的模式向所有被访者提出同样的问题。

采用访谈法分析培训需求，需要准备以下几个方面的内容。

①访谈前准备：明确访谈目标，明确通过访谈需要了解什么信息。

②准备结构化访谈提纲，明确访谈过程中的主要问题。参训人员访谈提纲模板如下。

参训人员访谈提纲

1.请简述个人情况和在公司的主要经历。
2.在管理岗位的任职时间多长？目前管理的部门人数及特点是什么？
3.能谈谈你的兴趣爱好吗？
4.近一年来参加过哪些管理类的培训和学习？效果如何？
5.请简述目前工作中面临的最大的管理挑战是什么？
6.对于管理培训有什么期待，或有什么补充的想法？

③在访谈中建立融洽、相互信任的访谈气氛，使被访谈者能够敞开心扉，保证收集到的信息的准确性。

④在访谈后及时填写和完善访谈提纲，整理相关信息，形成整体性的培训需求分析。

4.观察法

观察法是一种比较适用于实际可操作性岗位的培训需求分析方法。观察法是通过观察员工的实际工作表现，发现工作中的问题，获取相关信息，并以此作为培训需求分析的基础。

使用观察法分析培训需求时，主要有以下几个方面需要注意：

①必须选择工作行为可观察的岗位，尤其是以可操作性为主的岗位。
②观察者必须对观察工作有深刻的了解，明确其行为标准。

③现场观察不能干扰被观察者的正常工作。

④观察者应采用结构化评估表格,以保证多人评估的公平性和统一性。

5.头脑风暴法

随着互联网等创新型行业的发展,头脑风暴法正在成为一种越来越普遍的培训需求分析方法。头脑风暴法是指在进行培训需求分析时,将一群合适的人员集中在一起共同工作、共同思考、共同碰撞的方法。

使用头脑风暴法分析培训需求时,需要注意以下几个方面:

①需要有平等开放的文化氛围作为支撑。

②参会者在某一时间进行讨论,观点越多、思路越广越好。

③提出的所有方案都当场记录下来,不做结论。

④会后进行汇总分析,提炼其中的核心点。

前面我们讲了培训需求分析的5种主要方法,虽然培训需求分析还有其他方法,但以这5种最为常见,实践工作中使用最多。接下来,我们比较一下这5种培训需求分析方法(见表2-3)。

表2-3 培训需求分析方法比较

培训需求分析方法	关键点	适用	优点	缺点
调查法	调查表 调查问卷	通用	结构化、覆盖面大、速度快	缺乏个性化
测评法	测评工具	技术类、管理类	精准、可量化	不可量化的无法使用
访谈法	访谈提纲	非技术类	个性化、挖掘更深问题	耗时长、专业性强
观察法	观察提纲	实际操作类	直接观察、可视化	无法观察的岗位不适用
头脑风暴法	会议	创新文化	集思广益、思维创新	容易思维扩散、操作难度大

四、培训需求分析的流程

培训需求分析是培训整体管理的第一个重要环节，培训需求分析工作有相应的工作流程（见图2-3）。

```
前期准备工作
    ↓
培训需求分析计划
    ↓
培训需求分析实施
    ↓
汇总分析培训需求
    ↓
撰写培训需求分析报告
```

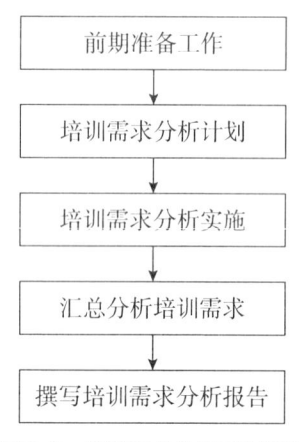

图2-3　培训需求分析工作流程

具体来讲，培训需求分析工作流程可分为以下几步。

1.前期准备工作

在进行培训需求分析前，需要做一些准备工作，包括收集相关人员信息，确定培训需求分析的组织层面（如公司、事业部、部门等），与管理者沟通了解期望等。

2.培训需求分析计划

做好前期准备工作后，需要制定培训需求分析计划。在培训需求分析计划中，一般包括培训需求分析的范围、培训需求分析的目标、培训需求分析的方法、培训需求分析的内容以及详细的培训需求分析执行计划等。

3.培训需求分析实施

制定培训需求分析计划后，按计划开展培训需求分析工作。实施培训需求分析一般分解为3个步骤，即宣讲培训需求分析的目标、发放表格/问卷/测评等、回收表格/问卷/测评等。

4.汇总分析培训需求

培训需求分析实施后，要对培训需求分析收集的信息进行汇总、分析。在汇总、分析时，如果数据量大，还应采用相应的数据分析模型。

5.撰写培训需求分析报告

培训需求分析的最后一步就是撰写培训需求分析报告，这份报告是整个培训需求分析的结果，也是确定培训目标、设计培训课程的重要依据和前提。需求分析报告可为培训部门提供关于培训的有关情况、评估结论及建议。培训需求分析报告模板如下。

培训需求分析报告

1.培训需求分析的背景

说明产生培训需求分析的原因。

2.培训需求分析的目标

说明分析实施的主要目标或要达到的效果。

3.培训需求分析的方法

说明分析方法选择的依据与分析方法的特点。

4.培训需求分析的过程

说明分析实施的主要过程，包括覆盖的组织、部门、人员范围、参加情况、过程等。

5.培训需求分析的结果

说明通过汇总和分析相关数据而得到的结果。

6.解释、评论分析结果，提供参考意见

说明主要结论、提出意见与建议等。

7.附录

包括收集和分析资料所使用的图表、问卷、部分原始资料等。

🔔 在实践工作中运用
第2项精进：分析培训需求

1. 请尝试用Goldstein模型分析你参加过或熟悉的培训需求。

培训项目	培训需求分析		
	企业——组织层面	工作——岗位层面	受训者——员工层面

通过以上培训需求分析，你会思考什么？

✍ _____

✍ _____

✍ _____

2. 如果需要你依据以上培训需求分析主笔撰写一份《培训需求报告》，以说服相关领导组织培训，你会怎样写？如果有困难，你觉得主要困难是什么？

✍ _____

✍ _____

✍ _____

第3项 ┃ 制定培训计划

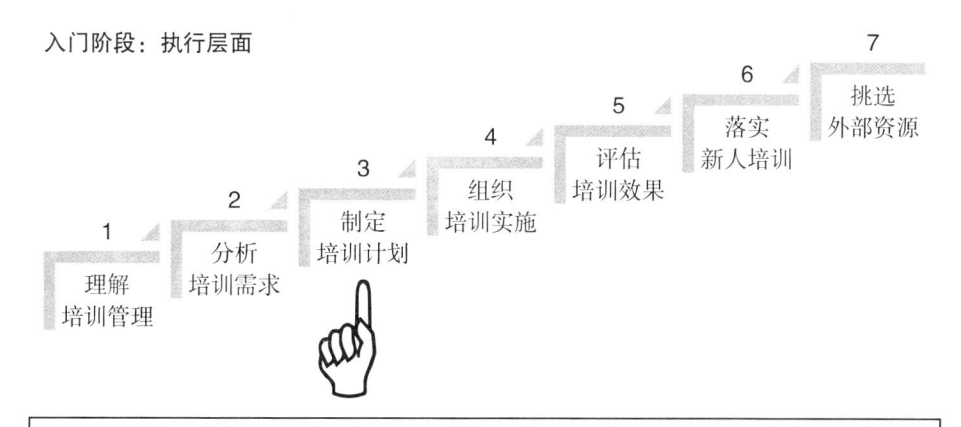

入门阶段：执行层面

1 理解培训管理
2 分析培训需求
3 制定培训计划
4 组织培训实施
5 评估培训效果
6 落实新人培训
7 挑选外部资源

通过本项精进，旨在掌握以下方面：
- 清晰地理解培训计划是什么
- 培训计划具体分为哪些类型
- 明确培训计划包括哪些内容
- 培训计划制定应使用的流程
- 培训计划的制定有哪些技巧

培训计划制定是培训管理工作的要点，也是培训管理的第二阶段工作。那么，什么是培训计划制定？

培训计划制定是指根据培训需求分析的结果和主要意见制定阶段性培训计划，对于培训的目标、分类、受训人、方式、费用、效果评估等进行整体性计划，可以为后续培训的具体实施提供指引性规范。

培训计划制定（见图3-1）是培训管理整体流程的第二个环节，起着承前启后的作用。培训计划制定是以培训需求分析为基础的，同时，培训计划制定也是培训组织实施的依据，是培训效果评估的准则。因此，培训计划制定是企业培训管理的重要环节，决定着培训管理工作的成败。

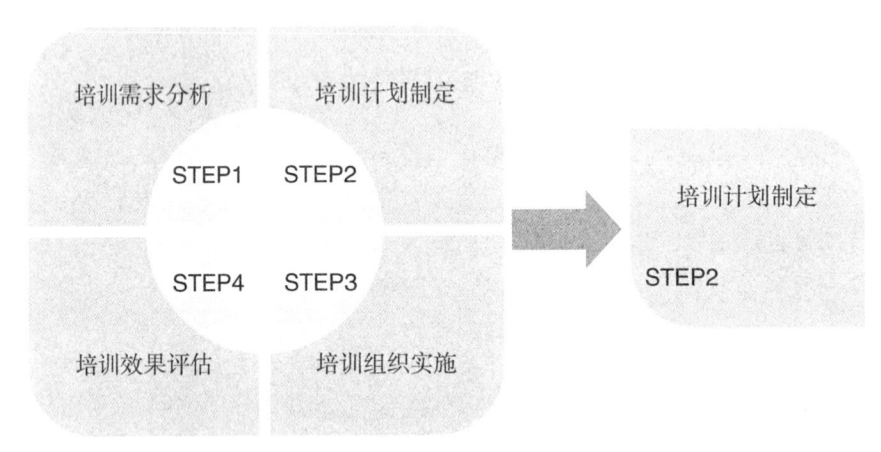

图3-1 培训管理整体流程第二步：培训计划制定

一、制定培训计划的原则

培训计划不仅要兼顾企业的实际资源情况及员工素质情况，还要充分考虑人才培养的前瞻性及培训结果的不确定性等因素。

制定企业培训计划一般遵循如下原则。

1.绩效为本的原则

企业制定培训计划，需要以提升企业绩效作为根本的目标和原则。不论是当前的绩效，还是未来发展的绩效，培训都是为企业提升这些绩效服务的。虽然也有为企业承担社会责任而做的培训计划，但企业承担社会责任也是为了提升企业的知名度和雇主的品牌形象，培训计划要最终有利于企业达到绩效目标。此外，所有的培训计划都是在企业有收入、有利润的前提下，才能支出培训成本。所以，企业培训计划的制定只有服务于企业绩效，才能保证培训计划的有效性和可执行性。

2.源于需求的原则

所有企业培训计划的制定都源于需求。就像我们在培训需求分析章节里分享的实景案例一样，没有进行培训需求分析就制定计划或直接执行培训，是无的放矢，不仅会造成培训主题、内容、方式等与受训者不匹配，而且会造成人力、物力、财力的浪费。培训需求分析环节可根据培训的周期、范围、方式、对象等做调整，并不是所有的培训计划都需要较大投入的培训需求分析，培训需求分析可繁可简。但是，一定要保证培训计划是建立在培训需求分析基础上制定的，要有明确的需求，以保证培训目标的达成。

3.注重实效的原则

企业培训计划要注重实效，具体包括3个方面：一是培训内容必须要有用，必须是能够起到提升知识、优化技能、转变思维的作用，而不是华而不实，只注重形式；二是培训要保证效率，既然企业培训花了成本、时间，就要保证参训率、保证学员的时间，更要得到公司及各部门管理者的承诺，保证有足够的资源支持；三是培训形式要适用学员需求，注重培训细节，保证学员学习的投入度和培训效果。

4.成本优化的原则

企业培训计划要遵循成本优化的原则。从供应商选择、讲师甄选、主题确定，到具体计划中的时间、参训人数、地点、餐饮、住宿等方面，都需要注重成本优化。所有的培训成本都是企业的投入，在明确目标的前提下，成本优化是培训计划制定的一个重要方向。

从总体上说，企业培训计划的制定要始终以企业的绩效作为根本关注点，以需求分析为根源，注重实效、注重成本优化，这与"二八定律"的思维是一样的（参见知识链接："二八定律"）。"二八定律"强调20%的投入产生80%的收入。同样，在企业培训计划中也要注重"二八定律"，只要抓住最重要的培训计划或计划中的关键点，就能产生大部分的培训效果（见图3-2）。

知识链接 "二八定律"

> "二八定律"是意大利经济学家帕累托于19世纪末20世纪初发现的。他偶然注意到19世纪英国人的财富和收益模式，发现大部分的财富流向了少数人手里。帕累托从大量具体的事实中发现：社会上20%的人占有80%的社会财富，即财富在人口中的分配是不平衡的。同时，他还发现生活中存在许多不平衡的现象，所以"二八定律"成了这种不平等关系的简称。在任何一项事物中，最重要的只占其中一小部分，即20%，其余80%尽管是多数，却是次要的。后来，"二八定律"成为一种量化的实证法，用以计量投入和产出之间可能存在的关系。

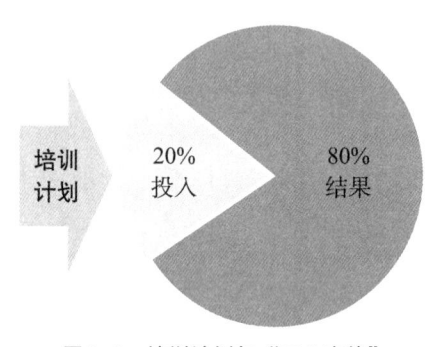

图3-2 培训计划与"二八定律"

二、制定培训计划的分类

制定培训计划时，可以从不同的维度将培训计划进行分类，不同类型的培训计划会有不同的侧重点。

1. 按照周期划分的培训计划

根据周期划分培训计划，主要以培训计划覆盖的时间长短来划分。一般包括长期培训计划（或称为培训规划）3—5年、年度培训计划1年、季度培训计划3个月等。

有些企业可能会根据企业战略规划制定更为长远的培训规划，如5—10年不等。有些企业还会将培训计划细至1个月或2周。

2. 按照层级划分的培训计划

根据层级划分培训计划，主要以企业内部的不同层级来划分，一般包括公司级培训计划、事业部级培训计划、部门级培训计划、项目组级培训计划等。

有些企业可能会划分事业群组、分/子公司等。有些企业层级少，只会分为公司级和部门级两层。

3. 按照方式划分的培训计划

根据方式划分培训计划，主要以培训方式的不同来划分，一般包括企业内训和送外参训两种。

有些企业规模比较大，建设了内部企业大学。虽然企业大学有的独立核算，有的只是归属于企业的部门，但可以说企业大学的设置是将企业内训和送外参训进行了部分融合，后续我们将有单独的章节分享企业大学的运作机制。

4. 按照内容划分的培训计划

根据内容划分培训计划，主要以培训内容的不同来划分，一般包括企业文化培训计划、专业技能（可按岗位再细分）培训计划、管理技能培训计划等。

有些企业会根据岗位系列将专业技能进行细分，如营销技能、技术技能、职能技能、生产技能等。有些企业注重内部文化建设，会将企业文化细分为价值观宣贯、文化落地等。有些企业注重员工成长，会专门计划职业生涯建设、心理辅导、职业证书等针对性培训。

5. 其他

除以上培训计划的分类外，还有一些其他分类。

随着互联网的快速发展，线上培训（E-learning）已经成为很多企业培训的选择。因此，培训计划可划分为线上培训和线下培训。

经验分享　各种类型的培训计划是否有交叉？

在企业制定培训计划时，往往会将周期、层级、方式、内容等相融合，形成一个整体的培训计划。例如：制定企业级年度培训计划时，培训计划中会分不同的岗位系列，每个岗位系列会划分不同内容的培训，其中有内训也有外训，有线上培训也有线下培训。所以，这几种培训类型是相互交叉的，细分具体类别只是为了从不同的角度看待培训计划而已。

三、制定培训计划的内容

实景案例

某公司有300多人，小李是该公司新入职的培训主管。由于公司领导比较重视人力资源管理，为了加强培训，公司人力资源部特别增编配置了培训主管，并将一名人事专员转为培训专员，两人专门负责公司的培训管理工作。小李干劲很大，加入公司后，马上开展了关于全公司的培训需求调研，采用了多种形式进行调查，又加班加点做了深入的培训需求结果分析，并制定了详尽的年度培训计划。年度培训计划上交人力资源部经理和人力资源总监后，汇报给公司CEO。但是，报告不久就被打了回来。小李一头雾水，与人力资源总监沟通后，才知道原来是因为公司领导觉得他做的培训费用预算太高了，既然公司已经配置了两名专业岗位做培训，培训费用不应增加，应该减少；另外，公司领导还觉得培训计划覆盖内容过多，培训数量过多，会影响员工做业务的时间。小李很困惑，不知该如何开展下一步工作……

案例启示

通过以上案例我们可以看出，虽然从培训管理专业的角度看，做好培训需求调查和分析是必备的，但仅有培训需求调查还是不够的，在做培训计划时，还需要与业务管理者进行沟通和交流。虽然有些企业能够承受培训的成本，而且企业发展和员工发展也需要培训，但是培训计划还有一个关键的决定性因素，即企业负责人。一方面，企业负责人对于培训的认识非常关键，就如在以上案例中，企业负责人认为配置培训岗位就是增加了培训的投入，就可以将培训费用节约下来；另一方面，企业负责人对于培训在整体业务中的安排也是非常关键的，培训计划不能脱离经营计划和经营管理而单独运行，因为在培训计划中涉及企业各级人员的业务、时间的安排与协调，所以，必须由企业负责人将培训计划整体列入运营计划的一部分，培训才能真正开展和落实。

培训计划可以有多个维度的划分，接下来，我们分析3种典型的企业培训计划。

1. 企业长期培训规划

企业的长期培训规划一般与企业的人力资源规划、战略规划、长期经营规划等一并制定，作为企业人才开发与发展的重要保障。

企业的长期培训规划周期一般为3—5年，有些大型企业周期可能会更长。

企业长期培训规划一般包括以下内容。

①长期培训规划的背景：行业和企业发展动态

研究行业和企业发展动态、研究企业战略规划、研究企业长期经营规划等，是制定企业长期培训规划的起点。长期培训规划与企业的长期经营目标相配合，是企业发展所需要的人才开发与发展的保障，也是企业人才发展的战略。有些企业所处行业的人才供给和人才需求还受到国家整体宏观人才培养的影响，所以，有些企业的长期培训规划还会向前延伸到国家或某一领域的人才需求和供给情况，然后再研究行业人才情况，最后落实到企业的长期发展和人才需求上。

②长期培训规划的目标

在研究清楚行业和企业的长期目标后，要确定企业长期培训规划的主要目标。作为企业，人才需求随着业务发展而变化，除了自身培养人才外，也需要人才市场的供给。所以，企业长期培训规划要考虑两方面的因素，不能只顾及自身培养，也不能只从人才市场上挑选后再转化，需要两方面进行平衡。除此之外，还要适度考虑人才的发展与流动对企业长期培训规划目标产生的重要影响。

③长期培训规划的分类

在目标明确后，企业长期培训规划要对培训进行大致的分类，着眼于如何培养不同系列、不同层级、不同特点的人才，做一个细分的规划。例如，在有些企业长期培训规划中，有一项是针对管理人才培养的，从应届毕业生的管理培训生，到管理者轮岗，到管理技能培训，再到经营管理实践等，会设计整体性的规划。

④长期培训规划的预算

企业长期培训规划会根据企业整体经营情况，对培训的预算进行整体性的规划。一般会从经营规划整体出发，制定出培训预算占经营收入或利润的某一比例，作为企业整体的培训预算控制方式。例如：有些企业的长期培训规划确定5年内每年的培训预算占企业经营收入的3%，可能有些企业会更高。

⑤其他补充

除以上内容外，有些企业的长期培训规划还会根据企业的要求增加一些内容。例如：会加入培训人员队伍或机制的建设、企业大学的筹备/规划、供应商采购体系等。

经验分享 长期培训规划细分到什么程度？

> 企业长期培训规划主要是方向性和指引性的。长期培训规划一般不再细化培训课程和培训方式，一方面，长期培训规划着重将企业的经营战略、人力资源战略细分至培训战略；另一方面，长期培训规划具有周期长、覆盖面广的特点，无法将更细节性的培训安排进行细化。企业长期培训规划还需要有更细致的年度培训计划和季度培训执行计划等作为辅助或落实支撑。

2.企业年度培训计划

一方面，企业年度培训计划源于长期培训规划（如果有），是长期规划在一年内的细化与落实；另一方面，企业年度培训计划是企业年度经营计划的分解，也是企业年度人力资源计划的分解。

企业年度培训计划一般主要包括以下内容。

①年度培训需求分析

年度计划起始于年度培训需求分析，要将前一章阐述的培训需求调查、结果、分析相关的内容进行详细的分析。确定哪些需求由本年度培训落实，列入本年度培训计划；哪些需求后续再进行落实。

②年度培训计划的目标

企业年度培训计划的目标是与企业年度经营计划、企业年度人力资源计划一致的，要求能够达到与企业经营计划和人力资源计划相关的人力资源培训需求。

需要注意的是，企业年度培训计划一定不能偏离企业经营计划的绩效要求，因为这是企业进行培训的根本目标。

③年度培训计划的安排

明确企业年度培训计划的目标后，需要根据需求分析将企业年度内进行的培训细化为相对具体的计划安排（见表3-1）。

表3-1 企业年度培训计划表

培训项目	培训目标	培训对象	责任单位	完成时间
一、公司级培训				
（一）内部培训				
（二）外部培训				
二、部门级培训				
三、个人自荐				

年度培训计划安排是年度计划的核心部分，一般包括以下几个方面。

（1）培训项目：年度培训计划中分层次，一般分为公司级、部门级、个人级三级培训项目，培训项目须有确定的名称和内容。

（2）培训目标：要明确每个培训项目的主要培训目标。

（3）培训对象：要明确每个培训项目的培训对象。

（4）责任单位：要明确每个培训项目的责任单位。

（5）完成时间：要明确每个培训项目的完成时间。

（6）其他：还可以补充其他内容，如培训方式、主要讲师等。

④年度培训计划的费用预算

年度培训计划中还有很重要的一项，即培训计划的费用预算。比较常见的2种培训费用预算的方法如下：一是根据销售收入或利润的百分比确定培训费用额，或根据企业人均培训费预算额等。以定额的方式做培训费用预算，在定额范围内，由部门负责人再进行详细的培训计划。二是根据培训项目确定培训费用额，这种方法根据各部门制定详细的培训项目计划，并根据培训项目计划申请培训费用预算（见表3-2）。

表3-2　企业年度培训计划表（含费用预算）

培训项目	培训目标	培训对象	责任单位	完成时间	费用预算标准	费用预算金额	制定人	审核人
一、公司级培训								
（一）内部培训								
（二）外部培训								
二、部门级培训								
三、个人自荐								

⑤其他

除以上内容外，有些企业的年度培训计划根据企业的实际情况以及其他一些内容制定，如上一年度培训实际执行效果分析、下一年度培训预测等。

3.企业季度培训执行计划

企业季度培训执行计划是更为详尽的执行性计划。有的企业规模并不大，一般年度计划制定后，就不再制定分解性的季度执行计划；有的企业规模较大，培训计划内容较多，为了更好地细化培训计划，加强培训计划的动态执行、跟踪与调整，还需要制定细分的企业季度培训执行计划（见表3-3）。

表3-3 企业季度培训执行计划表

序号	培训项目	培训形式	培训时间	讲师（内部/外请/外派）	参训对象	总学时	费用预算（元）	培训效果评估	年度计划调整		
									调整原因	调整内容	审核人

拟制人：　　拟制时间：　　审核人：　　审核时间：

企业季度培训执行计划是比年度培训计划更为细化的计划，是距离培训实施更近的计划。企业季度培训执行计划内容主要是将培训项目落实到可操作性的程度，要明确具体的培训形式、培训时间、讲师（包括候选讲师）、参训对象、培训学时、费用预算、培训效果评估等。而且，企业季度培训执行计划源于企业年度培训计划，要对照年度培训计划的内容，如果对年度培训计划的内容有调整，一定要经过年度计划制定人和审核人的重新审核确认。

四、制定培训计划的流程

制定培训计划是培训整体管理的第二个重要环节。制定培训计划的流程见图3-3。

```
识别培训需求
    ↓
年度培训计划初稿
    ↓
评审年度培训计划
    ↓
修订年度培训计划
    ↓
发布年度培训计划
    ↓
制定季度培训执行计划
    ↓
发布季度培训执行计划
```

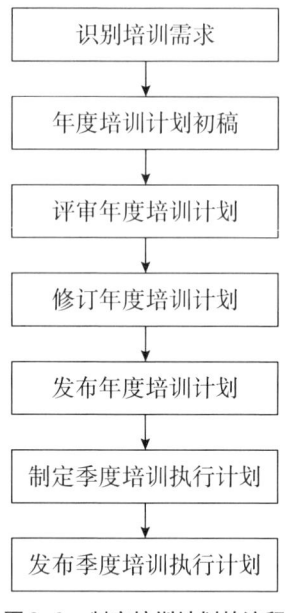

图3-3　制定培训计划的流程

具体而言,制定培训计划的流程可分为以下几步。

1.识别培训需求

在制定培训计划前,先要对培训需求进行分析。我们在前面章节已经详细介绍过培训需求分析,要注意明确培训需求分析的目标、梳理培训需求分析的内容、选择合适的培训需求分析方法、遵循培训需求分析的流程,最终形成科学、高质量的培训需求分析结果。

2.年度培训计划初稿

在识别培训需求之后,一般由人力资源管理部门或专业的培训部门(如培训部、培训中心或企业大学等)根据培训需求分析,制定企业的年度培计划初稿。

3.评审年度培训计划

人力资源管理部门或专业的培训部门将年度培训计划提交给公司人力资源负责人或主管领导，由人力资源负责人或主管领导组织各个相关部门对年度培训计划初稿进行评审，由各相关部门负责人提出修改意见，并报公司主管领导审批（见表3-4）。

表3-4　培训计划内部评审表

人力资源部评审说明：	
相关部门评审意见：	
财务部	
市场部	
销售部	
技术部	
生产部	
采购部	
主管领导评审意见：	
同意 □　　　不同意 □ 修改意见：	
备注：	

4.修订年度培训计划

进行评审之后，人力资源管理部门或专业的培训部门根据会议评审结果，对年度培训计划进行进一步的修订和完善。

5.发布年度培训计划

人力资源管理部门或专业培训部门对年度培训计划进行修订完善后，提交企业人力资源部门负责人、公司主管领导审批同意后，再以正式文件形式在全企业范围内发布。

6.制定季度培训执行计划

根据发布的年度培训计划，各部门制定本部门的季度培训执行计划，梳理当季度需要执行的培训计划。季度培训执行计划制定后报至人力资源管理部门或专业的培训部门进行汇总、分析，与年度培训计划进行比对。有异议的，由人力资源管理部门或专业的培训部门相关人员与部门负责人沟通后调整，并最终形成企业整体的季度培训执行计划。

7.发布季度培训执行计划

经调整确认并审批后，人力资源管理部门或专业的培训部门发布季度培训执行计划。

经验分享 培训计划的制定流程是否可以简化？

> 有些规模并不大的企业，没有做长期的培训规划，可能只制定年度或季度培训计划。另外，这类企业的培训计划往往只涉及人力资源部、财务部和总经理。对于这类企业，培训计划的制定流程可以简化，但笔者要提醒的是，无论如何简化，都要牢记培训计划源于培训需求分析，而且最终是要助力企业绩效的实现。流程可以简化，但培训计划本身要切实可行、卓有成效。

五、制定培训计划的技巧

制定培训计划是培训管理中非常关键的要点。培训计划承接了培训需求分析的成果，而且也是培训组织实施的指引，可以说，培训计划的好坏决定整体培训管理的成败。作为人力资源管理或培训的专业管理人员，除掌握培训计划的原则、分类，制定培训计划的内容、流程标准外，还要掌握一些培训计划制定的技巧。这些技巧是笔者通过多年的实践工作经验总结而成的。

1.获得核心管理者的支持

培训模块是一个"说好干也好干，说不好干也不好干"的模块。一般情况下，企业培训会通过理论和实践帮助员工获得成长，有效果的培训会被大家认同。但是，培训往往需要一定的经济成本，并且培训的投入与产出难以评估，存在投入高但效果不明显的情况。有些企业管理者对此有所怨言。

培训费用和培训效果是最为关键的要素，而这两点必须要有掌握企业资源的核心管理者的支持和认可，才可能实现。

制定培训计划时须与核心管理者就整体方向、主要问题、总体投入等提前沟通，尽量与核心管理者达成一致意见，获得核心管理者的认同与支持。这是后续培训计划是否能够通过与执行的关键点。所以，人力资源管理者或专业培训管理人员，除在培训需求调查、撰写培训计划等方面下功夫外，还需要获得核心管理者的支持！

2.抓住培训促绩效的关键点

培训计划制定是人力资源整体计划和企业经营整体计划的一部分，尤其是一些培训经费比较高的企业，培训计划会影响企业整体的绩效目标。培训计划中投入的关键点或主要费用，应该与企业的绩效目标有直接联系。虽然企业培训能够促进员工成长、培养员工专业技能、促进员工思维转变等，但本质上，企业的培训还是要促进企业绩效的获得。因此，培训计划的投入关键点还是要服务于企业绩效，要为实现企业绩效目标提供强有力的支持。

基于这一技巧，要研究企业绩效获得和支撑的核心点。例如，企业的核心竞争力是技术领先，以领先的技术研发新产品，在市场上获得客户的青睐。企业的绩效目标是进一步实现技术领先，包括在高端技术人才引进、培养上做到行业内领先。在这样的企业中，培训计划应着重配合企业经营目标，做好高端技术人员的培养，以及思考如何进行技术产品化培训，这样，年度培训计划的核心点就与企业绩效的核心点有了有效对接。

3.引入实践型项目或方法

在制定培训计划时，一定要注意纯讲授式的培训（无论线上线下）对于企业中成人学习的效果非常有限。基于此，根据"二八定律"应该更多地将培训计划中的要点投入到实践型培训项目或培训方法中。

企业培训为了对接绩效，往往要对实践工作产生影响，才能体现出培训的效果。在这一技巧中，制定培训计划时，一定要注意结合培训需求分析、对接培训对象，根据培训对象的年龄、经验、学习思维引入更多、更新的实践型培训项目，或者，至少要多使用促进实践的培训方法。例如教练技术、导师引导、行动学习等。

4.培训效果评估标准量化

培训计划制定中有目标分析，过于空、过于大的目标容易导致培训计划整体看起来华而不实，尤其是如果培训费用居高不下，又不能落实到非常实际的培训目标，就容易成为一项没有价值的工作和投入，也容易导致培训工作整体性的失败。

在这一技巧中，要注重培训计划的制定。从目标开始，直接对接培训效果评估，最好能够明确培训目标，并把培训效果评估标准进行量化，核心管理者可以一目了然地看到培训投入的产出，看到培训成本投入与绩效提升之间的联动关系。只有量化的评估结果和量化的绩效提升标准，才能保证培训成本投入的收益，增加培训计划的实效性与可执行性。

5.多营造氛围、带动参与

培训计划制定是一个对预期目标期待和将目标落地的过程。从培训需求分析至培训计划的初定、评审、修订、发布，整个过程需要企业各级人员，上到CEO、下到普通员工的全员参与。只有足够的参与度，才能真正全面地分析各方面的培训需求，共同论证培训投入的方向与可行性，而且，从培训需求分析就开始参与，也会直接影响后续培训的到训率和投入度，进而还会影响培训的实际效果。

在这一技巧中，可以集思广益，人力资源管理部门和专业的培训部门可以用头脑风暴的方法碰撞出更有效的方法，在企业内营造氛围、带动全员参与。比较常见的一些方法包括培训需求全员调查时内部进行宣传、开展职业生涯规划等员工感兴趣的话题、进行相关测评、组织内部研讨、开展公司内自下而上的培训计划、将培训计划列入绩效考核等。

之所以特别强调培训计划制定的技巧，是因为这一环节是培训管理的重中之重。每个企业都有独特的特点，大家可以在实践工作中不断积累，发现更多的技巧。

🔔 在实践工作中运用
第3项精进：制定培训计划

1.相信你有很多关于制定计划的体验！请思考在你制定过的计划中最成功的是哪3项？请思考为什么通过执行计划会成功？

✎ _____
✎ _____
✎ _____

2.请写下你制定过的最失败的3个计划，你觉得主要问题是什么？

✎ _____
✎ _____
✎ _____

3.假如你在第2项精进中通过培训需求分析和报告，已经获得领导的支持。请制定大概的培训计划。

✎ _____
✎ _____
✎ _____

第4项 ▏ 组织培训实施

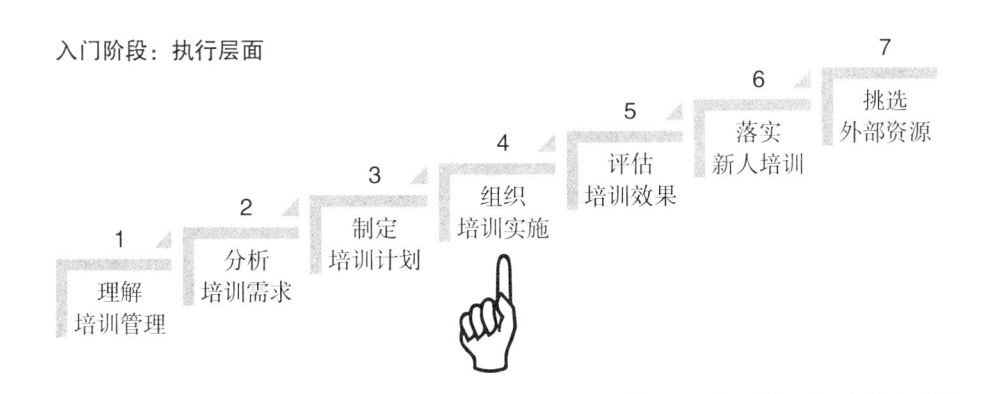

入门阶段：执行层面

1 理解培训管理
2 分析培训需求
3 制定培训计划
4 组织培训实施
5 评估培训效果
6 落实新人培训
7 挑选外部资源

> **通过本项精进，旨在掌握以下方面：**
> ☑ 如何有效制定培训实施计划
> ☑ 培训申请如何履行审批手续
> ☑ 如何落实好培训协议的签订
> ☑ 如何做好培训实施准备工作
> ☑ 如何保证培训实施有效组织

培训组织实施是培训管理工作的要点，也是培训管理的第三阶段工作。那么，什么是培训组织实施？

培训组织实施指通过培训需求分析制定培训计划后，在培训计划的指导下，根据培训相关情况制定更为详细的培训实施计划，在培训前做好充足的准备工作，并在培训实施过程中做好跟进、落实和组织等相关工作，保证培训的组织系统、有效，尽可能达到预期效果。

培训组织实施（见图4-1）是培训管理整体流程的第三个环节，这个环节是培训管理中非常注重实操的环节。培训组织实施是以培训计划制定为基础的，是培训计划的具体落实，也是培训效果评估的前提。

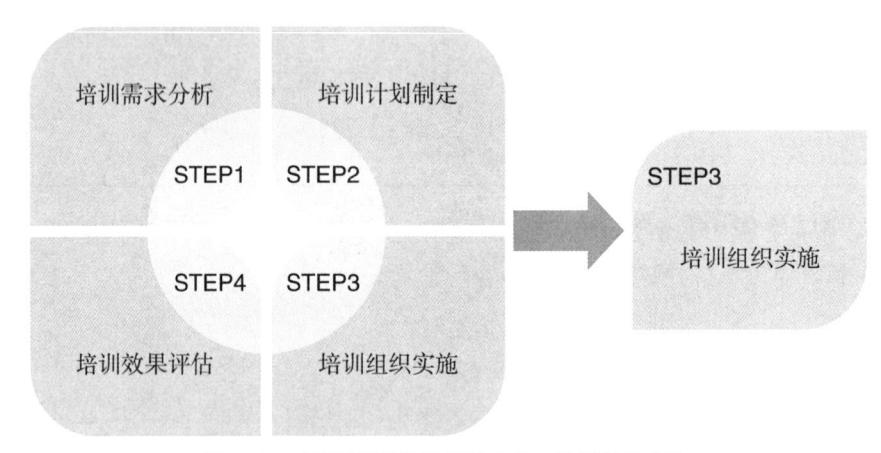

图4-1 培训管理整体流程第三步：培训组织实施

一、培训实施的审批/协议

1.培训的申请与审批

一般在培训具体实施前，因不仅涉及部门、员工的工作安排，还涉及产生的相关费用，即使有年度或季度的培训计划，仍然需要员工或部门提出申请，执行相关的审批流程。

培训的申请和审批流程，根据企业内相关的管理流程执行。图4-2是一个常见的企业培训申请审批流程，培训申请一般由员工个人或部门提出，如由个人申请，须由部门负责人先进行审批，审批同意后报人力资源部（或培训部）审批，之后再报公司总经理审批。这里需要注意的是，有些企业因培训涉及费用，所以还需要经过财务负责人的审批。审批通过后，根据需要，人力资源部（或培训部）与参训员工签订《培训协议书》。这里需要说的是，一般是由企业支付培训费用的，或者培训费用达到企业一定要求标准的，才签署《培训协议书》。

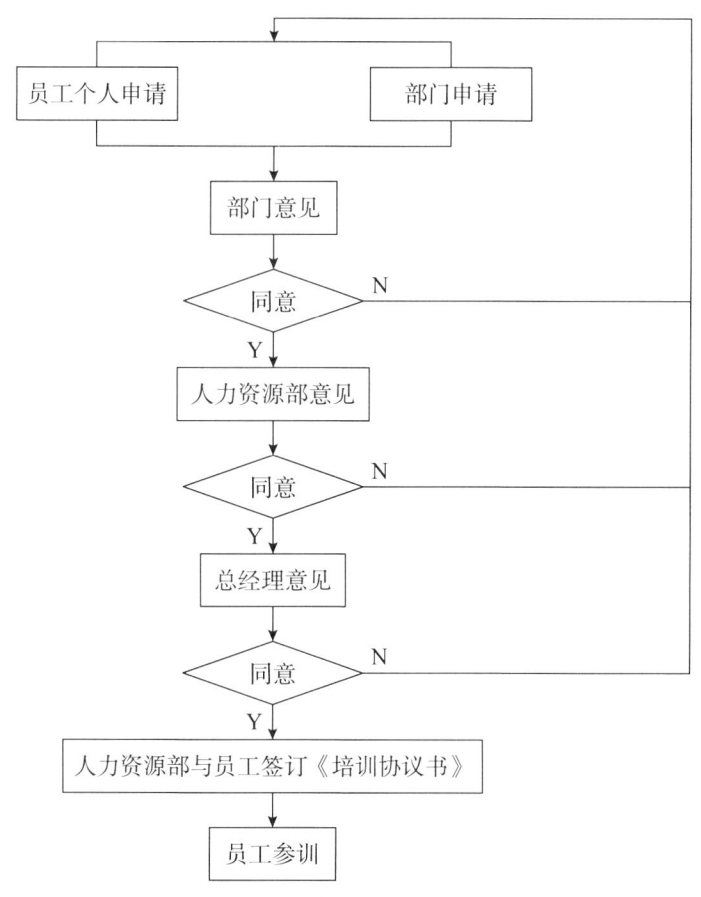

图4-2 培训申请审批流程

根据培训申请审批的流程，企业内部的培训申请也可以由申请人填写培训申请审批表（见表4-1），写明具体的培训人员、部门、职位，并明确培训内容、培训方式、培训单位、费用预算、结业方式等，并根据流程进行培训申请的审批。

表4-1　培训申请审批表

姓名：	部门：		职位：	
培训内容				
培训方式				
主办单位				
拟参训人员				
费用预算				
结业方式	证书□　笔试□　工作考察□　其他＿＿＿＿＿＿			
部门经理意见		签名：		日期：
人力资源部意见		签名：		日期：
总经理意见		签名：		日期：

2.培训协议书

下面，我们通过一个实景案例来分析签订《培训协议书》的重要性。

实景案例

王某加入D公司3年，任高级网络工程师。D公司由于行业管理的要求，要承担500万元以上的项目必须要有行业注册的高级网络工程师资格证书。该公司部门经理要求王某去参加培训，3万元培训费用由公司支付。在参加培训前，公司人力资源部与王某签订了《培训协议书》，其中约定自培训结束后，王某必须为公司服务满3年，对于3万元培训费也进行了约定，若王某未服务满3年，则少1年须支付公司1万元违约金。当时，王某也没多想，认为就是普通的手续，但1年后王某辞职时，D公司要求王某承担2万元违约金。王某认为很不公平，因为培训是为了帮公司取得相关的资格证书，是为了保证公司业务的开展，应由公司承担费用，而不应该由他来承担。

案例启示

在《劳动合同法》中，对于培训费用，企业是可以单独与劳动者约定的，可以对劳动者的服务期限进行约定，也可以要求劳动者按未服务满期限承担相应的培训费。在以上案例中，企业的培训管理并不存在问题，费用支出、与员工签订《培训协议书》、约定服务期、要求支付违约金等均不存在违法问题。只是，从实际出发，以合理的角度看，可以对培训的违约金金额做一定的调整，不一定是所有的培训费用，可以考虑按培训费用的一定比例支付违约金，这样，员工才能更好地理解与接受。

《培训协议书》的签订是培训管理工作中重要的一环。企业对员工进行培训，就是希望提升员工工作技能，并最终服务于企业，提升企业效益。企业在员工培训上的支出数额较大并期望员工有相应的服务期时，在参加培训前就必须与员工签订《培训协议书》（见模板：培训协议书）。

培训协议书

甲方：＿＿＿＿＿＿＿

乙方：＿＿＿＿＿＿＿

甲方为乙方提供培训＿＿＿＿次，培训主题为＿＿＿＿＿＿＿＿＿＿＿＿＿＿，培训时间从＿＿＿＿年＿＿月＿＿日至＿＿＿＿年＿＿月＿＿日，培训费用为＿＿＿＿＿＿（小写）＿＿＿＿＿＿＿（大写）元人民币。

经双方友好协商，达成如下协议：

1. 甲方为乙方提供培训期间必要的时间、资料、费用等方面的支持，以确保乙方顺利参训。

2. 乙方在正常情况下，应按时到训、认真听讲，保证达到培训预期效果。

3. 乙方受训后，如未能达到预期效果（指未能取得相关证书、未能通过考试等），培训费用由乙方全部承担。

4. 乙方受训后，有义务应甲方要求为相关员工进行相同内容的培训。

5. 乙方自受训之日起与甲方签订为期＿＿＿＿年的劳动合同。

6. 乙方在接受培训后为甲方服务至劳动合同期满的，培训费用由甲方承担；如乙方提前解除劳动合同，或由于乙方个人因素（包括恶意违约）造成甲方被迫提前解除劳动合同，乙方须按所受培训费用的一定比例赔付甲方的损失，赔付费用如下：

$$赔付费用 = \frac{劳动合同剩余服务期限}{劳动合同期限} \times 培训费用$$

7.本协议是劳动合同的有效附件。

8.甲乙双方约定的其他内容。

9.本协议一式两份，甲、乙双方各执一份。

10.本协议自签订之日起生效。

甲方（盖章）：_____　　　乙方（签字）：_____

法定代表人或授权代表人（签字）：_____

签订日期：____年____月____日　　　签订日期：____年____月____日

签订地点：_____　　　签订地点：_____

经验分享　培训协议书的注意事项

> 培训违约金的约定在劳动合同法中有明确规定，企业在与员工签订培训协议时需要特别注意这一点。另外，如果培训协议书中再次调整劳动合同期限，也需要格外注意，最好是在培训协议书签署的同时，再签署一份劳动合同变更书，避免出现培训协议书与劳动合同约定期限不同的问题。最后，培训协议书一定要在员工参加培训前签署，而不能等到员工培训结束后再签，否则企业会变得很被动。

3.与培训相关的法律法规

前面的案例分析了培训协议书签订的程序性与必要性，我们可以看到，培训管理受到《劳动法》《劳动合同法》相关规定的约束。这里，我们也梳理一下与培训管理相关的法律法规，主要包括3个方面："企业必须要制定规章制度，并告知员工""企业必须要对员工进行培训""培训后可以对服务期进行约定"。

（1）企业必须要制定规章制度，并告知员工。相关法律法规如下。

《劳动合同法》相关条款

第四条 用人单位应当依法建立和完善劳动规章制度，保障劳动者享有劳动权利、履行劳动义务。

用人单位在制定、修改或者决定有关劳动报酬、工作时间、休息休假、劳动安全卫生、保险福利、职工培训、劳动纪律以及劳动定额管理等直接涉及劳动者切身利益的规章制度或者重大事项时，应当经职工代表大会或者全体职工讨论，提出方案和意见，与工会或者职工代表平等协商确定。

在规章制度和重大事项决定实施过程中，工会或者职工认为不适当的，有权向用人单位提出，通过协商予以修改完善。

用人单位应当将直接涉及劳动者切身利益的规章制度和重大事项决定公示，或者告知劳动者。

应用解析

"用人单位应当将直接涉及劳动者切身利益的规章制度和重大事项决定公示，或者告知劳动者"，在这一点上，关于如何"告知"劳动者非常关键。培训是一个主要的途径，一般在新员工培训中，让员工学习的《员工手册》实际就是简版的制度，因为在《员工手册》中浓缩了企业要求员工必须要知悉的主要规章制度。另外，在企业进行规章制度修改或重大事项决定上，以发书面通知、发邮件等方式公示，非常重要的决定还是需要以培训、会议的方式对员工进行宣讲。

（2）企业必须要对员工进行培训。相关法律法规如下。

《劳动法》相关条款

第五十二条 用人单位必须建立、健全劳动安全卫生制度，严格执行国家劳动安全卫生规程和标准，对劳动者进行劳动安全卫生教育，防止劳动过程中的事故，减少职业危害。

第五十四条 用人单位必须为劳动者提供符合国家规定的劳动安全卫生条件和必要的劳动防护用品，对从事有职业危害作业的劳动者应当定期进行健康检查。

第五十五条 从事特种作业的劳动者必须经过专门培训并取得特种作业资格。

第五十六条 劳动者在劳动过程中必须严格遵守安全操作规程。

劳动者对用人单位管理人员违章指挥、强令冒险作业，有权拒绝执行；对危害生命安全和身体健康的行为，有权提出批评、检举和控告。

第六十八条 用人单位应当建立职业培训制度，按照国家规定提取和使用职业培训经费，根据本单位实际，有计划地对劳动者进行职业培训。

从事技术工种的劳动者，上岗前必须经过培训。

应用解析

在以上这些法律条款中，多次强调企业有对劳动者进行培训的义务，主要包括劳动安全卫生教育、特种作业专门培训、安全操作规程、职业培训、技术培训等。这些培训既保证了劳动者的权益，也保证了企业的利益，员工具有相应的劳动技能后不仅能够提高劳动效率，同时也可以减少职业伤害。此外，通过深入学习这些法规，也明确了部分企业培训管理的主要方向和内容，对我们在企业内规划培训课程体系有一定的指导作用。

（3）培训后可以对服务期进行约定。相关法律法规如下。

《劳动合同法》相关条款

第二十二条 用人单位为劳动者提供专项培训费用，对其进行专业技术培训的，可以与该劳动者订立协议，约定服务期。

劳动者违反服务期约定的，应当按照约定向用人单位支付违约金。违约金的数额不得超过用人单位提供的培训费用。用人单位要求劳动者支付的违约金不得超过服务期尚未履行部分所应分摊的培训费用。

用人单位与劳动者约定服务期的，不影响按照正常的工资调整机制提高劳动者在服务期期间的劳动报酬。

应用解析

在以上条款中，我们可以看到对企业和劳动者两方利益的均衡与保护。一方面，法规强调企业要对劳动者进行培训；另一方面，如果企业需要经济投入保证员工培训的开展，就可以对员工的服务期限进行要求，也可以约定员工如果服务未满期限需要支付违约金。这里最需要注意的就是违约金的额度，不能超过"服务期尚未履行部分所应分摊的培训费用"，我们在本章中已经给出了相应的培训协议书模板，其中关于培训违约金的约定就是依据此法规，要求员工承担剩余服务期的培训分摊费用。

二、培训实施的计划制订

前面我们已经阐述了培训需求分析和培训计划制定，在培训计划制定中又对培训计划的原则、分类、内容、流程等做了详细的叙述，在企业年度培训计划和季度培训计划中，已经非常详细地对培训项目、目标、内容、讲师、学员、费用、评估方式等做了计划。培训具体实施前，经过培训申请审批后，在实际工作中，培训的实际执行人仍会制订更为详细的培训实施计划。

在年度培训计划和季度培训计划的基础上还要制订更详细的培训实施计划，其原因主要有以下几点。

1.计划制定者不同

一般企业年度培训计划主要与经营计划同步制定，主要的制定者为HR负责人或培训负责人，而培训实施计划的制定者一般为培训专员或培训主管，或者是培训的具体组织人、协调人。

2.精确度不同

企业年度培训计划和季度培训计划更多的是关注主要需求和主要目标，预算也是大概的匡算，例如，按照企业的人均培训费用做年度预算，并拆分至每个季度；还有可能会以企业年度经营计划中的某一比例，如企业年收入的某一比例作为培训年度整体预算。而培训实施计划则以即将实际执行的某一培训为基准来制定计划，计划内容更加精准。

3.计划内容不同

企业年度培训计划和季度培训计划的内容侧重于全局,将企业主要的培训方向、培训内容、培训预算作为主要内容;而培训实施计划则不同,培训实施计划关注在某一次或某一培训项目上,内容围绕该培训展开详细计划。培训实施计划的内容在培训目标、培训主要内容、整体预算上承接企业年度培训计划和季度培训执行的内容,但培训实施计划的内容更下一层,要落实到具体执行。例如,不仅要确定具体时间,还要列出详细的日程安排;不仅要确定具体地点,还要明确到具体楼名、房间或会议室;不仅要确定人员,还要列出详细的参训人员情况;不仅讲师要具体到人,而且要对讲师有详细的了解和评估;费用预算到细目和具体金额;明确培训前具体的准备工作;明确具体的培训评估方式,附上相关评价表等。

下面我们来看培训实施计划的模板,其中包括培训实施计划的主要内容。

培训实施计划

一、培训目标及特色			
(一)培训目标:			
1.			
2.			
3.			
(二)培训特色:			
1.			
2.			
3.			
二、培训基本情况			
培训名称		培训时间	
主责人		培训地点	
参训人员		主讲老师	
附:《参训人员详细情况表》			

三、培训日程安排

DAY1：（主要内容）

时间	主要内容
9:00—9:30	热场及整体课程介绍
9:30—12:00	主题1：×××××
12:00—14:00	午餐&休息
14:00—17:00	主题2：×××××
17:00—17:30	总结分享

DAY2：（主要内容）

时间	主要内容
9:00—9:30	热场及课程回顾
9:30—12:00	主题3：×××××
12:00—14:00	午餐&休息
14:00—17:00	主题4：×××××
17:00—17:30	总结分享

四、培训讲师

（主要包括姓名、学历、职位、主要专业、主要经验、个人特点、主讲课程等）

讲师1介绍：

讲师2介绍：

五、培训相关准备

序号	要求名称	具体内容	完成时间	责任人	输出成果
1	参训通知				
2	场地安排				
3	设备安排				
4	资料安排				
5	住宿安排				

6	餐饮安排				
7	其他安排				

六、培训费用预算

序号	预算类别	具体内容	预算标准	金额	补充说明
1					
2					
3					
4					
5					
总计：					

七、培训预期效果及评估方法

八、培训其他补充

另外，在培训实施计划中，非常重要的一项是参训人员。实际参训人员决定了培训目标是否具有针对性，培训课程、内容和讲师是否具有适用性；实际参训人员还决定了培训的实际费用和培训效益。因此，培训实施计划中很重要的一项就是落实实际参训人员，并对其详细情况进行了解（见表4-2）。

表4-2　参训人员详细情况表

序号	公司	事业部	部门	职位	姓名	性别	入职时间	手机	邮箱	常住地

三、培训实施的准备工作

1.培训通知

培训实施计划制定后,在培训开始实施前,需要做好培训实施的准备工作。一般需要在培训开始前以正式的方式通知参训人员,培训通知的模板如下。

关于XXX培训的通知

×××公司(×××部门、×××学员):

为了进一步提高核心骨干员工的综合素养和管理技能,为公司培养合格的管理后备队伍(简要介绍培训项目和培训目标),经公司研究决定,开展为期一年的管理技能专项培训。现将第一期管理技能专项培训的具体事项通知如下:

一、培训目标

二、培训时间及日程安排

三、培训地点

四、参训人员

五、参训要求及注意事项

×××××公司培训部

××××年××月××日

培训通知下发后,还需要参训人员回复是否可以参加,还有什么特殊要求。参训学员的参训回执可以书面形式回复,也可以电子形式回复,如电子邮件、微信或报名平台等。

2.培训实施准备与检查

培训实施前的另外一项准备工作,就是根据培训实施计划检查培训实施的相关准备工作是否到位。为了保证检查工作没有疏漏,一般采用格式化检查方法，即将培训准备各项内容进行罗列，逐项进行检查确认，并确认完成时间，由该项责任人签字确认，明确输出成果。任何一项有问题，可以随时进行调整或补救。培训准备检查模板如下。

培训准备检查

一、培训基本情况			
培训名称		培训时间	
主责人		培训地点	
参训人员		主讲老师	

二、工作具体分解						
序号	任务名称	具体内容	完成时间	责任人	输出成果
1	场地准备	场地确认			
2		座椅摆放			
3		讲台			
4		投影仪			
5	通知发放	培训最初通知			
6		参训人回执			
7		培训最终通知			
8	培训素材	培训流程			
9		培训教材/资料			
10		主讲人介绍			
11		培训辅材			
12		培训签到册			
13	后勤准备	车辆接送			
14		摄像设备			
15		笔记本电脑			
16		茶歇用品			
17		用餐			
18		麦克风			
19		其他			
20	现场服务	参训引导接待			
21		主持			
22		音视频配套			
23		现场协调			

经验分享　培训准备检查要点

> 培训准备检查可以采取标准和结构化的内容进行，也可以根据每次培训实施的实际计划制定不同的培训准备检查表。一般有经验的培训实施人员都会在日常工作中不断地积累，形成符合自己工作特点的检查表；而且，随着经验积累，培训实施前的检查要点会逐步完善，形成标准的检查表。如果某次培训不涉及的项目，可以在检查中直接删掉，但往往逐项检查这些项目，会提醒培训实施者注意到培训实施的准备漏洞，及时补漏，避免培训实施中出现问题。

四、培训实施的过程监控

1.培训签到

培训准备工作结束后，就进入培训正式实施阶段。在所有的培训实施中，第一点需要跟进和监控的，就是参训学员的考勤情况。不论是书面形式，还是电子形式，培训的签到和签退工作都是实施中的一项重要工作。日常工作中常使用的培训签到模板如下。

培训签到

序号	公司	职位	姓名	电话	签到时间	签退时间
1						
2						
3						
4						
5						
6						
7						
8						
9						
10						

2.培训方法监控

培训开始进行后,有效的培训方法可以保证参训学员的学习效果。作为培训实施组织者,要观察讲师的培训方法,以保证培训的有效性。需要注意的是,受训者作为人,其学习过程有正常的掌握和遗忘的过程(参见知识链接:遗忘曲线)。研究显示,正常人在学习后6天就会遗忘所学的大部分内容,只记得25.4%的内容。

知识链接　遗忘曲线

遗忘曲线(又称艾宾浩斯记忆遗忘曲线):德国心理学家艾宾浩斯(H. Ebbinghaus)研究发现,遗忘在学习之后立即开始,而且遗忘的进程并不是均匀的。

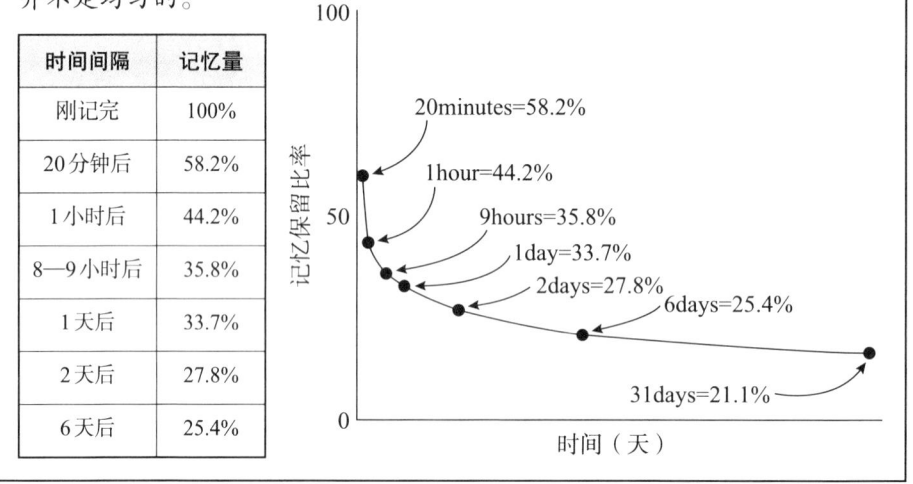

时间间隔	记忆量
刚记完	100%
20分钟后	58.2%
1小时后	44.2%
8—9小时后	35.8%
1天后	33.7%
2天后	27.8%
6天后	25.4%

既然学习有遗忘的过程,采取不同的学习方法是否会对遗忘有影响呢?答案是肯定的。一般来说,培训方法主要包括讲授法、视听法、演示法、案例法、研讨法、游戏法、角色扮演法等。各种培训方法具有各自的优缺点,为了提高培训质量,讲师需要根据培训内容和参训人员特点选择合适的培训方法。

主要培训方法的具体解释及操作要点如下(见表4-3)。

表4-3 主要培训方法的具体解释和操作要点

培训方法	具体解释	操作要点
讲授法	培训师通过语言表达，系统地向受训者传授知识，期望受训者能记住其中的重要观念与特定知识。	讲授内容具有科学性，保证讲授质量； 讲授内容具有系统性，条理清晰、重点突出、案例分析、正反对比； 讲授时语言清晰、生动准确； 必要时运用板书。
视听法	培训师利用幻灯片、电影、录像、录音等视听教材进行培训。	播放前要清楚地说明培训的目的； 根据讲课的主题选择合适的视听教材； 结束后培训师必须做重点总结或将应用在工作上的具体方法告诉受训者。
演示法	培训师运用一定的实物和教具，通过实际示范，使受训者明白某种工作是如何完成的。	准备好所用道具； 让受训者看清示范物； 示范完毕，让受训者亲自尝试； 对受训者的尝试立即给予反馈。
案例法	培训师用实际或设计好的案例进行讲解，使受训者能够在情境中学习如何解决问题。	案例设计科学，能够完整恰当地包含问题； 案例内容完整，包括说明、过程、问题及解决方法； 受训者积极参与，思考案例问题。
研讨法	培训师与受训者或受训者之间通过讨论解决疑难问题。 具体形式包括：演讲、沙龙、小组讨论、集体讨论、系列研讨、委员会等。	讨论要有明确的目标，并让参与者了解这些目标； 如果受训人员对讨论的问题产生内在的兴趣，要启发他们积极思考； 在大家都能看到的地方公布议程表（包括时间限制），并于每一阶段结束时检查进度。
游戏法	培训师使用游戏的方式使参与者积极参与，在游戏中体会并掌握解决问题的技巧。	游戏设计科学，将问题嵌入游戏环节； 游戏适合受训者的理解层次，深度适宜； 受训者从游戏中获得感悟。
角色扮演法	借助角色的演练来理解角色的内容，从而提高主动面对现实和解决问题的能力。	制定明确的规则，包括角色、时间等； 受训者实际参与角色扮演； 每个角色有特定技巧； 对于受训者的角色扮演给予反馈。

每种培训方法的有效性都不能直接评估，需要结合实际的培训需求、课程类别、参训学员、培训环境等综合确定。例如，知识要点型的培训内容用讲授法和研讨法会比较有效；而技能型培训内容用演示法、视听法、角色扮演法等相对有效。另外，针对不同的参训学员要使用不同的培训方法，年龄较大的学员对于讲授法和案例法比较容易接受，年龄较小的学员更喜欢视听法、角色扮演法和游戏法。

主要培训方法的优缺点如下（见表4-4）。

表4-4 主要培训方法的优缺点

培训方法	优　　点	缺　　点
讲授法	有利于受训者系统地接受新知识； 容易掌握和控制学习的进度； 有利于加深理解难度大的内容； 可以同时对多人进行培训。	讲授内容具有强制性； 学习效果受培训师讲授的水平影响； 只是培训师讲授，并没有反馈； 受训者之间不讨论，不利于促进理解。
视听法	生动形象，给予受训者深刻的印象、激发兴趣； 受训者用感觉去理解问题； 视听教材可反复学习、利于受训者不断提升理解。	视听设备和教材购置费用/时间投入大； 合适的视听教材选择难度大； 受训者受视听设备和视听场所的限制。
演示法	有助于激发受训者的学习兴趣； 可利用多种感官，做到看、听、想、问相结合； 有利于获得感性知识，加深对所学内容的印象。	适用范围有限，不是所有的学习内容都能演示； 演示装置移动不方便，不利于培训场所的变更； 演示前需要一定的费用和精力。
案例法	有利于给受训者营造真实情境； 加强受训者对于问题内在性的理解； 提高受训者在实际情境中的技能。	案例的设计难度大； 案例具有一定的静态性和环境性； 案例需要定期更新。
研讨法	受训者主动提出问题，表达个人感受； 有助于激发受训者学习兴趣； 受训者积极思考，有利于能力开发； 取长补短、互相学习，利于知识和经验的交流。	讨论课题选择将直接影响培训效果； 受训者自身水平会影响培训效果； 不利于受训者系统掌握知识和技能。
游戏法	营造轻松氛围，受训者参与程度高； 激发受训者爱玩天性，提高学习效率； 给予受训者以深刻启迪，触类旁通。	游戏的设计难度大； 游戏的难度可能超出或大大低于受训者能力，会产生反效果。
角色扮演法	有助于训练基本动作和技能； 提高受训者观察力和解决问题的能力； 活动集中，有利于培训专门技能。	个性化，容易受态度、感觉影响； 角色扮演的设计难度大； 角色扮演的实施难度大。

在培训的组织实施过程中，培训组织者要主动监控讲师的培训方法使用情况。一方面，在培训前制订培训计划时，与讲师进行详细沟通、提前设计；另一方面，在培训组织实施过程中，要积极观察讲师与受训者的互动情况，及时给予讲师相关建议。此外，培训组织者要对培训的各种方法

和优缺点有深入的理解，必要时配合讲师开展相关的活动，组合运用各种培训方法，以提升培训实际效果。培训组织者还要密切注意讲师的培训方法，有科学研究表明，不同的培训方法会对人的学习效果产生不同的影响（见图4-3）。

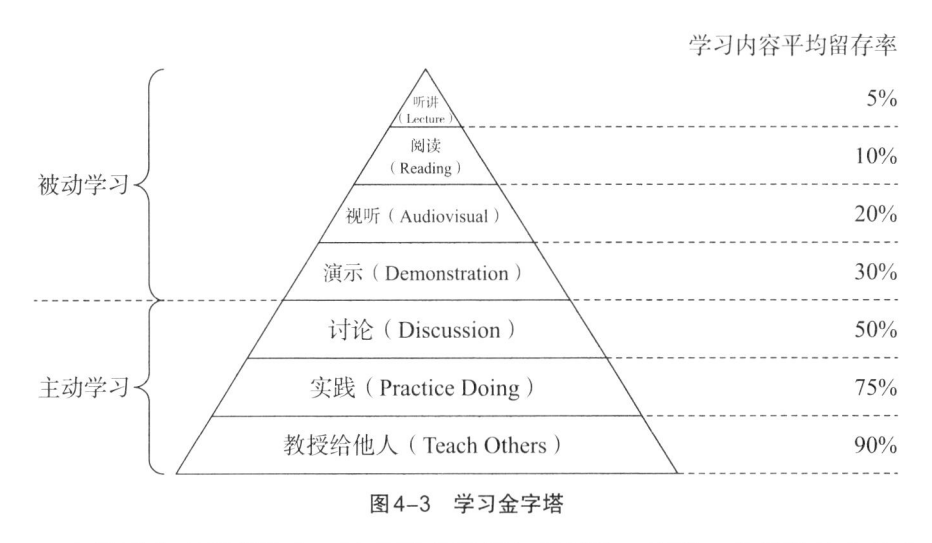

学习方式	学习内容平均留存率
被动学习 — 听讲（Lecture）	5%
被动学习 — 阅读（Reading）	10%
被动学习 — 视听（Audiovisual）	20%
被动学习 — 演示（Demonstration）	30%
主动学习 — 讨论（Discussion）	50%
主动学习 — 实践（Practice Doing）	75%
主动学习 — 教授给他人（Teach Others）	90%

图4-3 学习金字塔

在学习金字塔理论中，让参训者使用包括讨论、实践、教授给他人的主动学习方法，培训效果很好，参训者的学习内容平均留存率均高于50%（参见知识链接：学习金字塔）。所以，在实际培训组织过程中，要鼓励讲师多使用促进参训者主动学习的培训方法，如我们以上所阐述的研讨法、游戏法和角色扮演法等。

知识链接　学习金字塔

学习金字塔由美国著名的学习专家爱德加·戴尔于1946年首先发现并提出，是美国缅因州国家训练实验室的研究成果。它用数字形式形象地显示了采用不同学习方式的学习者在2周以后还能记住的内容的数量（平均学习保持率），是一种关于现代学习方式的理论。爱德加·戴尔提出，学习效果在30%以下的几种传统方式，都是个人学习或被动学习；而学习效果在50%以上的，都是团队学习、主动学习或参与式学习。

3.培训实施过程记录

在培训组织实施过程中，培训组织者要对培训过程进行完整的记录，形成培训过程记录表（见表4-5）。其中，要对培训实施计划的各个方面进行全面的记录。记录既包括实际执行的具体情况，也包括其中发现的问题和解决对策。

表4-5　培训过程记录表

培训名称	
培训流程执行情况	
培训时间安排情况	
讲师讲授情况	
培训地点情况	
受训人综合情况	
费用情况	
相关书籍/资料情况	
培训住宿情况	
培训餐饮情况	
备注	

填表人：　　　　　　　填表日期：

另外，在培训过程中，培训组织还要针对培训讲师和参训者两方面进行更为详细的记录。针对培训讲师主要是记录培训内容、培训方法和使用效果（见表4-6）；针对参训者主要是记录出勤情况、现场参与情况及培训的综合表现情况（见表4-7）。

表 4-6　培训方法记录表

时间	课程名称	讲师	具体模块	类别（知识、技能、思维）	培训方法	培训方法使用效果

表 4-7　培训学员情况记录表

序号	部门	姓名	职位	考勤情况	现场参与记录	综合参训表现记录

🔔 在实践工作中运用
第4项精进：组织培训实施

再次对比学习金字塔和遗忘曲线。

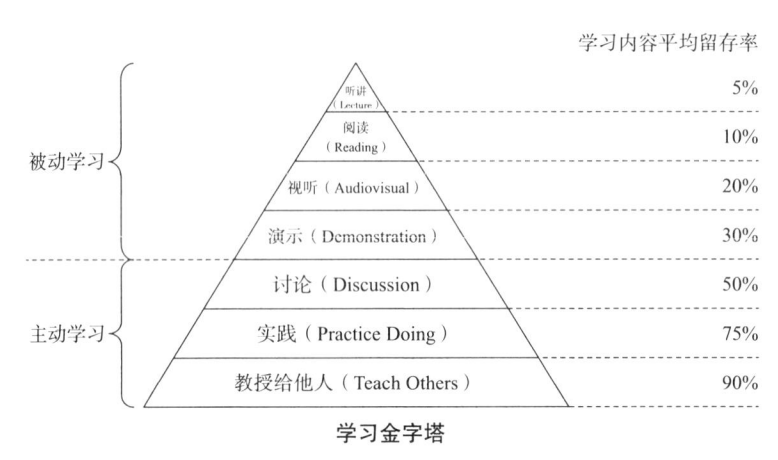

学习内容平均留存率

被动学习：
- 听讲（Lecture） 5%
- 阅读（Reading） 10%
- 视听（Audiovisual） 20%
- 演示（Demonstration） 30%

主动学习：
- 讨论（Discussion） 50%
- 实践（Practice Doing） 75%
- 教授给他人（Teach Others） 90%

学习金字塔

遗忘曲线

遗忘曲线（又称艾宾浩斯记忆遗忘曲线）：德国心理学家艾宾浩斯（H. Ebbinghaus）研究发现，遗忘在学习之后立即开始，而且遗忘的进程并不是均匀的。

时间间隔	记忆量
刚记完	100%
20分钟后	58.2%
1小时后	44.2%
8—9小时后	35.8%
1天后	33.7%
2天后	27.8%
6天后	25.4%

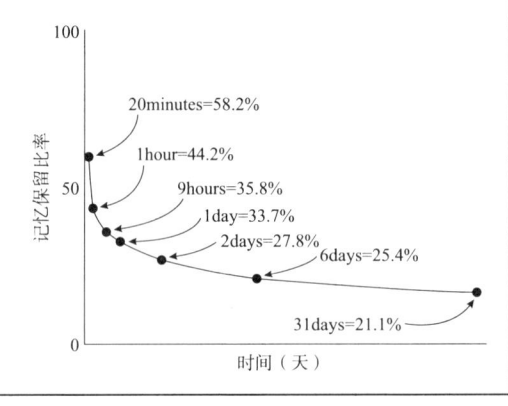

20minutes=58.2%
1hour=44.2%
9hours=35.8%
1day=33.7%
2days=27.8%
6days=25.4%
31days=21.1%

学习保留记忆 / 时间（天）

你的思考是什么？

✎ _____

✎ _____

第5项 ｜ 评估培训效果

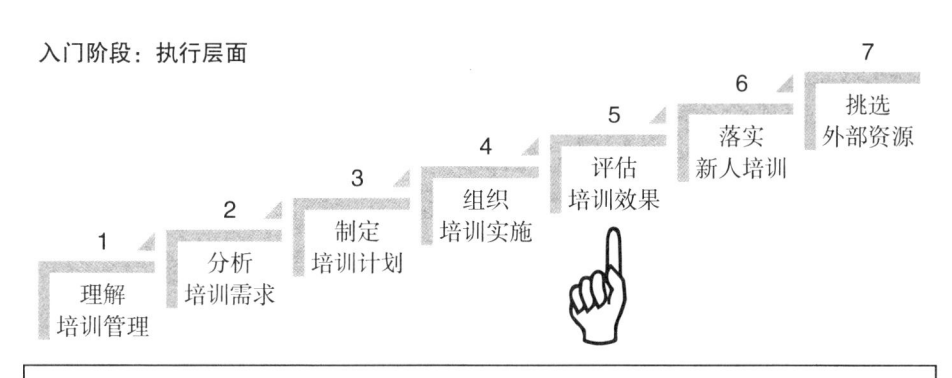

入门阶段：执行层面

1. 理解培训管理
2. 分析培训需求
3. 制定培训计划
4. 组织培训实施
5. 评估培训效果
6. 落实新人培训
7. 挑选外部资源

通过本项精进，旨在掌握以下方面：

- 清晰理解培训效果评估含义
- 培训效果的评估有哪些工具
- 如何落实执行培训效果评估
- 培训效果如何进行定期总结
- 如何进行培训效果总体分析

培训效果评估是培训管理工作的结束点，也是培训管理的第四阶段工作。那么，什么是培训效果评估？

培训效果评估是指根据培训需求分析的结果和主要意见制定培训计划后，在培训的具体组织实施过程中和结束后，根据培训需求分析的目标和培训计划的效果要求，对培训效果进行全方位、多层次的评估，以全面评价培训的实际效果。

培训效果评估（见图5-1）是培训管理整体流程的最后一个环节，培训效果评估是对培训整体结果的评估。培训效果评估将前三个环节进行了整合，培训效果评估的标准以培训需求分析为基础，以培训计划制定中的标准为依据，同时也参与并监控了培训组织实施过程。

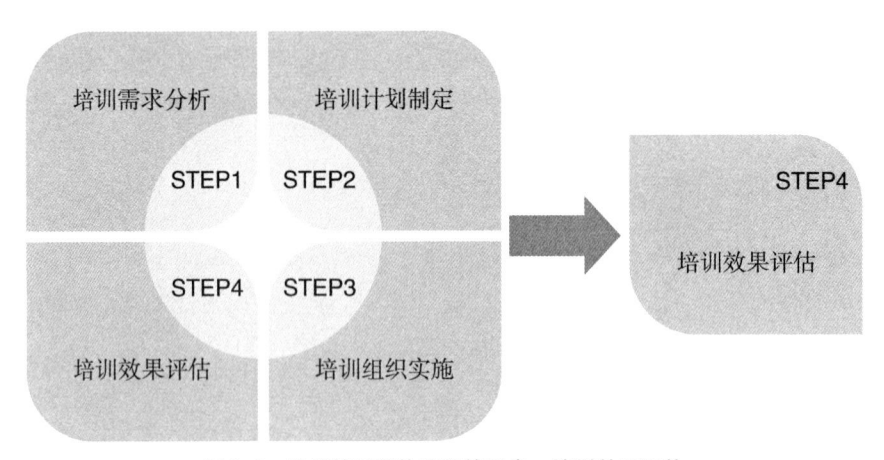

图5-1 培训管理整体流程第四步：培训效果评估

一、培训效果评估的工具

1.培训效果评估的柯氏四级评估模型

在培训效果评估中，最常使用的就是柯氏四级评估模型（参见知识链接：柯氏培训评估模式）。

> **知识链接　柯氏培训评估模式**
>
> 柯氏培训评估模式（Kirkpatrick Model）由国际著名学者威斯康辛大学（Wisconsin University）教授唐纳德·L.柯克帕特里克（Donald. L. Kirkpatrick）于1959年提出，是世界上应用最广泛的培训评估工具，在培训评估领域具有难以撼动的地位。柯氏培训评估模式将培训评估分为4个级别：反应评估、学习评估、行为评估、成果评估。

下面，我们简要介绍一下柯氏培训评估模式的主要内容。

（1）反应评估

第一级培训效果评估是在培训结束时，向学员发放满意度调查表，征求学员对培训的反应和感受。问题主要包括以下几个方面：对讲师培训技巧的反应、对课程内容设计的反应、对教材挑选及内容/质量的反应、对课程组织的反应、是否在将来的工作中能够用到所培训的知识和技能等。

在第一级评估中，以学员的感受为主，学员最明白他们完成工作所需要的是什么。如果学员对课程的反应是消极的，就应该分析是课程开发设计的问题还是实施带来的问题。这一阶段的评估还未涉及培训的效果，还不能确定学员是否能将学到的知识技能应用到工作中。但这一阶段的评估是必要的，培训参加者的兴趣、受到的激励、对培训的关注等对任何培训项目都是重要的；同时，对培训进行积极的回顾与评价，使学员能够更好地总结他们所学习的内容。

（2）学习评估

第二级培训效果评估是确定学员在培训结束时，是否在知识、技能、态度等方面得到提高。实际上是要回答一个问题，即"参训者学到东西了吗"。这一阶段的评估要求对学员参加培训前和培训结束后知识技能测试的结果进行比较，以了解他们是否学习到新的东西；同时也是对培训设计中设定的培训目标进行核对。这一评估结果也可体现出讲师的工作是否有效。但此时，我们仍无法确定参加培训的人员能否将他们学到的知识与技能应用到工作中。

（3）行为评估

第三级培训效果评估是要确定培训参加者在多大程度上通过培训而发生行

为上的改进,可以通过对参加者进行正式的测评或非正式的观察来确定。这一阶段的评估要回答一个问题,即"参训者在工作中使用了他们所学到的知识、技能和态度了吗"。尽管这一阶段的评估数据较难获得,但意义重大。只有培训参与者真正将所学的东西应用到工作中,才能达到培训的目的,才能为开展新的培训打下基础。需要注意的是,因这一阶段的评估只有在学员回到工作中时才能实施,所以这一阶段的评估一般要求与参与者一同工作的人员参加。

（4）成果评估

这一阶段的评估要考察的不再是受训者,而是从部门和组织的大范围内,了解因培训而带来的组织的改变效果,即要回答"培训为企业带来了什么影响"。可能是经济上的,也可能是精神上的,如产品质量得到了提高、生产效率得到了提高、客户的投诉减少了等。这一阶段评估的费用和时间相对难度都是最大的,但对企业的意义也是最重大的。

通过以上分析,我们可以将柯氏培训评估模式的具体内容进行归纳(见表5-1)。

表5-1 柯氏四级培训评估表

等级	名称	具体内容
第一级	学员反应（Reaction）	评估参训学员对于培训的喜好程度
第二级	学习情况（Learning）	评估参训学员通过培训对于知识、技能和态度的掌握程度
第三级	行为改变（Behavior）	评估参训学员多大程度上将培训所学应用于实践工作中并产生行为的改变
第四级	业务结果（Result）	评估培训后多大程度上带来业务结果的改变

2.培训效果评估的其他评估模式

除最常使用的柯氏培训评估模式外,我们再介绍3种常见的培训效果评估模式。

（1）考夫曼五级评估模式

考夫曼在柯氏培训评估模式的基础上进行了扩展,他认为培训是否能成功,培训前各种资源的获得至关重要。他在柯氏四级评估的第一层加上了对资源获得的可能性评估。另外,考夫曼还认为培训产生的效果不仅对企业有益，最终还会作用于企业所处的环境，从而给企业带来效益。因此，他又增加了第五级，即评估社会和客户的反应（见表5-2）。

表5-2　考夫曼培训五级评估表

等级	名　　　称	具体内容
第一级	可能性和反应评估	可能性评估针对确保培训成功的各种资源的有效性、可用性、质量等
		评估参训学员对于培训的喜好程度
第二级	掌握评估	评估参训学员通过培训对于知识、技能和态度的掌握程度
第三级	应用评估	评估参训学员多大程度上将培训所学应用于实践工作中并产生行为的改变
第四级	企业效益评估	评估培训后多大程度上带来业务结果的改变
第五级	社会效益产出评估	评估社会和客户的反应及利润、报偿情况

（2）菲利普斯五级评估模式

菲利普斯评估的核心思想是注重评估培训的价值收益，即关注是否能为股东创造最大的价值。菲利普斯提出培训第五级评估为投资回报率评估，即以投资的角度看待培训，计算培训收益与培训成本的比率，计算投资回报率、投资回收期等（见表5-3）。

表5-3　菲利普斯培训五级评估表

等级	名称	具体内容	衡量指标
第零级	投入和衡量指标	投入评估针对确保培训成功的各种资源的有效性、可用性、质量等	项目类别、项目数量、人数、参与小时、项目成本
第一级	学员反应和行动计划	评估参训学员对培训的满意度	相关性、重要性、实用性、恰当性、公平性、积极性
第二级	学习与收获	评估参训学员通过培训对知识、技能和态度的掌握程度	技能、知识、领悟力、胜任力、信心、人际关系
第三级	岗位应用	评估参训学员多大程度上将培训所学应用于实践工作中并产生行为的改变	使用程度、任务完成情况、使用频率、完成行动、成功应用、应用障碍、推动因素
第四级	组织影响	评估培训给业务结果带来的改变	生产率、收入、质量、时间、效率、客户满意度、参与度
第五级	投资回报率	评估培训的投资回报情况	收益与成本比率、投资回报率、投资回收期

（3）CIRO&CIPP评估模式

除常见的柯氏四级培训评估模式和在其基础上改进的考夫曼五级培训评估模式和菲利普斯五级培训评估模式外，笔者再介绍2种培训评估模式：CIRO评估模式和CIPP评估模式。

① CIRO评估模式

CIRO代表4项评估活动的首个字母，这4项评估活动是：背景评估（Context Evaluation）、输入评估（Input Evaluation）、反应评估（Reaction Evaluation）、输出评估（Output Evaluation）。背景评估主要确认培训的必要性，收集和分析有关人力资源开发的信息，并分析和确定培训需求与培训目标。输入评估主要确定培训的可能性，收集和汇总可利用的培训资源信息，评估和选择培训资源，确定实施战略与方法等。反应评估主要在于提高培训的有效性，收集和分析学员的反馈信息，改进培训运作程序。输出评估主要在于检验培训结果，收集和分析培训结果信息，评价与确定培训的结果。

② CIPP评估模式

CIPP评估模式也称决策导向或改良导向评估模式，是美国教育评价家斯塔弗尔比姆倡导的课程评价模式。CIPP代表4项评估活动的首个字母，这4项评估活动是：背景评估（Context Evaluation）、输入评估（Input Evaluation）、过程评估（Process Evaluation）、结果评估（Product Evaluation）。背景评估就是在特定的环境下评定其需要、问题、资源和机会。输入评估是对达到目标所需的条件、资源以及各备选方案的相对优点所做的评估，其实质是对方案的可行性和效用性进行评估。过程评估是对方案实施过程进行连续不断的监督、检查和反馈。结果评估是对目标达到程度所做的评估，包括测量、判断和解释方案的成就，评估人们的需要满足程度等。

二、培训效果评估的执行

实景案例

小孙是一家企业的人力资源经理，他根据总经理在年度经营计划中提出的"加强中层管理队伍建设"，制定了中层管理专项培训方案，计划每个季度做一次为期2天的中层管理培训。总经理看了方案，说可以先做一次试试，如果培训效果好，就可以继续做。小孙根据领导的指示精心准备了第一次中层管理培训，邀请了外部培训供应商的高级讲师。考虑到费用和时间等因素，同时为不影响大家的工作，培训是利用周六、周日在公司组织的。

大多数中层管理者都参加了这次为期2天的培训，总经理还到现场进行了开场讲话。讲师很有经验，培训的整体氛围比较好，学员也都积极参与到培训中。培训结束后，小孙对学员进行了培训满意度调查，学员整体反应比较好，但也有个别学员提出培训过于理论化、周末培训影响休息等问题。另外，小孙还将培训整体的情况和学员的反馈进行了整理，汇报给总经理。到了第二季度，小孙与总经理沟通继续做中层管理培训的计划，但总经理说，后续的培训暂时先不做了，因为他观察到中层管理人员的行为在培训后没有任何改变。同时，总经理也问小孙，这样的培训效果如何评估？如何评估对于工作的帮助？如何评估是否有助于企业业绩的达成？

案例启示

通过以上案例，我们可以看到实际工作中培训效果评估的难点。如果培训结果仅仅是学员的参训反应比较好，那能算作培训的成功吗？我们在前几章分析过，对于企业来说，培训最终要完成目标绩效，那么培训与这些绩效之间如何建立联系？如何评估培训对于绩效达成的贡献或作用？应用柯氏四级培训评估模式，学员反应和学习情况两级评估比较好做，但再向上提升至行为改变和业务结果评估就比较难做了。前两级只是针对一次培训的，评估比较直观；后两级则除培训外，还有其他诸多因素影响，会给评估带来非常大的困难。

1.培训效果评估

对于培训效果评估的实际操作工作，我们可以综合参考柯氏四级培训评估模式、考夫曼五级培训评估模式、菲利普斯五级培训评估模式，并借鉴CIRO和CIPP等模式，多角度理解并与实践工作需求相结合，逐步形成独具企业特色的、个性化的培训评估体系。

（1）学员反应级评估

这一级评估重点是评估参训学员对培训学习过程的满意度。

学员反应级评估的关键要素包括：课程的实用性、目标相关性、课程的恰当性、内容重要性、学员积极性以及对讲师的评价。

企业可以根据学员反应级评估的要点及关键要素设计相应的学员培训反应评估表（见表5-4）。另外，这一级评估原则上要在培训结束前或培训刚结束时进行，否则这一级的评估效果不一定真实。

表5-4 学员培训反应评估表

课程名称						
课程日期						
课程说明						
1.您是否清楚为什么参加此次培训？					是	否
2.本培训对您是否有帮助？					是	否
评估项目	很差（1分）、很好（5分）					
课程内容						
内容的易懂程度	1	2	3	4	5	
课程结构安排的合理性	1	2	3	4	5	
讲师表现						
专业知识	1	2	3	4	5	
教学技巧	1	2	3	4	5	
表达清晰度	1	2	3	4	5	
学员参与						
本人参与度	1	2	3	4	5	
所有学员参与度	1	2	3	4	5	
课程会务						
课程进行	1	2	3	4	5	
场地设备	1	2	3	4	5	
餐饮	1	2	3	4	5	
结论：课程总体评价	1	2	3	4	5	
对于本次课程意见和建议						

（2）学习情况级评估

第二级评估重点是评估参训学员通过培训对知识、技能和态度的掌握情况。

学习情况级评估的关键要素包括：学员的认知层面，如对术语、概念的认知程度；学员的知识层面，如对知识结构性的认知；学员的行为层面，如能够具备调用知识的能力、能够在没有指导的情况下把知识运用到实际工作中等。

学习情况级评估的主要方法是测试或测评，书面测试可以采用现场考试、在线考试等方式，考题内容可以包括主观题、判断题、填空题等题目类型。

这一级的评估也是培训评估最常见的评估，例如，根据考试分数核发培训证书，这是典型的学习情况级评估。企业在进行第二级评估时，有时会将第一级评估结合进来，例如，核发培训证书从两方面考查，50%为学员参训表现考查，50%为学员测试分数考查。

经验分享　培训考试的适用性

在日常培训评估中，考试、测试最适用的培训是技术/操作型培训。例如，IT企业常见的各类技术培训，如JAVA、LINUX、IOS、C++等开发语言的培训。考试是最有效的评估方法。另外，在新员工培训中，对于要求员工掌握规章制度相关内容的培训，考试也是一种有效的方法，能够快速检测新员工的掌握程度。但是，对于一些软性的培训，考试就不一定能够有效评估，如管理意识培训、企业文化培训等。

（3）行为改变级评估

第三级评估的重点是评估参训学员多大程度上将培训所学应用于实践工作中并产生行为的改变。

行为改变级评估要素主要包括：绩效方面的评估，如在培训结束后的特定时间内学习工作绩效是否明显提升；相关条件方面的评估，如学员新知识、新技能的使用环境是否匹配，是否获得相应指导和学习资源；标准方面的评估，如完成任务或工作时使用技能的熟练度、频次、水平是否达到或超过企业的要求等。

行为改变级评估最常用的方法是观察法。观察可以是学员上级对其进行的观察，也可以是培训组织者对其进行的观察。表5-5就是以培训组织者的角度，对学员行为进行观察评估的样表。通过这种结构化的表格，培训组织者可以在培训中和培训结束后，持续对学员的行为进行观察，以作为培训效果评估的一个方面。

表5-5　学员培训行为评估表

学员行为观察评估表					
（主要考察参训积极性、融入程度、课堂表现、课后转化表现、作业完成质量）					
姓名			部门		岗位
训中观察	1	积极性			
^	2	环境融入			
^	3	课堂表现（发言情况）			
^	4	承担意愿			
^	5	突出表现（表现行为）			
^	6	违纪情况（迟到、走神，迷糊、心不在焉）			
训后观察	7	作业完成情况（提交、质量）			
^	8	培训技能使用情况			
^	9	成长意愿			

（4）业务结果级评估

一般企业的培训效果评估大多做到前三级，第四级和第五级的培训效果评估受到综合因素的影响，评估的关联性相对小了，难度也增加了。

第四级评估主要关注培训后业务结果的改变程度。

业务结果级评估要素主要包括硬指标和软指标。销售额增加、离职率等硬指标是可以用具体数据衡量的。员工融洽度、员工士气等软指标是不可以用具体数据衡量的，但可以用等级来衡量。

（5）投资回报级评估

第五级评估主要关注培训的投资回报情况。

投资回报级评估要素主要包括：货币量化的培训收益与项目成本进行对比，如投资回报率、回报周期等。这一级评估需要将培训对业务结果产生的影响作用转化为货币单位的数据，尤其是第四级的评估结果，首先要转化为货币单位的数据，如销售额增长的具体货币数据；其次要精确计算出培训的成本投入，不仅包括直接的培训成本，如讲师费用、场地成本、住宿成本等；

最后还要计算参训和组织人员的工资成本、时间成本等。

2.提升培训效果的途径

在实践工作中，企业培训的组织者和管理者，除要运用科学的模式及时、全面、准确地评估培训效果外，还要在培训各个环节下功夫，从整体上提升培训效果。以下是笔者在实践中总结的一些经验。

（1）明确培训目的，不做目标模糊的培训。

从培训需求分析和培训计划制定开始，就要有明确的培训目标，而且要设计培训的评估方法。在实践工作中，企业人力资源管理者或培训管理者有"听领导指挥"的倾向，领导说建设企业文化，就马上做文化类培训；领导说要加强中层管理，就马上做管理类培训。需要注意的是，"听领导的"并不是错误，但是要从专业角度分析培训的明确目标。从企业、工作和员工三个角度分析培训需要解决的问题。如果是提升员工素质，需要精确到知识、技能和态度；如果是优化人岗匹配，需要明确是岗位的哪项素质欠缺；如果是企业要提升绩效，需要明确提升的绩效是销售部的销售业绩，还是开发部的产品开发。总之，不能盲目地一概而论。

相对比较难确定的是软技能培训，如沟通、管理、文化等。即使是软技能培训，也要有明确的目标，需要明确是哪一层人员的沟通，是口头沟通还是书面沟通，沟通能够为员工、工作和企业带来什么收益。

（2）培训计划详细精准，目标匹配性强。

培训目标明确后，要有逐层详细精准的培训计划，而且要能保证目标的实现。有些企业在目标确定上问题不大，因为经过几层分析才制定了明确的培训目标；但在计划具体落实上，执行力往往差强人意，尤其是在详细的培训实施计划方面，精准度距离目标相差很远。

培训实施计划要确定培训的主题、讲师、流程、参训人员、时间、地点等关键要点，培训供应商不得力、讲师选择错误、培训方法不合适，都会直接影响培训的效果。在现实工作中，日程安排得不合理、参训人员选择不当也都会让培训效果大打折扣。

（3）紧密跟进培训组织实施，不放过任何细节。

从培训精细的计划落实到培训组织实施，还需要培训组织者投入巨大的精力，以保证培训效果。往往计划赶不上变化，培训现场实施的变数更多。小到参训人员迟到、培训资料缺页、桌椅摆放不对、麦克风没声音、饭菜不合口、时间拖延，大到讲师调换、培训方法失效、参训学员情绪反应大等，无数细节决定着培训的成败。

培训实施环节是对培训效果影响比较大的环节，这些环节往往属于紧急情况，必须现场进行极好的应对。

（4）培训效果评估要及时、方法要得当。

培训效果评估有科学的模式，也有很多内容和层次。在实践执行中，要从企业培训的实际目标出发，根据培训的内容、方式、参训人员的接受程度、日程安排情况等进行合适的培训效果评估。千万不可生搬硬套，在条件不成熟的情况下，非要将培训效果评估执行到某一级。例如，软技能类的文化培训非要进行投资回报率评估，往往投入巨大的人力成本和时间成本，却难以真正精确计算出来。

三、培训效果的定期总结

虽然单次培训会有即时效果，但很多培训的效果需要经历一个阶段才能最终体现出来。作为培训管理者和组织者，要定期对培训情况进行总结，也就是复盘（参见知识链接：复盘）。通过复盘，回顾最初的培训计划和培训目标，评估培训中的得失，分析原因，总结经验，为后续培训工作的开展奠定基础，形成滚动式的培训需求。

知识链接　复盘

"复盘"是围棋术语，也称复局，是指对局完毕后，复演该盘棋的记录，以检查对局中招法的优劣与得失关键。联想公司将复盘引入企业，成为企业文化的重要方法论之一。复盘指工作做完了再回顾一遍，不断地检验和校正目标，分析过程中的得失，不断地深化认识和总结规律。联想公司的复盘方法论分为4步：回顾目标、评估结果、分析原因、总结经验。

1.单次培训总结

我们先来看一下单次培训总结。每次培训结束后,培训管理者和组织者要及时对每次培训的情况进行及时总结(见表5-6)。单次培训总结的内容主要包括培训的基本情况(主题、组织者、时间、地点),培训内容,培训对象,培训形式,组织情况,出勤情况,培训效果评估,学员意见和建议等。

表5-6 培训情况总结表

培训主题:	组织部门:
起/止日期:	
培训地点:	
培训目的及内容简介:	
培训对象:	
培训讲师:	
培训形式:( )讨论 ( )讲座 ( )授课 ( )其他	
培训情况总结:	
培训组织情况:	
出勤和纪律情况:	
培训效果评价:	
学员建议和意见:	
组织部门负责人意见:	
签名: 日期: 年 月 日	
备注:	

培训单次总结可以在培训结束后尽快进行,这样既可以全面回顾培训的整体情况,反思培训目标是否达成,同时也可以分析培训成败的原因,总结经验。

2.定期汇总培训记录

除单次培训总结外,培训管理者和组织者要对培训记录进行定期汇总整理,一般包括的记录资料如下(见表5-7)。

表5-7 培训资料记录清单

序号	培训资料名称
1	培训需求调查表
2	培训计划表
3	培训申请审批表
4	培训协议书
5	讲师背景资料
6	培训过程记录表
7	现场签到表
8	现场参训资料
9	现场考核表
10	培训考试卷
11	培训证书复印件
12	培训决算表、费用分析表
13	培训效果总结表
14	培训情况汇报
15	其他资料

经验分享 培训记录要注意日常收集

> 很多企业都参加了ISO9000或CMM质量认证,其中培训是一个重要的审核点。在培训审核中,完备的培训资料是基础,所以,主管培训的人员从培训需求调查、培训计划,到每次培训实施的具体记录都要认真归档整理。日常培训资料多具有实时性,如现场考试、现场效果评估等,一定要注重日常的积累与整理。

培训资料的汇总整理,不仅是日常管理工作的需要,更重要的是,通过汇总整理,我们可以看到培训工作的阶段性成果。培训往往需要以阶段性的角度看待培训计划的达成、组织实施以及培训效果，同时完整的资料也是培训效果总体分析的基础。

四、培训效果的总体分析

1.单次培训效果分析

在单次培训总结的基础上，培训管理者和组织者可以做培训效果分析报告。需要注意的是，培训总结不能等同于培训效果分析，培训总结更注意对培训整体情况的汇集总结，而培训效果分析，则侧重于对培训目标达成的效益分析与问题分析，培训效果分析更加深入。

单次培训效果分析报告的内容一般主要包括四部分：第一是培训整体情况分析，这一部分主要来源于单次培训总结；第二是培训效果评估，对不同层次、不同阶段的培训效果评估情况进行分析；第三是培训效益分析，这部分一般要求比较高，需要有业绩数据支撑；第四是问题的发现与改进，这部分主要侧重于目标达成度与差距（见模板：培训效果分析报告）。

培训效果分析报告

一、培训整体情况分析

　　1.培训目标与形式

　　2.培训流程与内容

　　3.培训学员参训分析

二、培训效果评估

　　1.授课评估

　　2.组织评估

　　3.测试评估

　　4.学员受益

　　5.上级评估

三、培训效益分析

　　1.员工满意度分析

2.参训部门学员业绩分析

四、问题发现与改进

　　1.培训整体目标达成

　　2.培训问题与改进

　　3.惩罚与激励

五、其他

2.阶段性培训效果总体分析

　　阶段性培训效果总体分析一般与部门的阶段性总结周期相同，或者也可以以培训项目为周期进行阶段性培训效果总体分析。

　　阶段性培训效果分析报告一般包括5部分：第一是人力资源情况分析，这一部分主要是作为背景，因为培训总体是面向企业人力资源管理与整体人员素质提升的，同时，人力资源情况也是培训需求产生的背景情况；第二是阶段性培训整体情况分析，是把阶段内单次培训的汇总集合，再进行数据的整合与分析；第三是阶段性培训效果的整体分析，这部分是重点，需要将单次培训的效果分析进行汇总、整合，并形成总体的分析；第四是培训费用与培训效益分析，二者相关联，只分析培训费用不分析培训效益无疑是片面的，但培训效益的整体分析一定要注意其中的逻辑性和数据的准确性；第五是问题与改进，同时导出下一年度的部分培训需求，这些问题与改进也是下一阶段培训需求调查的重点。

××××公司××××年度培训整体效果分析报告

一、公司年度人力资源基本情况

　　1.人员数量及分布整体情况分析

　　2.员工入职情况分析

　　3.员工离职情况分析

二、公司年度培训整体情况分析

　　1.年度培训需求与培训计划回顾

　　2.年度实际组织培训情况回顾

3.年度培训学员情况分析

三、培训效果整体情况分析

1.年度培训学员评估结果分析

2.年度培训讲师评估结果分析

3.年度培训证书/测试评估结果分析

4.年度培训管理评估结果分析

四、培训费用与培训效益分析

1.年度培训费用实际支出情况分析

2.各部门业绩改进与培训关联分析

五、问题发现与改进

1.培训中发现的问题与改进对策

2.本年度未完成的培训与下一年度培训需求

六、其他

🔔 在实践工作中运用
第5项精进：评估培训效果

1.就你亲身参加过的一项培训，按照柯氏四级培训评估模式进行评估。

等级	名称	具体内容
第一级	学员反应（Reaction）	
第二级	学习情况（Learning）	
第三级	行为改变（Behavior）	
第四级	业务结果（Result）	

关于以上评估，你有什么思考？

✎ _____

✎ _____

✎ _____

2.如果让你使用复盘分4步再次回顾以上培训，你会怎么做？请写下你的思考。

✎ _____

✎ _____

✎ _____

第6项 ｜ 落实新人培训

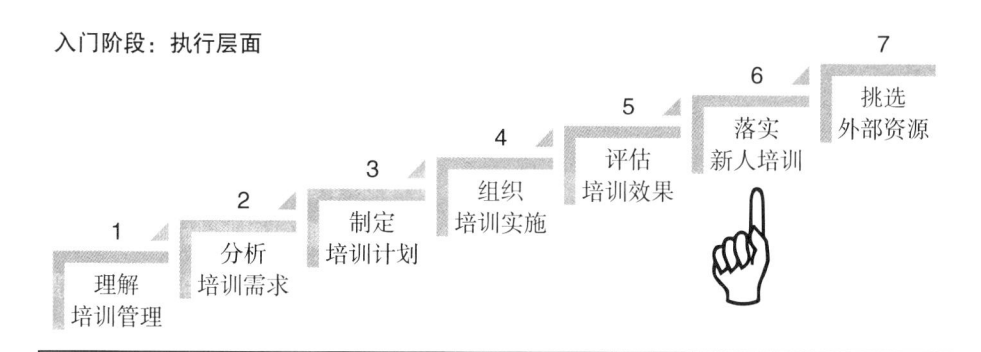

入门阶段：执行层面

1 理解培训管理
2 分析培训需求
3 制定培训计划
4 组织培训实施
5 评估培训效果
6 落实新人培训
7 挑选外部资源

通过本项精进，旨在掌握以下方面：

- 如何搭建好新员工培训体系
- 新员工培训应遵循什么流程
- 如何建设好新员工导师制度
- 新员工培训如何与考核结合
- 新员工培训有哪些提升实践

一、建设新员工培训体系

1.新员工培训的意义与目标

实景案例

一家互联网企业，人员流动率比较高。新员工入职后经过一系列培训，并积累一定工作经验后成为有价值的员工，但很多新员工会选择离职。公司高层询问新员工离职率如此高的原因。经调查多个部门，新员工的直属上级总结了3个原因：薪水不够高，不足以负担生活成本；新员工很难在公司附近找到住房，租房都非常远；年轻人急功近利，公司业务无法满足他们的发展要求与归属感。

公司高层认可了这些原因，适当调整了新员工的薪资水平和福利；公司在行政部配置专职人员，帮新员工寻找合适住房；要求人力资源部将新员工的职业生涯规划融入工作。这些解决方案执行一年多后，新员工离职率和跳槽率并未降低，在一些部门甚至还有不断增高的趋势。

公司高层要求人力资源部对所有新员工进行匿名调查，深入了解新员工离职的真正原因。经调查发现，新员工离职的原因与他们的直属上级所反映的截然不同，新员工们反映：当他们刚入职时，只接受企业文化类的培训项目，直到进入公司一个月后，才接到具体的工作任务。在工作方面，他们很少得到直属上级的反馈，不知道自己的工作干得是好是坏。这让他们感觉自己在企业前途迷茫，看不到未来的发展，处于非常不稳定的状态。

重新发现问题后，公司推行新员工导师制度，给每名新员工配备导师，导师与新员工一起工作、指派任务并及时反馈结果。该制度实行后的第一年，新员工离职率就明显下降……

案例启示

以上案例启示我们要深入思考新员工管理中的问题。薪资、住房等问题的确会对新员工离职有影响，但真正核心的问题是工作反馈和未来发展。新员工是企业发展的新鲜人才血液，有效的新员工培训体系有助于新进人才的稳定与保留。这些人才的保留对企业人才梯队建设和人才培养有重要的意义，因此，新员工培训也是企业人力资源管理和培训管理的一项重要工作。

2.新员工培训体系的搭建

新员工培训并不仅仅是给新员工一个手册自学或者集中讲一下企业文化，而是需要系统地进行新员工培训。新员工培训体系示例如下（见图6-1）。

阶段一	阶段二	阶段三	阶段四
入职培训	企业培训	专业培训	岗位实操
·公司介绍	·企业文化	·专业技能	·内部轮岗
·员工手册	·公司架构	·专业知识	·内部导师
·工作环境	·公司业务	·运作规范	·在线学习
·迎新午餐	·规章制度	·汇报制度	·技能竞赛
·部门熟悉	·行为规范	·职业发展	·汇报演说

图6-1 新员工培训体系

在这个示例中，新员工培训分为4个阶段：入职培训阶段、企业培训阶段、专业培训阶段、岗位实操阶段。每个阶段的目标和定位都不同。

（1）入职培训阶段

入职培训阶段主要是引导新员工熟悉工作环境，这是开展工作的必备条件。

（2）企业培训阶段

企业培训阶段主要是培训新员工掌握企业文化、规章制度和行为规范，熟悉企业及内部主要的规则。

（3）专业培训阶段

专业培训阶段主要是培训新员工岗位专业技能和知识，熟悉并达到岗位相关要求。

（4）岗位实操阶段

岗位实操阶段主要是为新员工提供机会，通过实际操作掌握岗位技能。

二、组织落实新员工培训

1.新员工入职培训

新员工报到当天,由人力资源部安排进行为期一天的入职培训。入职培训的主要内容包括:报到引导、学习《员工手册》、熟悉工作环境等。

由人力资源部负责讲解新员工报到须知,引导新员工按照报到须知办理相关手续,并熟悉工作环境。新员工报到须知模板如下。

新员工报到须知

新员工:

您好!

欢迎您成为_____公司的一员。

请遵循以下流程办理新员工报到手续。

第一步:人力资源部办理报到手续。(联系人:_____)

1.出示各种证件原件:离职证明、学历学位证书、职称证书、相关培训结业证、身份证、1寸彩色照片(5张)。

2.填写员工登记表。(邮箱地址经MIS部确认后填写)

3.签订劳动合同(请仔细阅读,确认无误后签署姓名、性别、身份证号、家庭住址、签约地点、日期)。

4.签署薪资通知书,签姓名、日期(请严格遵守薪资保密制度,严禁询问他人薪资,严禁将薪资状况告知他人)。

5.领取考勤卡、出入证、工卡带,如丢失、损坏,按标准予以赔偿;离职时退还。(联系人:_____)

6.学习《员工手册》(请仔细阅读学习,学习结束后签署姓名、日期)。

第二步:行政部申请工位。(联系人:_____)

1.申请工位、电话分机号码。

2.申请电话权限(市话、长途),需主管领导签字确认。

3.领取工位柜子钥匙。

第三步：财务部申请工作用电脑。(联系人：_____)

1.填写固定资产领用表,并请相关人员签批。

2.领取工作用电脑,核对设备的具体配置。

第四步：信息部申请内部邮箱地址。(联系人：_____)

1.按E-mail账号命名规则建立邮箱。

2.由信息部相关人员协助配置电脑邮箱,并了解正确的邮件收发方式。

第五步：到就职部门安排工作。

1.直属上级介绍部门工作要求,并布置近期工作。

2.直属上级介绍部门人员。

第六步：新员工培训定于____月____日举行,人力资源部会将新员工培训资料以_____方式发送给您,请认真阅读资料,提前做好培训准备工作。

其他需要注意事项：

_____公司

人力资源部

_____年___月

新员工入职当天对《员工手册》进行学习后,对企业整体情况有了初步认识。一般来说,要在新员工入职后1周至1个月内集中组织新员工培训。

新员工入职学习与新员工培训的流程如下(见图6-2)。

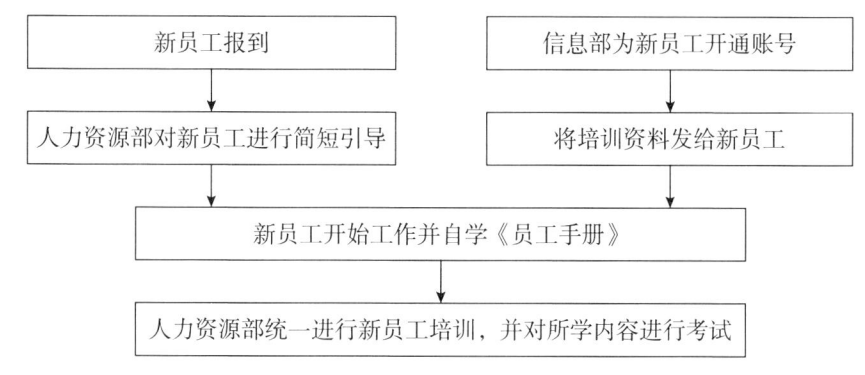

图6-2 新员工入职学习及培训流程

2.编制《员工手册》

在新员工报到手续办理中,最先要学习的就是《员工手册》。《员工手册》主要是对新员工进行初步指导,是新员工培训前使用的教材。

《员工手册》一般包括以下内容。(见模板:《员工手册》主要内容)

(1)公司基本情况

主要介绍公司名称的由来、公司的主要情况、涉及的主要业务、人才理念及主要领导等。

(2)工作与薪资福利

主要介绍员工的薪资福利构成、发放办法及享受办法等。

(3)工作守则

主要介绍公司重要的规章制度,包括行为规范、人力资源管理制度、行政管理制度和财务管理制度等。

《员工手册》主要内容

第一部分　公司介绍

一、集团介绍

(一)名称的起源及Logo的含义

(二)集团概况

(三)主要产业类别

(四)公司的人才理念

(五)集团主要领导

二、主要下属公司情况介绍

第二部分　工作与薪资福利介绍

一、工作岗位介绍

二、薪资介绍

(一)薪资整体政策

(二)薪资的构成

(三)试用期薪资

(四)薪资发放的时间和办法

（五）薪资保密

（六）其他

三、福利介绍

（一）福利整体政策

（二）社会保险与住房公积金

（三）带薪假期

（四）工作餐或餐费补助

（五）其他

四、学习培训

第三部分　工作守则

一、员工行为规范

二、人力资源方面

（一）报到入职

（二）劳动合同

（三）考勤管理

（四）出差申请

（五）请假申请

（六）保密管理

（七）工资考核

（八）培训申请

（九）内部调动

（十）离职手续

三、行政方面

（一）着装要求

（二）名片印制

（三）办公设备

（四）印信使用

（五）票务管理

（六）会议管理

四、财务方面

（一）费用报销

（二）借款付款

（三）固定资产

五、其他

经验分享 《员工手册》以什么形式发给员工？

> 《员工手册》就是企业浓缩版的制度，一般来说，要求员工遵守的内容都要在《员工手册》中体现。企业可以要求新员工阅读《员工手册》，并在《员工手册》后附上员工已经阅读的签收表，要求员工本人签字确认，这可以成为今后劳动关系处理中的一个关键证据。企业也可以将《员工手册》电子版以邮件形式发送给员工，但与企业制度相关的培训和《员工手册》的书面签收就需要另行组织了。

3.新员工企业培训

对于新员工的企业培训，企业一般采用集中式培训。企业培训主要包括以下内容。

（1）企业文化

企业文化包括企业的发展历史、重大事项、企业文化、主导价值观等。

（2）公司架构

公司架构包括企业的组织架构、部门设置、部门职责、部门负责人介绍等。

（3）公司业务

公司业务包括企业主要业务模式、产品、技术等详细介绍。

（4）规章制度

规章制度包括企业主要规章制度及执行要点。

（5）行为规范

行为规范包括企业要求的行为规范、着装规范、沟通模式等。

另外，有些企业为了加强新员工培训，还会在企业培训时增加通用职业技能的内容，如沟通、礼仪、会议管理、情绪管理等。

新员工培训的面授讲师可以邀请企业内老员工或主要领导。对于零散入职的新员工可以分批次集中培训。

新员工培训后举行的考试内容以培训内容为主，题型可以是选择题、是非题、简答题等，也可以适当地增加部分阐述题，借此了解新员工的心态与期望。

三、新员工培训融合导入

1.新员工培训融入导入制度

新员工加入企业往往在前半年（6个月）都属于适应期，而且，据统计，新员工在加入企业的前6个月往往也具有较高的离职率，但每个阶段离职的原因是不同的（参见知识链接：新员工离职的1-3-6模式）。

知识链接　新员工离职的1-3-6模式

新员工离职的1-3-6模式是指新员工很容易在入职企业1个月、3个月、6个月时离职。

入职1个月内离职的员工，与HR关系比较大。短时间内离职的原因大多是面试人员没有将组织的真实发展状况和即将面临的工作任务、环境与本人讲清楚，导致员工感受到较大的差异而离职。

入职3个月离职的员工，与直属上级关系比较大。入职3个月时，员工已经对工作任务和企业环境有了较多的了解，选择离职多因为不认同直属上级或得不到直属上级的关注。

入职6个月离职的员工，与企业文化关系比较大。入职6个月时，员工已经对企业有了较多的了解，选择离职多是因为企业价值观与个人价值观无法融合或产生冲突。

根据新员工离职的1-3-6模式，企业管理者一定要加强试用期内对新员工的定期跟踪、完善导入制度。新员工报到的入职培训和企业培训结束后，员工就正式进入部门开始工作，在试用期内，企业还要继续在每个阶段对新员工进行跟踪，同时配合新员工培训（见表6-1）。

表6-1 试用期员工跟踪培训表

新员工加入时间	跟踪/培训方式	跟踪要点	新员工培训要点
第一周	入职面谈、报到、入职培训	• 初入公司的感受 • 遇到的不适与困难 • 部门安排工作是否清晰 • 直属上级是否与其沟通	• 报到时引导、办理手续 • 学习《员工手册》 • 公司情况介绍 • 迎新午餐 • 部门同事引见
第一个月	个别面谈、新员工企业培训、专业培训、导师	• 工作进展 • 遇到的不适与困难 • 取得的收获 • 与同事的配合 • 对公司的整体感受	• 企业培训 • 考察企业文化接受度 • 考察规章制度接受度 • 部分专业培训 • 安排导师
第二个月	个别面谈、专业培训、轮岗、导师	• 遇到的不适与困难 • 取得的收获 • 对直属上级和上上级的评价 • 对公司的整体感受	• 专业培训 • 轮岗 • 考察企业文化接受度 • 导师辅导
第三个月	个别面谈、轮岗、导师	• 遇到的不适与困难 • 取得的收获 • 对公司的整体感受	• 考察企业文化接受度 • 导师辅导 • 轮岗

经验分享 不要忽视试用期的跟踪工作

新员工在加入企业后6个月内处于一个离职的高峰期，新员工的离职对于员工和企业来说是双输的结果，员工耗费了时间、精力，企业耗费了直接成本、机会成本。试用期内的跟踪工作会大大地降低新员工的离职率，保证招聘效果，也可以大大地降低企业的成本。

2.新员工培训融入考核制度

新员工培训的另外一个结合点就是试用期员工转正考核,新员工试用期满前,需要落实转正考核工作,包括各级转正考察及转正审批,具体流程如下(见图6-3)。

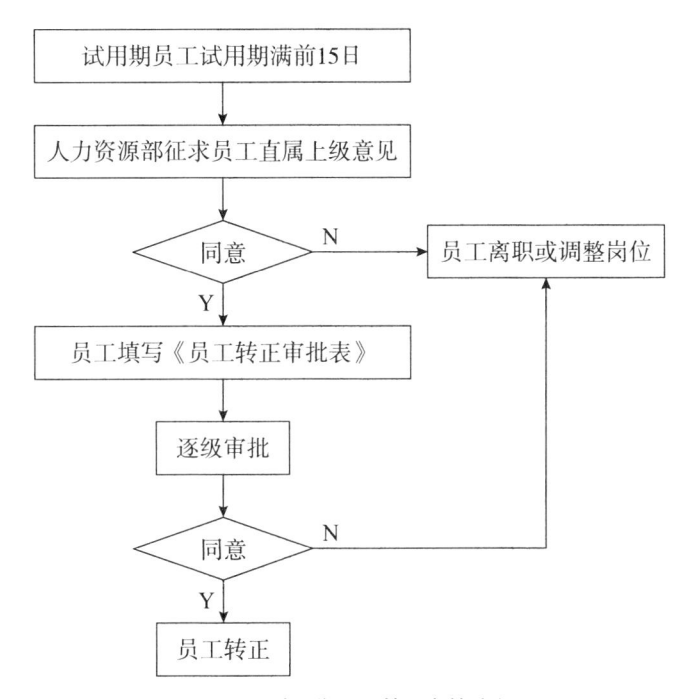

```
试用期员工试用期满前15日
        ↓
人力资源部征求员工直属上级意见
        ↓
      同意 ──N──→ 员工离职或调整岗位
        │Y                    ↑
        ↓                     │
员工填写《员工转正审批表》    │
        ↓                     │
     逐级审批                 │
        ↓                     │
      同意 ──N─────────────────┘
        │Y
        ↓
     员工转正
```

图6-3 试用期员工转正考核流程

根据不同的岗位类型,试用期员工转正考察的要点也不同,一般包括以下内容。

(1)管理人员

- 试用期内管理任务完成情况;
- 管理能力(计划、组织、领导、控制);
- 对企业的认同、大局观念。

(2)销售人员

- 试用期内完成的合同订单,立项项目以及进展情况;
- 对行业/产品的了解和熟识程度、独立谈判能力;
- 敬业精神、团队合作。

（3）工程技术人员

- 试用期参加的项目、在项目中的角色以及项目任务的完成情况；
- 对岗位所需的专业知识、技能的掌握情况和熟练程度，发展潜力；
- 敬业精神、团队合作。

（4）职能服务人员

- 日常工作的完成情况（及时性、准确性、灵活性及工作量等，如试用期接受了特殊的任务，考核特殊任务的完成情况）；
- 对本职所需的专业理论知识的了解和掌握情况；
- 员工投诉。

（5）生产人员

- 试用期内生产任务完成情况（产品生产质量、产品生产数量、团队任务情况）；
- 对本职所需的专业生产技能的掌握情况；
- 工作态度（对工作的认真、敬业、出勤等）。

对试用期员工进行转正考察时，可以将新员工培训及培训效果作为转正考察的一个方面（见表6-2）。试用期员工转正是由员工个人提出申请，然后进行个人述职并履行转正审批流程。其中把新员工培训中的入职培训、企业培训、专业培训、轮岗情况和导师情况等，作为员工转正考察的一个环节。

表6-2 员工转正申请审批表

第一部分：员工个人述职报告					
姓名		部门		现任职位		试用合同起止时间	
个人述职报告					
签名：　　　　　　　　　　日期：					
第二部分：新员工培训情况及考核结果					
新员工入职培训	签名：　　　　　　　　　　日期：				
新员工企业培训	签名：　　　　　　　　　　日期：				
新员工专业培训	签名：　　　　　　　　　　日期：				

续表

新员工轮岗情况	签名：	日期：
新员工导师辅导	签名：	日期：
第三部分：转正审批表		
直属上级意见	签名：	日期：
部门经理意见	签名：	日期：
人力资源部意见	签名：	日期：
总经理意见	签名：	日期：

四、不断提升新员工培训的效果

1.新员工培训效果提升的方向

新员工培训几乎是所有企业都会做的培训，简单的有人力资源部、企业领导谈话，复杂的有为期半年/一年的新员工培训专项项目。无论怎样的新员工培训，目标都是引导新员工尽快融入企业、尽快达到岗位要求、尽快有高效产出。除考虑企业的条件、费用支出外，企业管理者和培训组织者还要不断创新，提升新员工培训的效能。

目前，在企业实践中，基础、常规的新员工培训内容是必备的。如入职培训、企业培训等，其内容随着企业的发展阶段性进行更新；在提升新员工的保留率上，新员工培训需要不断地提升效果。为适应新生代职业人群的需求，新员工培训更加注重与岗位的实际操作相结合、与新员工的近距离辅导相结合、与新员工的职业生涯规划相结合。

2.新员工培训提升的实践

以下几个方面是企业新员工培训不断提升的实践。

（1）新人轮岗制

新人轮岗，即新员工在试用期内的岗位轮换，是有计划地让新员工尽快熟悉企业内相关岗位的一种培训制度，也是一种非常有效的人才培训机制。

新员工轮岗，可以使新员工快速学习和了解各个岗位的主要工作内容、建立企业人脉关系、理解企业业务/管理流程。对于企业来说，要实行新人轮岗制，需要提前设计轮岗机制、选择合适的岗位、设计合适的岗位轮换时间，另外，还需要给新员工配备相应的指导人员，以帮助新员工在每个轮换岗位上都能尽快学到相应的知识和技能。

（2）新人导师制

新人导师，即新员工在试用期内企业为其配备专业导师。新人导师制是"师傅带徒弟"制度的传承，对新员工来说是一种非常有效的学习辅导制度。

导师在试用期内对新员工进行辅导。除要定期与新员工进行交流、及时了解新员工动向外，还要对新员工进行专业的导师辅导。一般有条件的企业都采取"一对一"导师辅导制度，保证新员工"有人帮、有人带"。

在企业实践中，实行新人导师制需要有制度的保障，否则有的老员工愿意帮带新人，有的则并不情愿，反而会对新员工产生负面影响。企业采用新人导师制，一般会对导师有相应的要求，如沟通频率、沟通内容、辅导内容、辅导方式等，同时，还会要求导师定期提交一些对新员工的评估。此外，一般采用新人导师制的企业会核定一定数额的导师津贴，责任和利益相一致，才能保证导师履职。

（3）新人预培制

新人预培，即在新员工还没有进入企业前，先期进行培训和选拔，只有经过培训和选拔合格的人员才能最终招入企业，成为企业的试用员工。新人预培制加强了企业对人员的提前培训和选拔，保证了新员工的质量。

关于新人预培制，有的企业在技术人员的招聘中使用。如企业与培训学校提前签订协议，由培训学校按照企业要求招收合格学员。学员在培训学校学习期间，企业也对学员进行相关的培训，培训内容可能会包括企业文化、价值理念、业务流程、专业技术等。学员经过培训学校的学习和企业的培训，毕业时，经企业考核和选拔，合格的毕业学员直接进入企业，成为企业的试用员工。

对于企业来说，新人预培训制度投入相对较大、周期较长，但同时，通过预培选拔的新人在专业技能掌握上、在对企业的认同程度上都比较好，到企业工作后的适应期会大大缩短。

（4）新人技能大赛

新人技能大赛，即在新员工群体中组织技能大赛，以提升新员工技能学习的热情；同时，可以优中择优，在新员工中选拔和培养高技能人才。

新人技能大赛一般与新员工专业技能培训相结合，作为新员工专业技能培训的考核和成果展示的方式。

新人技能大赛比较适合于以专业技术见长的企业，如生产型企业、制造型企业等。另外，最好专业技术类的新员工数量足够多，如同一批招收几百名大学毕业生等。

（5）新人管理培训

新人管理培训，又称为"管培生"，是将没有经验或经验很少的新人作为管理人员的后备队伍进行培养的专项培训项目。近些年来，尤其是大型外资企业，"管培生"项目做得非常成熟，为企业培养了大批的管理人员。"管培生"在极短的时间里就成长为企业管理人员，这大大地弥补了企业管理人员缺乏的短板。

"管培生"成长为企业的管理人员后，一般忠诚度非常高，对于企业的价值认同感强，愿意与企业"同呼吸、共命运"。

（6）新人在线学习

在新员工培训的创新与提升中，学习方式的提升也是一个重要的方面。新生代职业人群从小接触互联网，非常适合在线学习。很多企业也将新员工培训项目完全在线化，因为在线学习不仅提供了丰富的内容、精彩的创意，还加强了学习中的互动性，非常受新一代职业人的欢迎。

（7）新人职业规划

我们在本章分享的案例中得到启示，新员工不一定关心薪资、住房，而更关心的是个人的兴趣和职业发展，这也是越来越多的企业将职业规划辅导与培训引入到新员工培训中的原因。

新人职业规划不仅可以让新员工尽快了解个人在企业中的职业发展路线，还可以让新员工学习职业规划的技能，能够结合自己的特点做出适宜的职业发展规划，这样的培训可以让新员工受益终身。

🔔 在实践工作中运用
第6项精进：落实新人培训

1.回想你曾作为新人的感受？比如，你曾作为新生入校、新员工入职、新社员加入社团等，回想在那个时候是谁给予过你什么帮助？

✍ _____
✍ _____
✍ _____

2.回想你曾经离开的组织，是什么原因让你离开的？如果有遗憾，你最希望改变的是什么？请写下你的思考。

✍ _____
✍ _____
✍ _____

3.如果你已经在某方面有一定的经验，有某位初入门者或准备入门者向你请教，请写下你最想对他/她说的话或希望他/她提升的方面。

✍ _____
✍ _____
✍ _____

第7项 ｜ **挑选外部资源**

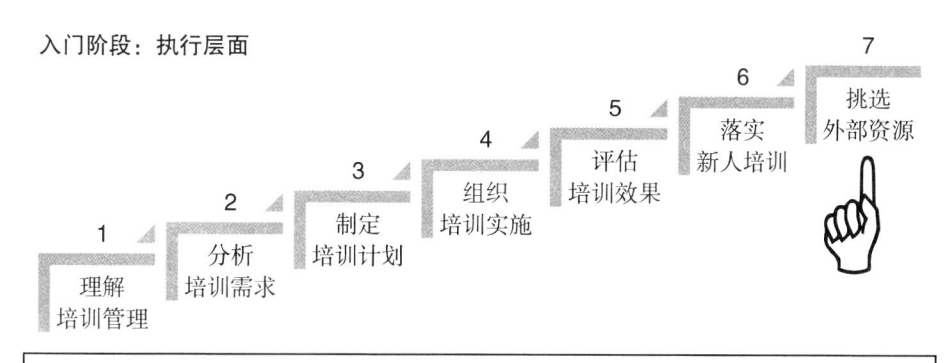

入门阶段：执行层面

1 理解培训管理 → 2 分析培训需求 → 3 制定培训计划 → 4 组织培训实施 → 5 评估培训效果 → 6 落实新人培训 → 7 挑选外部资源

> **通过本项精进，旨在掌握以下方面：**
> ☑ 如何选择合适的培训供应商
> ☑ 如何体系性评价培训供应商
> ☑ 如何落实培训供应商的管理
> ☑ 如何与培训供应商建立合作
> ☑ 与培训供应商良好合作技巧

一、培训供应商选择原则

1.选择培训供应商的意义

几乎所有的企业在进行培训管理时，都会选择培训供应商，或多或少地选择依靠外部资源来落实培训管理。

下面，我们来看一下选择培训供应商的主要意义和目标。

（1）整合资源

企业是整体社会的一部分，涉及员工专业知识、专业技能和思维认知培训及提升时，企业不可能全面配置相关的专业人员。这时，需要企业能够整合社会中的相关资源，快速提升企业员工的素质；反过来说，如果企业为了提升员工素质而配置相关的专业人员，不仅成本高，而且会造成人才资源的巨大浪费。因此，选择培训供应商，不仅能快速有效地整合社会相关资源为企业所用，还能在很大程度上避免人才无效配置及成本浪费。

（2）发现差距

随着VUCA（易变、不确定、复杂、模糊）时代的到来，整个环境都在快速地变化。企业的培训，尤其是员工专业能力和整体素质的提升已经越来越成为一种迫切的需要。培训供应商的专业化、精准度、前瞻性，能够让企业快速地发现某一专业技术或管理方法的差距。企业通过引入外部培训供应商，就能弥补差距。

（3）提升能力

不论如何，企业引入外部培训供应商，其目标还是提升员工专业能力与综合素质，进而整体提升企业能力，创造更好的绩效。从这个角度来讲，企业是客户，通过采购培训产品而获得的收益是企业自身综合能力的提升。

2.选择培训供应商的原则

培训供应商为企业提供了整合资源、发现差距、提升能力的机会，反过来，企业在选择培训供应商时，也要遵循一定的原则。

（1）质量保证

考察和选择培训供应商的第一原则就是培训服务质量要有保证。培训供应商主要提供的是培训专业服务，要保证培训专业服务的质量，就需要培训供应商有一套质量保证体系。除有专业培训的相关资质外，培训供应商还应有优质的讲师队伍、服务队伍、服务流程等予以保证。

（2）价格合理

考察和选择培训供应商的第二原则就是服务成本和价格公平合理。培训供应商要有公开、公正的方法对所提供的服务进行成本分析，并通过双赢的价格谈判实现成本节约。另外，培训供应商应提供在行业中更具优势的培训产品价格，以实现与企业的长期合作。

（3）交付能力

考察和选择培训供应商的第三原则是交付能力。培训供应商要拥有足够的服务能力、充足的人力资源（讲师和服务团队），能够保障培训产品如期合格交付。

（4）服务满意

考察和选择培训供应商的第四原则是服务满意。培训供应商应具备售前和售后提供服务的能力，要能够通过对企业培训需求调查设计相应的培训产品与服务，在提供培训产品和服务后，要对企业的培训效果进行跟踪，提供相应的支持。

二、培训供应商选择机制

1.选择培训供应商的流程

实景案例

小张在公司负责人力资源管理，年度计划中有沟通管理的培训。恰好小张的一个同学在某公司做培训，小张就把公司的沟通管理培训需求给他，让他做一下方案和报价。小张和同学交流后，就将修改好的方案报给了公司主管副总。经公司主管副总审批同意后，拟对公司的部门主管和经理进行沟通管理培训。小张提前发了通知，并准备好了培训场地，谁知培训当天，培训讲师临时有事，无法来讲课。小张找了他的同学，他的同学才和他说，培训讲师并不是专职讲师，而是外面临时聘请的，来不了也没办法。当天参训人员都到场了，却没有讲师，培训只好临时取消。公司主管副总非常生气，狠狠地批评了小张，深入交流后才发现，小张的同学并没有开办培训公司，仅仅是工作业余接一些培训的项目；小张的同学并不认识培训讲师，只是通过朋友介绍而已。而且，关于这次沟通管理培训，小张也没有提前签订培训服务合同，仅仅是口头和发邮件交流。

案例启示

在这个案例中，我们可以看到，对培训供应商的选择直接决定培训的成败。往往很多企业的培训，企业自身不可能全部承担，但在与外部供应商合作时，要非常谨慎、认真地选择和甄别培训供应商。对于人力资源管理者和培训管理者来说，培训供应商的选择也是日常工作中非常重要的一项任务。这种选择不仅要遵循科学的流程，还要有完善的评价体系，而且在选择后、提供服务前，要按照法律程序签订培训服务合同，只有这样，才能提升培训供应商选择的成功率。

培训供应商的选择是培训管理中的重要工作，培训供应商选择常见的流程如下（见图7-1）。

```
培训市场分析
    ↓
寻找潜在的培训供应商
    ↓
初步筛选培训供应商
    ↓
实地考察培训供应商
    ↓
培训供应商提供方案和报价
    ↓
培训价格谈判
    ↓
签订服务合同
```

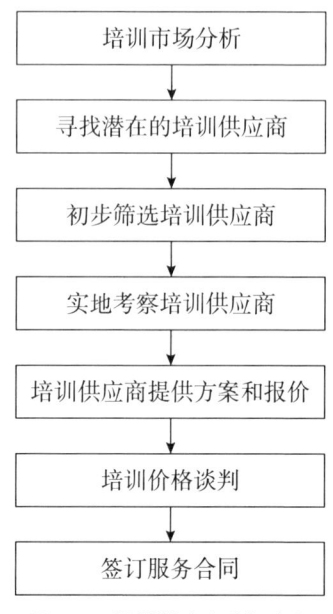

图7-1　培训供应商选择流程

具体来讲，培训供应商选择工作流程可分为以下几步。

（1）培训市场分析

在开发和选择培训供应商时，首先要对特定的细分市场进行详细分析。了解市场的趋势是什么、哪家培训公司是市场的领导者，也需要了解如何定位市场中的主要供应商，对潜在的供应商有一个初步的了解。如果有必要，还需要收集行业的调研数据或行业的专业调查报告，以对拟采购的细分培训行业有更多细致的了解。例如，企业想选择领导力方面的培训供应商，就需要对领导力培训行业有深入的了解。

（2）寻找潜在的培训供应商

在了解细分市场情况后，就需要寻找潜在的培训供应商，可以通过公开的信息和公开的渠道获得培训供应商的联系方式，如培训供应商的网站、宣传资料等；也可以通过展览、行业协会、媒体广告、专业人员介绍等方式寻找潜在的培训供应商。在寻找潜在培训供应商时，应保证有一定的数量基础，以备后续的筛选与淘汰。

（3）初步筛选培训供应商

在潜在培训供应商中，要进行供应商的初步筛选。在筛选前应建立统一标准的培训供应商情况登记表，来管理培训供应商的信息。这些信息应包括供应商的注册地、注册资金、主要股东结构、主要讲师、主要产品、主要客户、交付能力等。通过分析这些信息，可以评估其服务能力、质量稳定性、交付可靠性，以及其综合竞争能力。在这些培训供应商中，剔除明显不合适的供应商后，就能得出一个供应商考察名录。

（4）实地考察培训供应商

确定好初选的培训供应商后，就要安排对培训供应商进行实地考察。实地考察应由企业相关部门的人员组成评估小组，不仅是人力资源部或培训部的成员，还需要有企业专业部门的人员，这样会有助于企业内部的沟通和协调。

在进行实地考察时，考察评估小组应使用统一的评分卡进行评估，着重对培训供应商的管理团队、核心讲师、品牌课程、服务流程、主要客户、产品价格等进行结构化的评估。在考察中评估小组要及时沟通，在会议结束时，总结培训供应商的优点和缺点，并听取培训供应商的解释。如果培训供应商有改进意向，可要求供应商提供改进措施报告，做进一步评估。

（5）培训供应商提供方案和报价

对培训供应商进行实地考察且通过后，就形成合格的培训供应商名单。企业可以给合格的培训供应商提供方案和报价文件，一般包括培训需求与目标、参训人员、培训内容、培训周期、评估标准等细节，并要求培训供应商在指定的日期内完成方案和报价。

在一些大型企业，培训项目也属于对外采购，需要遵循采购流程，在这个环节，可能还需要以招投标的形式正式进行方案和报价的收集工作。

在收到方案和报价后，要仔细分析其内容，并彻底弄清楚存疑的地方。对于方案和报价涉及的细节和流程，需要通过书面方式详细记录，如电子邮件往来等。

（6）培训价格谈判

在价格谈判之前，一定要有充分的准备，设定合理的目标价格。价格谈判往往是质量、服务、交付及成本的综合平衡，既要采购质量上乘、服务优质的培训产品，又要保证培训供应商的成本不可过高或过低。

此外，价格谈判是一个持续的过程，培训供应商也在不断学习调整之中，而且受到细分行业竞争的影响，在与企业合作一段时间后，价格还会有所调整。企业要与优秀的培训供应商达成联盟，促进培训供应商提出改进方案，以最大限度节约成本。

（7）签订服务合同

最后，经过价格谈判，企业与培训供应商就培训产品和服务的内容、价格等达成一致意见，签订培训服务合同。关于培训服务合同，我们后续再展开论述。

2.培训供应商的评价体系

在培训供应商的管理中，其中非常重要的一个管理环节就是对培训供应商的评价。对培训供应商的评价分为选择评价和合作评价。

（1）选择评价

选择评价是指在选择流程中对拟合作的培训供应商进行的评价（见表7-1）。

表7-1 培训供应商选择评价表

供应商全称		注册地点		注册资本	
企业类型		注册时间		法定代表人	
联系人		电话		邮箱	
培训供应商情况介绍					
1.主要业务介绍:					
2.主要产品/课程介绍:					
3.主要讲师介绍:					
4.主要客户/案例介绍:					
5.特点综述:					

培训供应商评估						
评估类别	评估标准	评估分值				
		10	8	6	4	2
品牌	供应商企业的资质、品牌、业内影响力等					
规模	供应商企业的注册资金、课程体系、讲师数量、客户数量等					
产品/课程	供应商产品/课程体系的完善性、科学性、专业性、客户反馈等					
管理团队	供应商核心管理团队的素质、稳定性、专业性等					
讲师	供应商讲师团队的整体素质、专业性、授课等					
服务	供应商提升培训服务的流程、体系性等					
价格	供应商的标准报价、与业内同类供应商比较等					
客户	供应商服务的主要客户的情况、客户的评价与反馈等					
现场考察	对供应商的现场考察情况等					
其他	其他评估供应商需要等					
总计:						
评估人总体结论:	合格 □ 不合格 □ 评估说明: 评估人: 日期:					

在对培训供应商的选择评价中,第一部分要列出培训供应商公司的基本情况,最需要关注的是其注册资本、注册地点、法定代表人、注册时间等;

第二部分要培训供应商提供其详细情况，最重要的是课程、讲师、服务、客户、价格等方面；第三部分就要以结构化的方式对培训供应商进行评价，并进行综合评分，以得出评价结论。

（2）合作评价

合作评价是指企业与培训供应商合作后或合作一段时间后对培训供应商进行的评价（见表7-2）。

表7-2 培训供应商合作评价表

评估类别	类型：课程□　　项目□　　开发□ 频次：单次□　　多次□ 周期：自＿＿＿至＿＿＿					
供应商全称		注册地点		注册资本		
企业类型		注册时间		法定代表人		
联系人		电话		邮箱		
培训供应商提供内容简介						
1.主要产品/课程介绍：						
2.主要讲师介绍：						
3.参训人员介绍：						
4.整体评估情况：						
评估内容						
评估标准		优（10）	良（8）	中（6）	差（4）	
课程评估	课程主题					
	课程体系					
	课程设计					
讲师评估	讲师资质					
	讲师风格					
	现场授课					
学员评估	参训情况					
	现场氛围					
	课后评估					
服务评估	课前准备					
	现场服务					
	课后跟踪					

续表

评估内容					
评估标准		优（10）	良（8）	中（6）	差（4）
价格评估	价格标准				
	性价比				
其他					
分数总计（150分）：					
综合评估结果：		继续合作 □　　停止合作 □			
		评估说明：			
		评估人：			
		日期：			

在对培训供应商的合作评价中，第一部分要列出培训供应商公司基本情况，这部分内容可以从选择评价中直接选取；第二部分要介绍培训供应商与企业的合作情况，最重要的是课程、讲师、参训人员等方面；第三部分就要以结构化的方式对培训供应商进行评价，并进行综合评分，以得出是否合作的结论。

3.培训供应商的服务合同

企业选择好培训供应商后，就需要与培训供应商签订培训服务合同（见模板：培训服务合同）。

培训服务合同

甲方：

公司地址：

项目负责人：

电话：

乙方：

公司地址：

项目负责人：

电话：

甲乙双方依据《中华人民共和国合同法》，遵循平等、自愿、公平和诚实信用的原则，就乙方为甲方提供活动服务的事宜达成如下协议。

一、培训事宜

　　1.课程名称：

　　2.培训地点：

　　3.培训对象：

二、双方责任和义务

甲方责任和义务：

　　1.培训前10个工作日与乙方签订培训合同；按照课程要求及时、充分地与乙方进行培训前期沟通，明确培训目的、内容及相关要求；提供培训场地、设施及必要的工具。根据乙方授课要求，提供培训环境布置协助。合同签订后，如因甲方原因导致培训课程、日期、时间、地点和人数等培训要件发生变化时，甲方均应于开始培训前5个工作日通知乙方，并承担由此带来的不确定性和相关的费用增加后果；如甲方单方面取消此次培训，乙方有权解除本合同，则甲方需向乙方支付培训总合同额的50%作为违约金；与乙方协商一致的除外。

　　2.因不可抗力导致本合同不能履行的，甲方不承担责任。

　　3.原则上不得安排旁听人，如安排，须征得乙方同意，并承担由此对课程质量的全部影响；有义务对参训学员进行引导，并要求其遵守培训中的秩序要求；为保护乙方知识产权，培训过程中不得进行录音、摄像。如有此类需求须与乙方协商一致，并在合同中注明。

乙方责任和义务：

　　1.培训前10个工作日与甲方签订培训合同。

　　2.按照课程要求及时、充分地与甲方进行培训前期沟通，明确培训目的、内容及相关要求。

　　3.负责培训课程方案的设计、制定和实施。

　　4.选派合格的讲师承担培训实施工作。

　　5.根据授课需要，提供培训环境布置。

　　6.讲师严格按照培训方案完成教学任务，并能达到甲方的培训目的。

　　7.合同签订后，如因乙方原因导致培训课程、日期、时间、地点和人数等培训要件发生变化时，乙方均应于开始培训前7个工作日通知甲方，并承担由此带来的相关的费用增加后果；如因乙方单方面原因无法执行培训，则乙方需向甲方支付培训总合同额的50%作为违约金；与甲方协商一致的除外。

8.因不可抗力导致本合同不能履行的，乙方不承担责任。

三、合同金额及支付

1.培训费用：

按上课人数收费_____元/人，预算合计_____元（大写：_____）。

2.付款方式：支票□　　现金□　　汇款□

3.付款时间：合同签订后，培训结束后3个工作日内，甲方向乙方结清本合同列明的实际发生的全部费用。乙方为甲方开具足额发票。

4.付款/付款方式：

乙方指定的账户_____，并在支付第二次服务费之前提供全额正式税务发票。

四、其他约定

1.在双方确定好合同内容的情况下，双方签字盖章后生效。

2.本协议项下的一切纠纷，如友好协商不成，可提交有管辖权的法院审理。

3.本合同一式肆份，双方各执贰份，具有同等法律效力。如有未尽事宜，双方另行商定。

甲方：（盖章）　　　　　　　　　　乙方：（盖章）

负责人签字：　　　　　　　　　　　负责人签字：

日期：　　　　　　　　　　　　　　日期：

企业与培训供应商的培训服务合同可以根据单次培训签订，可以按照培训项目签订，也可以按照周期签订，如一年一签等。需要注意的是，培训服务合同受合同法约束，在签订时，一定要将培训服务的内容约定清楚，需要时可以将相关内容清单附在培训服务合同的附件中。在培训服务合同中要约定清楚双方的权利与责任、具体培训金额及付款方式。培训服务合同在多数企业内部属于采购合同，应由法务部或法律顾问协助审核。

> **经验分享　试听课程的收费问题**
>
> 目前市场上有很多培训供应商，为了拓展客户，往往会开展试听课以吸引客户参加。需要注意的是，即使是试听课程，或培训供应商到企业进行试讲，也要提前就双方的权利责任约定清楚，尤其是试听课的费用问题。可能为了合作，企业和培训供应商双方都各自按照自己的逻辑理解，企业认为试讲就是提供免费的培训，而培训供应商则认为试讲是只讲一次，可以单次付费。如果不约定，可能会产生纠纷。

三、培训供应商日常管理

1.培训供应商的分类与名册

选择优秀的供应商并逐步积累，就形成了培训供应商候选池。日常要对培训供应商建立供应商名册，分门别类进行管理（见表7-3）。

表7-3　培训供应商分类

分类标准	具体划分	划分意义
按合作级别划分	1.集团级培训供应商 2.分子公司级培训供应商 3.部门级培训供应商	与企业内不同级别的组织合作，资源管理分级进行。
按合作定位划分	1.战略合作伙伴 2.项目合作伙伴 3.课程合作伙伴	对培训供应商能力进行区分，采购时能准确定位。
按培训内容划分	1.通用课程供应商 2.专业技能课程供应商 3.管理技能课程供应商 4.其他课程供应商	对培训供应商课程类别进行区分，采购时可以按照需求进行。
按照合作周期划分	1.长期合作供应商（一年以上） 2.短期合作供应商（一年以下）	对培训供应商的合作周期进行区分，采购时确定考察深度。

续表

分类标准	具体划分	划分意义
按违规程度划分	1.优质供应商（合作一年以上且评分在85分以上） 2.良好供应商（合作一年以上且评分在70分以上） 3.一般供应商（合作一年以下且评分在60分以上） 4.违规/不合作供应商（合作过且评分在60分以下或有重大违规的）	对培训供应商的服务进行区分，采购时确定是否合作。

对培训供应商进行分类后，在日常对培训供应商信息进行管理时，要记录清楚培训供应商的基本情况（见表7-4）。

表7-4 培训供应商情况表

序号	名称	特点	主要课程	主要讲师	合作级别	合作定位	内容类别	合作周期	违规记录	联系人	联系方式	地址

2.培训供应商的巡检

在培训管理者的日常工作中，要对培训供应商进行巡检，即定期（一般是半年左右）检查跟踪培训供应商的基本情况，并对基本情况进行更新管理（见表7-5）。

表7-5 培训供应商巡检表

供应商		巡检时间		巡检人	
巡检项目及记录					
名称： 联系人： 联系方式： 地址： 课程变化： 讲师变化： 合作情况： 违规情况： 其他：					
巡检综合意见					
   　　　　　　　　　　　　　签字：　　　　　日期：					

3.培训供应商的更新与调整

根据列入合格培训供应商的名单，培训管理者日常对供应商进行巡检，并定期进行合作评价。根据合作评价的结果和巡检的结果，定期对培训供应商进行更新与调整。

一般而言，到一定周期（如年度），企业会全面地对培训供应商进行梳理。有些大型企业，每年都会对培训供应商进行资质审核和服务合同的重新签订。

四、与培训供应商的合作

1.与培训供应商的合作模式

企业与培训供应商之间是采购方与供应方的关系，是甲方与乙方的关系，也是客户与服务方的关系。既是买卖之间的利益关系，也是工作中的交互关系，还是事业上的合作伙伴。既然是合作伙伴，在合作中最重要的就是双赢思维（参见知识链接：双赢思维）。

知识链接　双赢思维

> 双赢（Win-Win）思维就是所谓的"赢者不全赢，输者不全输"，即只有能够成就对方的人才能成就自己。在工作和生活中，我们要始终保持双赢思维才能把事情做好，才可能让参与人向着一个方向使力，否则就会有人拆台，让事情很难成功。因此，当我们与别人打交道或合作时，应该先站在对方立场考虑，搞清楚对方的利益点，然后按照双赢的方式实施。对于客户与企业来说，应是客户先赢，企业后赢；对于员工与企业来说，应是员工先赢，企业后赢，双赢强调的是要兼顾双方的利益。

基于双赢思维的合作关系又称双赢合作关系，这种合作关系强调在合作的客户和供应商之间共同分享信息，通过合作和协商协调相互的行为，具体包括以下几个方面。

第一，客户对供应商给予信息反馈和协助，帮助供应商改进质量、降低成本、加快产品/课程的开发进度。

第二，通过建立客户与供应商之间的相互信任关系提高效率，降低交易成本和管理成本。

第三，通过长期的信任合作建立战略合作伙伴关系，取代短期的合同关系。

第四，客户与供应商之间有更多透明、及时、充足的信息交流，加强互相的了解，双方共同探讨、共同发展、共同成长。

在VUCA时代，建立双赢的合作关系模式，对于企业和供应商双方来说都有很重要的意义。

对于企业来说，与更多的培训供应商构建双赢合作的伙伴关系，能够最大限度地发挥培训供应商对企业员工素质提升和企业绩效提升的作用。充分的信息交流使得培训供应商对企业需求更加了解，对企业的内部架构、文化形态、员工心态、需求要点掌握更加深入准确，进而可以提供更加有价值或性价比更高的培训产品/课程。

对于培训供应商来说，与客户（企业）建立并形成双赢合作伙伴关系，能够更快、更好地提供高质量的服务。需求了解的不断深入有助于在课程设计、讲授老师、教学方式、服务提供上更加贴近客户，同时也有效降低沟通成本、提升交付能力、扩展更多的利润空间。

2. 与培训供应商合作的技巧

每家企业的培训管理者都希望可以找到课程质量好、交付能力强、培训服务好的供应商，但是往往事与愿违，要么培训供应商提供的产品/课程质量的确不错，但不一定忠诚；要么忠诚的供应商不能提供质量可靠的产品/课程。面对这些问题，企业就会无奈地不断开发新的培训供应商，更换培训供应商。"临渊羡鱼，不如退而结网"，与其苦苦地寻找他们，还不如好好地培养优秀的供应商。下面，笔者分享几点与培训供应商建立双赢合作伙伴关系的技巧。

技巧一：建立双方诚信、透明的沟通机制

在与培训供应商建立关系、选择合作以及进行合作的过程中，要建立一套完整的沟通机制，保证企业与培训供应商之间能够有诚信、透明的沟通交流。在选择时，一方面要全面了解培训供应商的各种情况，另一方面也要全面深入地介绍企业实际情况和需求，让培训供应商对企业有深入的了解。在每一次具体的合作中，双方共同组成落实项目小组，密切沟通，共同制定具体培训的实施计划、共同确定课程方案、共同保证培训实施的成功组织。在具体合作中，实施小组成员间不分彼此、深入交流，双方的诚信、透明沟通是真正建立双赢合作关系的基础。

技巧二：用平等的身份、平等的机会与培训供应商合作

有些企业认为自己是客户、是采购者，就会以一种居高临下的心态面对培训供应商。培训供应商稍有困难或无法满足其需求时，企业就威吓、批评；培训供应商的态度稍有不敬，企业就马上取消合作或百般挑剔。凡是以这种心态与培训供应商合作的，终不会获得培训供应商的全心投入，更多的是为了利润而勉强为之，或者，在合作中，培训供应商也以偷奸耍滑的心态

对付企业。

另外，在合作过程中，企业要对培训供应商提供平等的机会。凡是企业有实际需求时，应向同类供应商提供透明、清晰的信息，让所有能够达到要求的供应商都参与到合作与竞标中，优者胜出。平等的身份、平等的机会有利于培养供应商也以平等的心态付出最大的努力去争取机会。

技巧三：维护而不是压榨培训供应商的合理利益

凡是能够建立双赢合作关系的企业，和培训供应商之间必定是互利互惠的。作为采购者的企业一方不应只想着如何压榨供应商的利润，如何不断采取手段压低供应商的价格，而是要全面评估行业情况和供应商的实际投入，在利益分配上适度考虑培训供应商的利益和发展。只有真心地为培训供应商的利益考虑，才能赢得培训供应商的信任与尊重，才能与培训供应商建立长久的双赢合作关系。

技巧四：在合作中发现和培养合适的供应商

对于企业来说，培训供应商有很多，但并不是最大的、最成熟的、最好的培训供应商就是合适的，企业需要根据自身的发展情况和培训需求，在日常合作中不断发现和培养合适的培训供应商。通过诚信建立深度信任后，能够做到与企业价值观一致、交流顺畅、合作密切配合的培训供应商，就是最好的培训供应商。

企业在与培训供应商合作中，要不断地评估和思考，通过调整和更新寻找最合适的培训供应商。历经长期合作，企业和培训供应商之间最终能够建立双赢的合作伙伴关系。

🔔 在实践工作中运用
第7项精进：挑选外部资源

请你选择一家你曾合作过的供应商（可以选择任何供应商），用下表对其进行评估。

<table>
<tr><th colspan="7">供应商评估</th></tr>
<tr><th rowspan="2">评估类别</th><th rowspan="2">评估标准</th><th colspan="5">评估分值</th></tr>
<tr><th>10</th><th>8</th><th>6</th><th>4</th><th>2</th></tr>
<tr><td>品牌</td><td>供应商企业的资质、品牌、业内影响力等</td><td></td><td></td><td></td><td></td><td></td></tr>
<tr><td>规模</td><td>供应商企业的注册资金、产品数量、员工数量、客户数量等</td><td></td><td></td><td></td><td></td><td></td></tr>
<tr><td>产品质量</td><td>供应商产品的完善性、科学性、专业性、客户反馈等</td><td></td><td></td><td></td><td></td><td></td></tr>
<tr><td>管理团队</td><td>供应商核心管理团队的素质、稳定性、专业性等</td><td></td><td></td><td></td><td></td><td></td></tr>
<tr><td>合作者</td><td>供应商具体合作者的素质</td><td></td><td></td><td></td><td></td><td></td></tr>
<tr><td>服务</td><td>供应商服务的流程、体系性等</td><td></td><td></td><td></td><td></td><td></td></tr>
<tr><td>价格</td><td>供应商的标准报价、与业内同类供应商比较等</td><td></td><td></td><td></td><td></td><td></td></tr>
<tr><td>客户</td><td>供应商服务的主要客户的情况、客户的评价与反馈等</td><td></td><td></td><td></td><td></td><td></td></tr>
<tr><td>现场考察</td><td>对供应商的现场考察情况等</td><td></td><td></td><td></td><td></td><td></td></tr>
<tr><td>其他</td><td>其他评估供应商需要的因素</td><td></td><td></td><td></td><td></td><td></td></tr>
<tr><td colspan="2">总计：</td><td colspan="5"></td></tr>
</table>

通过以上评估，你的反思是什么？

✎ _____

✎ _____

✎ _____

提升阶段

制度层面

提升阶段是培训管理的核心，主要侧重于制度层面的关键工作，包括8—13项精进：（8）完善培训制度；（9）提升技能培训；（10）加强管理培训；（11）融合企业文化；（12）培养内部师资；（13）管理课程开发。提升阶段的内容主要面向培训管理的中级人员，如培训主管/经理，或者适用于人力资源管理中级知识的学习。

- 如何加强内部的课程开发？
- 如何搭建内部的师资队伍？
- 如何理解企业文化与培训？
- 如何规划好管理培训体系？
- 如何搭建好技能培训体系？
- 如何完善培训制度和流程？

完善培训制度	提升技能培训	加强管理培训
融合企业文化	培养内部师资	管理课程开发

提升阶段：制度层面

培训主管/经理的通常职责包括：分析整理培训需求并制定培训计划预算；监控培训执行情况、及时协调解决培训组织实施过程中的问题；完整分析评估培训效果、为企业管理提供建议；建设企业培训管理制度和流程；搭建企业内部技能培训、管理培训、文化培训体系；完善企业内部讲师体系、落实企业内部课程开发工作等。

第8项 ┃ 完善培训制度

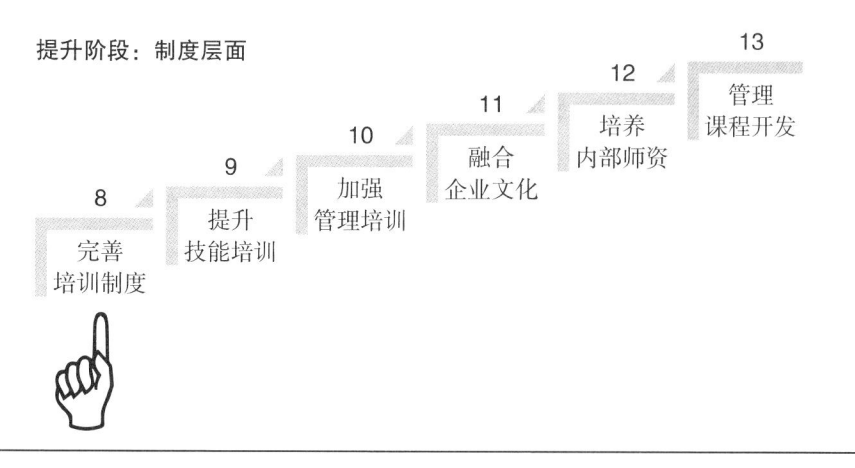

提升阶段：制度层面

```
8 完善培训制度
9 提升技能培训
10 加强管理培训
11 融合企业文化
12 培养内部师资
13 管理课程开发
```

> **通过本项精进，旨在掌握以下方面：**
> ✓ 培训制度主要包括哪些内容
> ✓ 什么是培训制度的基本范例
> ✓ 培训的主要管理流程有哪些
> ✓ 如何制定好培训管理的流程
> ✓ 如何对培训流程进一步完善

一、设计好培训制度体系

1.培训制度的主要内容

培训制度是规范培训管理的重要环节,是培训日常管理的执行依据。一般地,培训制度包括以下主要内容:培训管理的总体原则,培训需求分析,培训计划制定,培训组织实施,培训效果评估,培训供应商管理,培训内部培训师管理,培训课程开发,其他培训管理规定。

根据培训的主要内容框架,制定相应的培训管理制度。培训制度可以是一个综合的制度,也可以分解为不同的子制度。例如,培训管理制度,再细分一些,可以分为不同岗位的培训管理制度、新员工培训制度、内部培训师管理制度、培训证书资质管理制度、培训供应商管理制度、培训课程开发制度等。

2.培训制度与其他制度

大部分企业人力资源管理通常会有制度清单(见表8-1)。

表8-1 人力资源管理常用制度清单

序号	所属模块	制度名称
1	人力资源规划管理	人力资源计划管理制度
2	人力资源规划管理	员工职位管理制度
3	人力资源规划管理	人力资源预算管理制度
4	招聘配置管理	招聘录用管理制度
5	招聘配置管理	校园招聘管理制度
6	招聘配置管理	内部推荐奖管理制度
7	招聘配置管理	测试题库管理制度
8	招聘配置管理	背景调查管理制度
9	培训开发管理	培训管理制度
10	培训开发管理	新员工培训制度
11	培训开发管理	内部培训师管理制度
12	培训开发管理	培训证书资质管理制度

续表

序号	所属模块	制度名称
13	培训开发管理	培训供应商管理制度
14	培训开发管理	培训课程开发制度
15	薪酬管理	薪资管理制度
16	薪酬管理	薪酬总额管理制度
17	薪酬管理	薪酬等级管理制度
18	薪酬管理	年度调薪管理制度
19	薪酬管理	福利管理制度
20	绩效管理	绩效考核管理制度
21	绩效管理	员工转正考核管理制度
22	绩效管理	考勤管理制度
23	绩效管理	员工奖惩制度
24	绩效管理	员工升迁管理制度
25	绩效管理	员工行为规范
26	绩效管理	管理人员行为规范
27	员工关系管理	员工关系管理制度
28	员工关系管理	劳动合同管理制度
29	员工关系管理	员工待岗管理制度
30	员工关系管理	外派人员管理制度
31	员工关系管理	实习生管理制度
32	员工关系管理	人事任免管理制度
33	员工关系管理	内部调动管理制度
34	员工关系管理	人事代理管理制度
35	员工关系管理	人员离职管理制度
36	员工关系管理	人力资源信息及在司档案管理制度

3.培训相关制度与人力资源管理其他制度的关系

培训相关制度在人力资源管理制度体系中，是培训工作模块的重要管理依据。培训相关制度与人力资源管理其他制度的关系如下。

（1）培训制度与人力资源其他制度是紧密相关的，彼此互为依托。

在整体人力资源管理制度体系中，所有的制度都是紧密相关的。培训制度与人力资源其他管理制度之间也是如此，它们彼此之间是互为依托的。培训制度与招聘、薪酬、绩效另外三个模块的制度关联非常紧密，招聘配置的相关情况与要求决定了培训需求；薪酬的部分决定因素取决于培训的效果；绩效更是与培训紧密相关，绩效考核的一个关键应用就是培训。另外，培训制度与员工关系管理相关制度也紧密相连，培训中的培训协议书是劳动合同中的有效附件，同时，培训的形式、内容、预算取决于不同劳动关系的人力资源。

（2）人力资源制度体系中的部分制度与培训制度的关联性更强。

在人力资源制度体系中，可以分为与培训制度关联性强的制度和关联性不太强的制度。与培训制度关联性强的制度主要有人力资源预算管理制度、招聘配置管理制度、绩效考核管理制度、员工关系管理中的劳动合同管理制度等，这些制度与培训制度的直接关系性更强，它们之间起着互相决定、互相影响的作用。相对地，培训制度与人力资源其他一些制度的关联性就弱一些，例如培训制度与人事代理管理制度等。

二、制定完善的培训制度

实景案例

C公司成立一年多，人员共计30多。公司总经理张总根据公司管理的需要，制定了公司的管理制度，包括销售管理制度、考勤管理制度、报销管理制度等，这些制度主要是张总及副总李总二人制定的。制度制定后，张总组织全公司人员召开了会议，宣布公司的制度正式执行，要求公司全体员工遵守制度，并讲解了制度的要点内容。但是，由于担心保密问题，制度并没有以书面形式发送给员工。不久后，员工小王参加培训前，没有获得张总的审核通过就自行外出，而且还有培训费用。张总批评小王没有遵守公司的考勤和报销管理制度，公司制度要求外出参加有费用的培训必须经总经理审批后才能执行。小王也很委屈，他认为那天开会他中途接了一个客户的电话，并没有听到制度的要求。张总因为小王违反制度要求，要与小王解除劳动合同，小王却认为公司没有理由解除劳动合同。

案例启示

制度是约束企业内所有成员按照统一行为规范工作的保证。企业管理者、人力资源管理者一定要明确程序和内容上的要求，保证企业规章制度的合理性和合法性。在以上这个案例中，企业经营管理者认识到了制定制度的重要性，但是在制度制定过程中，没有依据合理的程序进行，没有征求员工或员工代表的意见。另外，制度制定后没有对全员进行公示，没有以书面形式发送至员工，并组织员工进行学习。此外，企业也没有让员工确认已经知悉相关条款。这样制定出来的制度既达不到引导员工行为的作用，在程序上也不具有合法性，对员工不具有约束力。

在培训管理制度中，主要内容包括：总则、培训目标、培训原则、培训分类、培训管理职责划分、培训计划、培训实施、培训费用和培训效果评估等内容。

综合性的培训管理制度一般并不能涵盖所有的管理规范，所以可以把更为详细的内容形成相关的管理办法，然后单独发布或作为培训管理制度的附件。培训管理制度模板如下。

培训管理制度

一、总则

第一条 培训是提高员工专业知识技能和个人综合素质的重要手段，是公司和员工持续发展的重要保证。为了加强培训管理，保证培训质量，提高培训效果，特制定本制度。

二、培训目标

第二条 员工所有的培训项目，都应围绕以下目标展开：

（一）提高员工的岗位工作技能。

（二）提高工作效率，促进公司的发展。

（三）帮助员工成长，提高员工的综合素质，为员工提供更为广阔的发展前景。

三、培训原则

第三条 员工培训工作应遵循以下原则：

（一）所有员工都必须参加与本人工作有关的培训。

（二）根据工作需要，公司所有员工都有公平地获得培训的机会。

（三）在具备同等培训资格的条件下，应体现竞争的原则，即业绩较突出的员工有优先参训的机会。

（四）对于为公司做出杰出贡献或业绩优秀的员工，公司将提供奖励性质的培训。

四、培训分类

第四条 根据培训内容的不同，员工培训可以划分为业务培训和公共培训两类：

（一）业务培训指以提高员工专业技能和业务知识为主要目标的培训。

（二）公共培训指以规范员工行为、提高员工综合素养、培育良好企业文化为主要目标的培训。

第五条 根据培训形式的不同，员工培训可以划分为外训、内训和内部交流三类：

（一）外训指公司选派内部员工参加外部机构举办的培训。

（二）内训指聘请外部讲师到公司为员工进行的培训。

（三）内部交流指公司内部部门与部门、员工与员工之间的交流。

第六条 根据培训对象的不同，员工培训可以划分为：

（一）应届毕业生培训，包含指定培训导师。

（二）新员工入职培训。

（三）普通员工培训。

（四）中层管理人员培训。

（五）高级管理人员培训。

五、培训管理职责划分

第七条 员工培训工作由公司人力资源部负责统一组织和管理。

第八条 各部门要以业务发展为中心，定期合理计划和安排本部门员工的业务培训，并及时报人力资源部。

第九条 员工可根据工作或自身发展的需要，向部门提出培训申请，填写《培训审批表》（见附件一）并进行逐级审批。

第十条 人力资源部从公司整体利益出发，结合各部门业务发展情况及员工个人成长的需要，对部门提出的员工培训需求进行审核，报公司领导批准后，协助部门组织实施各项培训；同时，人力资源部负责公共培训计划的制定与具体组织实施。

第十一条　人力资源部根据需要进行公司内部讲师的选拔和队伍建设。

六、培训计划

第十二条　每年年初，人力资源部围绕公司整体发展计划及各部门年度工作计划，并综合考虑上一年度员工培训状况、考核情况及现阶段员工的知识、技能情况等，制定出公司的年度培训工作纲要。

第十三条　年度员工培训工作纲要中须明确年度员工培训工作的主要目标、具体工作的主要内容、工作阶段及费用预算等。

第十四条　年度员工培训工作纲要报董事长批准后执行，作为年度员工培训工作的核心指导。

第十五条　日常工作中，人力资源部须在年度员工培训工作纲要的基础上，统筹考虑公司业务的实际发展情况、员工的日常考核情况及各部门工作计划情况，作出阶段性员工培训计划。

第十六条　阶段性员工培训计划中应包括此阶段内员工培训的总体目标、各项培训的具体目标、内容、形式、时间、地点、培训师、参训人及费用等内容。

第十七条　阶段性员工培训计划经总裁批准后执行。

第十八条　未列入阶段性员工培训计划的培训，各部门可结合实际情况提出申请，报人力资源部，由人力资源部审核并报总裁批准后实施。

七、培训实施

第十九条　依据年度员工培训工作纲要及阶段性员工培训计划，人力资源部统一组织、实施各项培训。

第二十条　各部门应妥善安排好员工工作，保证受训员工按时参训。

八、培训费用

第二十一条　培训费用按照实际发生额列入各部门成本核算。

第二十二条　所有发生培训费用的培训，在培训进行前公司应与参训人员签订《培训协议书》(见附件二)，其中对双方的权利义务做出约定。

第二十三条　培训费用原则上由公司先行垫付，如参训人员因个人原因未能达到培训效果，费用须由参训人员本人承担(属于奖励性培训的，费用管理不在此列)。

第二十四条　如个别培训涉及部门、人员数量繁多，无法具体划分的，则按照实际参训人数均摊培训费用。

九、培训效果评估

第二十五条 培训结束后，人力资源部将对培训效果进行评估，对于外训和重要的内训，人力资源部将进行实时评估；对于一般的内训和内部交流，人力资源部将进行阶段性评估。

第二十六条 培训相关记录由人力资源部统一备案，归入员工个人档案。

第二十七条 员工的培训成绩将作为员工考核的一个重要因素。

第二十八条 在各阶段性员工培训计划和年度员工培训工作纲要执行结束后，人力资源部须对公司整体的员工培训效果进行综合评估、总结经验，为下一阶段的员工培训工作奠定基础。

十、附则

第二十九条 本制度自颁布之日起执行。

第三十条 本制度由人力资源部负责解释。

第三十一条 本制度的附件包括：

（一）附件一：培训审批表

（二）附件二：培训协议书

（三）附件三：应届毕业生培训方案

（四）附件四：毕业生导师管理办法

（五）附件五：内部讲师管理办法

（六）附件六：非应届生培训

（七）附件七：新任管理人员选拔和培养计划

（八）附件八：后备管理人员选拔和培养计划

（九）附件九：高中级管理人员深造项目管理办法

三、培训管理的流程设计

在管理中，流程控制是管理的一个重要手段。流程管理的目标主要有：通过流程的优化提高工作效率；通过流程的精细化管理提高工作的受控程度；通过流程规范使隐性知识显性化；通过流程管理合理配置部门资源；通过流程管理快速实现管理复制与传承。

在培训管理中,管理流程是很重要的一个环节,也是培训管理能够得到具体落实的保证。在培训管理流程的设计中,要先找到培训管理的关键点,将这些关键点的目标和操作要点明确清晰,然后再分解工作流程。

培训管理的流程一般主要涉及培训需求分析、培训计划制定、培训组织实施、培训效果评估、培训供应商管理、内部培训师培养和内部培训课程开发等关键点。针对这几个关键点,可以再将培训管理的操作要点进行细化,匹配相应的工作流程。培训管理的主要流程如下(见表8-2)。

表8-2 培训管理主要流程表

序号	工作内容	目标	操作要点	工作流程	结果
1	培训需求分析	及时、准确分析培训需求	需求调查 需求汇总 需求分析	《培训需求分析流程》	符合公司人力资源开发需求
2	培训计划制定	培训计划准确、及时制定	计划初拟 计划审核 计划发布	《培训计划制定流程》	保证培训需求贯彻
3	培训组织实施	保证培训组织的落实	培训前准备 培训时监控	《培训申请审批》《培训监控流程》	保证培训目标符合需求
4	培训效果评估	客观地进行培训效果评估	培训效果评估 培训情况汇总 培训情况分析	《培训效果评估流程》《培训情况汇总分析流程》	为培训目标分析提供依据
5	培训供应商管理	及时完善培训供应商管理	供应商选择 供应商名录 供应商巡检 供应商评估	《供应商选择流程》《供应商巡检流程》《供应商评估流程》	为改进供应商管理提供依据
6	内部培训师培养	全面地进行内训师的培养	内训师选拔 内训师培训 内训师评估	《内训师选拔流程》《内训师评估流程》	保证内训师管理的有效性
7	内部培训课程开发	高效地开发内部培训课程	课程体系建设 课程开发 课程评估	《课程开发流程》《课程评估流程》	保证内部课程有效、合理、节约成本

四、培训管理的流程制定

1.培训管理流程制定的方法

要想使培训管理的流程更加合理、科学,最重要的一步就是先制定流程规范。要制定一个流程规范一般需要遵循以下几步。

(1)组织进行流程调研

流程调研主要是对与管理相关的客户、制度、人员、环境等进行详细的分析。

(2)确定流程梳理范围

经过流程调研后,再明确流程的梳理范围,即整理出管理的关键点。

(3)对流程进行描述

①明确流程的目标及关键成功因素;

②画出流程图;

③描述各环节规范。

(4)把流程收集成册,作为日常工作的指导依据

①对相应岗位的人员进行集中培训,讲解流程的细节;

②在工作过程中进行检查,向岗位员工反馈流程执行情况。

经验分享　流程管理

在企业中执行流程管理,可以说既难也不难,为什么这样说呢?"不难"是因为流程本身就是管理过程的一部分,只不过流程管理将管理可视化。事实上,即使是没有整理成书面文件,每位员工在工作中也在遵循一定的工作流程。"难"是因为流程一般是跨部门的、跨工作领域的,真正好的流程管理必须要集全公司之力去制定规范,否则就会在部门接口、人员接口处产生真空或互相推诿。所以,我们要认识到流程管理的重要性,在制定和推进时,最好把流程管理提到公司的层面,只有这样才能真正发挥管理的整合效应。

2.培训管理流程实例

实例一：培训协议签订流程

在培训实施环节中，培训协议的签订是其中一个关键点。以下就是以培训协议签订为实例展示的培训管理流程。

（1）管理流程基本情况

流程名称：培训协议签订流程

流程所属管理范畴：人力资源管理—培训管理—培训实施管理

流程制定部门：人力资源部培训部

流程制定人：培训部经理

流程审批人：人力资源部经理

流程执行人：人力资源部培训部培训专员

流程使用表格：《培训申请审批表》

流程生效时间：××××年××月××日

（2）管理流程图（见图8-1）

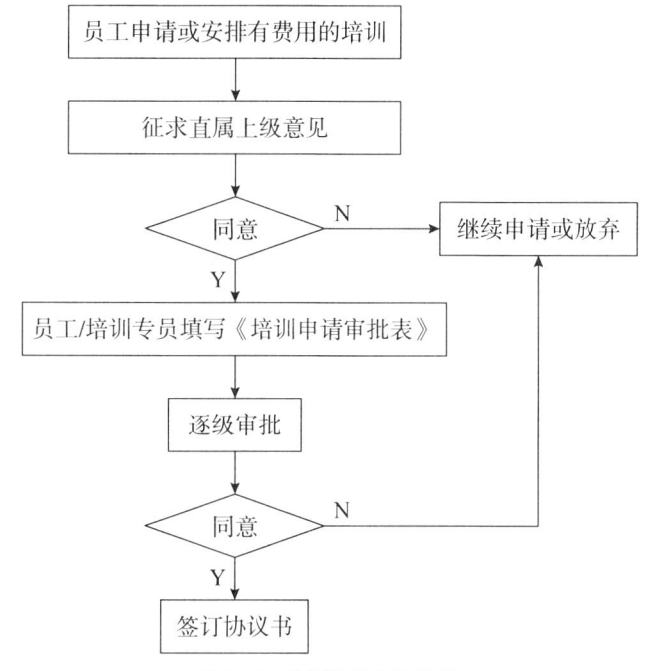

图8-1 培训协议签订流程

（3）管理流程规范说明

培训协议签订流程执行的具体规范如下。

①员工或培训专员拟提出培训申请时，需要互相沟通培训相关情况。

②培训专员将与员工沟通的情况与其直属上级进行交流。

③如果直属上级不同意外出参加培训，则培训专员与员工进行商谈或者放弃培训。

④如果直属上级同意参加培训，则员工或培训专员填写《培训申请审批表》，按照表格要求逐项进行填写，其中注意写明培训内容、时间、地点、费用、培训效果评估等具体内容。

⑤根据《培训申请审批表》的内容进行逐级审批，审批流程为参训人直属上级、部门经理、事业部总经理、人力资源部培训部经理、人力资源部经理、总经理（需要注意的是，审批流程需要另外制定，或根据企业内部费用审批流程执行）。

⑥在审批过程中，如有某一环节未通过，员工/培训专员需要及时将信息反馈至前一级审批人，并及时进行商谈或者放弃培训。

⑦经所有审批人审批通过后，培训专员与参训人签订培训协议书，培训协议书的格式使用通用格式，其中要标明参训课程、培训结果、培训费用、违约责任等条件。

实例二：员工培训请假申请审批流程

（1）管理流程基本情况

流程名称：员工提出培训请假申请审批流程

流程所属管理范畴：人力资源管理——培训管理——培训请假管理

流程制定部门：人力资源部培训部

流程制定人：培训部经理

流程审批人：人力资源部总经理、公司总经理

流程执行人：人力资源部培训部培训专员

流程使用表格：《培训请假申请审批表》

流程生效时间：××××年××月××日

（2）管理流程图（见图8-2）

```
员工/培训专员申请《培训请假申请审批表》
            ↓
       部门经理审批
            ↓
         同意 ──N──→ 反馈给直属上级信息
            │Y
       事业部总经理审批
            ↓
         同意 ──N──────────────↑
            │Y
       人力资源部经理审批
            ↓
         同意 ──N──────────────↑
            │Y
        总经理审批
            ↓
         同意 ──N──────────────↑
            │Y
        员工外出培训
```

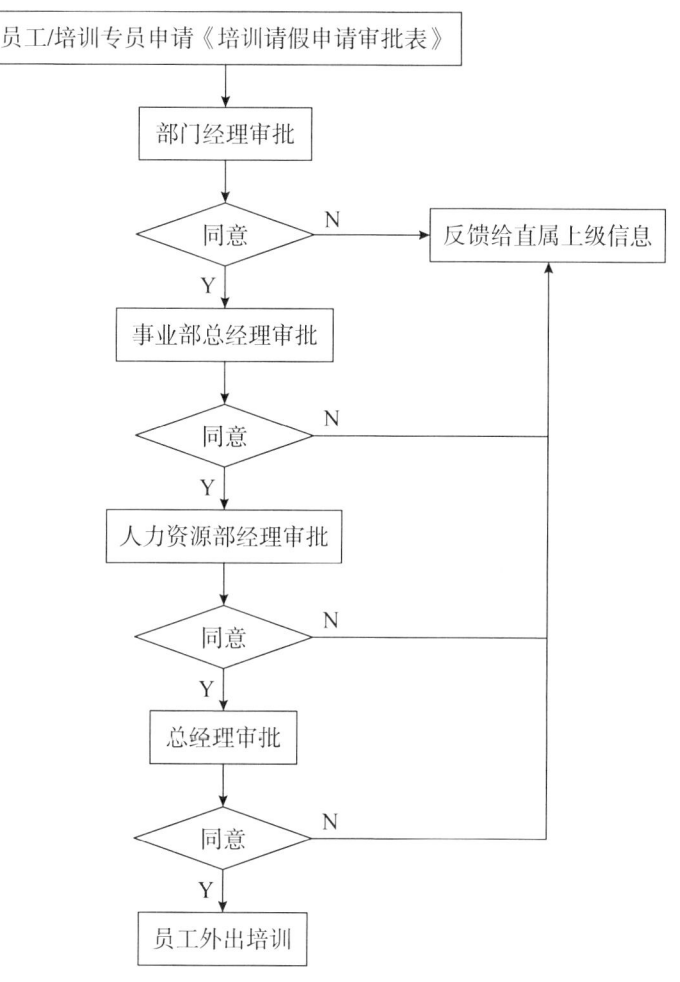

图8-2　培训请假申请审批流程

（3）管理流程规范说明

培训请假申请审批流程执行的具体规范如下。

①员工/培训专员提出培训请假申请，需要填写《培训请假申请审批表》。在填写此表时，需要说明外出培训的具体安排，包括培训目标、培训时间、培训地点、参训人、培训效果等，以及具体工作交接安排。

②《培训请假申请审批表》报部门经理审批。

③部门经理审批同意后，报事业部总经理审批。

④事业部总经理审批同意后，报人力资源部经理审批。

⑤人力资源部经理审批同意后，报公司总经理审批，公司总经理意见为终审意见。

⑥在以上审批环节中，任何一个环节审批未通过，不得再往上一级申报，如有审批未通过的环节，将《培训请假申请审批表》直接反馈给直属上级，并沟通未审批通过的原因。

⑦经所有审批人全部审批通过后，员工/培训专员根据审批通过的执行日期外出参训。

3.培训管理流程的优化

流程控制在管理中是一项非常实用的技术，为了能够达到不断优化管理流程并提高工作效率的目标（参见知识链接：经验萃取），在流程管理中有一些技巧。

知识链接　经验萃取

> 萃取，亦称抽提，是有机化学实验室中用来提纯和纯化化合物的手段之一。通过萃取，能从固体或液体混合物中提取出所需要的物质。萃取的理念应用于企业管理中，流程管理与优化是萃取组织经验的一种有效方法。通过对工作流程进行分析、整理与完善，可以将企业的管理、工作经验进行固化，降低试错率，提升组织效率。

（1）确定好工作的关键点，关注关键流程。

正如在日常工作中要贯彻"二八定律"一样，流程管理也不例外。流程建设关键的一步就是确定流程梳理、优化和再造目标。关键流程的数目可能只占全部数量的少数，却对整个组织的绩效发挥着决定性作用。因此，在流程选择时要注重建设关键流程，不能求大、求全。

（2）管理都是相通的，在流程建设中，可以通过标杆学习、寻找榜样的方式加快流程建设。

多在同行业企业中寻求管理流程建设的知识和启发，多学习同行业或其他标杆企业的先进管理理念及管理工具，力求发挥后发优势。

（3）掌握流程优化的工具。

这里推荐ECRS技巧。ECRS技巧是指Elimination（取消）、Combination（合并）、Rearrangement（重排）和Simplification（简化）4种技巧，即指在现有流程执行的基础上，通过"取消—合并—重排—简化"4种技巧对现有工作流程进行持续改进。

Elimination（取消）指对任何流程中的工作首先要问：为什么要干？能否不干？进而取消无价值的工作流程和操作，同时减少工作中的不规则性。Combination（合并）指流程如果不能取消，则可以考虑是否能与其他工作流程进行合并。Rearrangement（重排）指根据需要对工作流程中的工作顺序进行重新排列。Simplification（简化）指对工作流程进行简化。

（4）在流程管理中应用先进工具，以提高流程管理的工作效率。

例如，可借助各种流程描述软件实现，如Aris、Visio、Smartdraw等。使用这些软件，可以更快更好地画好流程图，提高效率。

除了以上讲到的流程管理技巧外，在流程管理的实践中，还会有一些因素决定流程管理的成功实施。

①企业全员参与

企业全员参与，尤其是具体执行员工的参与度，会影响到流程管理的贯彻力度。流程管理是一项跨部门的管理工作，有些流程会涉及多个部门。在流程管理中，充分的沟通与全员参与是管理成功的重要保证。所有与流程相关的部门负责人及具体执行的员工都应该参与到流程管理之中，只有这样，才能保证流程管理获得所需要的资源，才能增强员工作为参与者对流程的理解以保证流程贯彻执行。

②流程管理适宜采用"先小范围尝试，后大面积推广"的实施方法

因为流程管理涉及的部门较多，如果一次性全面铺开，影响面会非常大，如果有错误或考虑不足时，会对企业的业务产生负面影响。所以，在流程管理执行时，可以考虑使用"试点—改进—推广"的方法。经过多次循环，不断发现问题，不断改进流程管理，由点到面、逐步推开。这种方法既减少了流程管理压力，还能保证成功率。

③流程管理前做好充分的准备工作

在流程管理前，做好充分的准备工作是十分重要的，尤其要注意企业制度、组织架构、客户、产品以及基础数据收集方面的准备。这些方面的提前准备会给流程管理奠定一个好的基础，而且，由于流程管理是在企业环境中制定和执行的，这些前期准备会以各种方式影响流程管理的有效性。

④流程制定后对相关人员进行全面深入的培训工作

流程制定后对相关人员进行全面深入的培训工作也是保证流程管理成功的重要因素。流程制定后终究是为了提高工作效率的，但是，流程管理也会使不熟悉流程的员工或者管理者感觉是在增加自身的工作量。所以，流程制定后要对相关人员进行深入的培训，培训内容包括管理原理、流程设计思路、具体操作执行的要点，保证员工统一思路、保持一致行动。另外，在流程执行过程中进行反馈也是一种好的培训方式，不断地收集员工在执行流程中遇到的困难与问题，然后由专业的人员进行指导，或者对于流程进行改进与优化，保证流程的长期贯彻执行。

⑤获得企业高层领导的支持

流程管理作为整体企业管理的一种手段，具有涉及面广、需要多部门配合的特点，只有全体员工思想一致、行动一致，才能保证企业整体效率的提高。企业中往往有很多人是从个人利益或部门利益的角度考虑问题，这会在流程管理中产生负面作用。所以，流程管理作为一个系统的管理方式，企业高层领导的参与和支持是必要的前提。只有企业高层领导有主动变革的决心和意愿，才能保证流程管理的成功。

🔔 在实践工作中运用
第8项精进：完善培训制度

请你以自己过往的经验，围绕一件事画一张流程图，并分享给他人。

流程图

通过画流程图及与他人分享，你的反思是什么？

✎ _____

✎ _____

✎ _____

第9项 ｜ 提升技能培训

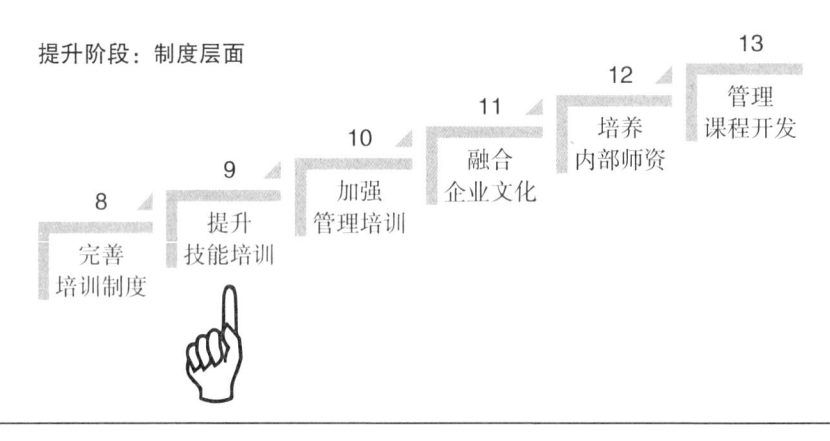

提升阶段：制度层面

8 完善培训制度　9 提升技能培训　10 加强管理培训　11 融合企业文化　12 培养内部师资　13 管理课程开发

通过本项精进，旨在掌握以下方面：
- 企业的岗位主要分为哪几类
- 销售类岗位特性及技能培训
- 技术类岗位特性及技能培训
- 职能类岗位特性及技能培训
- 生产类岗位特性及技能培训

一、岗位技能的培训体系

实景案例

H公司的主要业务为软件开发，有200多名员工。员工主要分为软件市场销售人员、软件开发人员、售后服务人员、职能服务人员以及公司的管理人员。在日常的业务交付中，公司发现软件市场销售人员和软件开发人员对公司产品缺乏共同的认识，导致产品交付周期延长、客户投诉等问题。为了解决这些问题，公司决定组织产品培训。人力资源部为此制定培训计划，并确定师资队伍、时间和地点。但培训真正开始时，很多销售人员请假，因为他们的客户多在外地，由于出差很难统一聚集到总部，即使是回总部，也不能统一时间。最终，集中式的产品培训只能取消。

案例启示

在这个案例中，我们可以看到，当企业的人员规模达到一定程度后，企业内部开始划分出不同系列的岗位，常见的有销售、技术、职能和管理，部分生产性企业还有生产人员。在这种情况下，每个系列的岗位有各自的工作特点。就如以上案例中，我们看到销售人员有分散性的工作特点，这些特点导致培训无法统一组织。因此，当企业发展到一定规模，我们就需要按照不同的岗位系列分别制定有针对性的岗位技能培训体系，充分考虑每个系列岗位的特点，展开有针对性的培训。

企业在构建不同岗位系列的培训体系时，学习地图是一个非常有效的工具（参见知识链接：学习地图）。

知识链接　学习地图

学习地图是指企业为员工以能力发展路径和职业发展规划为主而设计的一系列学习活动，是员工在企业内学习发展路径的体现。学习地图

> 是培训体系的规划工具，设计科学的学习地图，使企业的人才发展和培训活动目标明确、组织有序，避免了培训的盲目性。GE（通用电气公司）应用学习地图结合行动学习的30/30模式取得了巨大的成功，公司每一个关键岗位通过30天的学习路径再设计流程，使所有关键岗位人才的培养周期缩短30%，解决了公司最关切的人才瓶颈问题。

一般，企业构建学习地图的总体思路为（见图9-1）：

①对企业的岗位系列进行分析、分类、整理，形成岗位系列表。

②对每类岗位的能力素质模型进行分析，制定能力素质要求。

③将每类岗位和相应的能力素质要求进行匹配。

④将基于能力素质要求的岗位学习设计成不同的学习资源，可能是企业内的资源，也可能是企业外的资源；形式也分为多种，如面授、在线学习等。

⑤绘制每类岗位的学习地图，明确学习路径及成长规划。

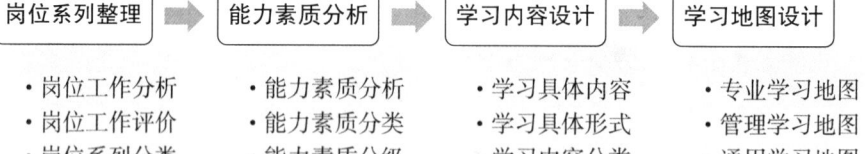

岗位系列整理	能力素质分析	学习内容设计	学习地图设计
·岗位工作分析 ·岗位工作评价 ·岗位系列分类 ·岗位发展路径	·能力素质分析 ·能力素质分类 ·能力素质分级 ·能力发展路径	·学习具体内容 ·学习具体形式 ·学习内容分类 ·学习内容分级	·专业学习地图 ·管理学习地图 ·通用学习地图 ·其他学习地图

图9-1　学习地图设计思路

根据企业学习地图构建的思路，我们先介绍企业中常见的5种岗位（见表9-1）。

表9-1　企业中常见的5种岗位

岗位类别	定　义	实例岗位
管理人员	承担经营管理指标的企业管理人员	总经理、副总经理
销售人员	承担企业产品销售工作的人员	销售代表、销售主管
技术人员	承担企业技术研发、技术实施的人员	研发工程师、项目经理
职能服务人员	承担企业内务管理的人员	财务、人力资源、行政
生产人员	承担企业产品生产的人员	生产工人

针对这 5 种常见的岗位，企业经常采用的培训体系具体如下（见表 9-2）。

表9-2 各岗位通行的培训体系

岗位类别	培训重点	代表课程	备　注
管理人员	管理技能	战略管理 变革管理 目标管理 人员管理 项目管理 ……	
销售人员	销售技能	市场分析 渠道管理 客户管理 沟通技巧 ……	
技术人员	技术技能	专业技术 开发管理 质量管理 ……	
职能服务人员	职能专业技能	财务管理 HR管理 服务意识 ……	
生产人员	生产专业技能	生产技能 精益生产 ……	

我们在这里只是提纲挈领地列出培训重点和代表课程。下面我们就不同系列的岗位具体展开分析。

二、销售线岗位技能培训

1.销售和销售人员

销售是介绍商品提供的利益，以满足客户特定需求的过程。商品包括有形商品和无形服务，满足客户特定的需求是指客户特定的欲望被满足，或者客户特定的问题被解决。

销售人员是从事销售工作的人员，在企业中，上至总经理、副总经理，下至销售经理、销售代表，都是从事销售工作的人员。销售人员通过销售工作，满足客户的欲望或解决客户的问题，实现利益的交易。

任职销售岗位的人员一般具有以下特性。

①工作环境流动性强

一般销售人员都以客户为中心，工作地点会比较分散，经常出差；工作时间不确定性强，经常采用不定时工作制。

②人员业务调整大

销售人员流动性较大，除了销售人员自身的调整，企业也会因销售业绩等因素调整销售队伍。另外，当业务环境、产品更新的调整较大时，企业也会对销售人员进行调整。

③以业绩目标为导向

销售人员以业绩考核为主要考核方式，销售目标明确、数字量化，而且以结果为导向。

2.销售人员的分类

销售人员的分类，从不同的角度出发，可以有不同的划分方式。比较常见的销售人员分类主要是从人员层级、营销难度以及营销方式3个角度来划分。首先，从人员层级的角度来看，销售人员一般分为销售代表、高级销售代表、销售经理、高级销售经理、销售部经理、销售总监等。其次，从营销难度的角度来看，销售人员一般分为简单送货型销售人员、简单接单型销售人员、客户关系型销售人员和技术型销售人员等。最后，从营销方式的角度来看，销售人员分为实体销售人员、电话销售人员、网络销售人员、区域销售人员、会议销售人员、电视销售人员、渠道销售人员、关系销售人员、广告销售人员等。

3.销售人员的任职资格

对于销售人员的任职资格要求，企业一般从知识、经验、技能等多方面来明确，具体框架参照表9-3。

表9-3 销售人员的任职资格

职位名称	类别	任职资格描述
销售总监（销售顾问）	知识	本科以上学历，市场营销或产品技术相关专业，掌握专业管理知识和全面深入的企业管理相关知识。
	经验	10年以上销售及销售管理工作经验，深入的企业管理实践经验。
	技能	具有市场营销的战略布局能力；具有大局观和全局意识；具有推动企业产品销售的变更和创新能力；具有卓越的团队领导能力；善于组建和培养团队；具有良好的沟通协调能力；为人正直；责任感强；具有丰富的社会人脉资源等。
销售部经理	知识	本科以上学历，市场营销或产品技术相关专业，掌握专业管理知识和全面的企业管理相关知识。
	经验	8年以上销售及销售管理工作经验，深入的企业管理实践经验。
	技能	具有高超的销售技能；具有卓越的销售队伍管理技能；具有销售业务领域的管理能力；执行力强；具有团队领导力；勇于担当；具有大局观和全局意识；具有良好的沟通和协调能力。
高级销售经理	知识	本科以上学历，市场营销相关专业。
	经验	5年以上销售工作经验，良好的销售业绩。
	技能	深入的销售知识与技巧，能够综合运用各种营销方式，具备大客户维护经验，具备极强的影响力。
销售经理	知识	本科以上学历，市场营销相关专业。
	经验	3年以上销售工作经验，良好的销售业绩。
	技能	丰富的销售知识与技巧，深入掌握相关产品的营销方式，良好的客户关系维护技巧，具备影响力。
高级销售代表	知识	本科以上学历，市场营销相关专业。
	经验	1—2年销售工作经验，良好的销售业绩。
	技能	熟练掌握销售技巧，熟悉相关产品的营销方式，良好的客户服务意识，较强的沟通能力，极强的进取心。
销售代表	知识	本科以上学历，市场营销相关专业。
	经验	1年以上销售相关工作经验。
	技能	掌握基础销售技巧，具备沟通能力，进取心强。

4.销售人员的职业发展路径

销售人员的职业发展可以分为专业线和管理线（见图9-2），从初级岗位销售代表、高级销售代表晋升到销售经理后，可以向上分为两个方向继续发展，专业线为高级销售经理、销售顾问；管理线为销售部经理、销售总监。

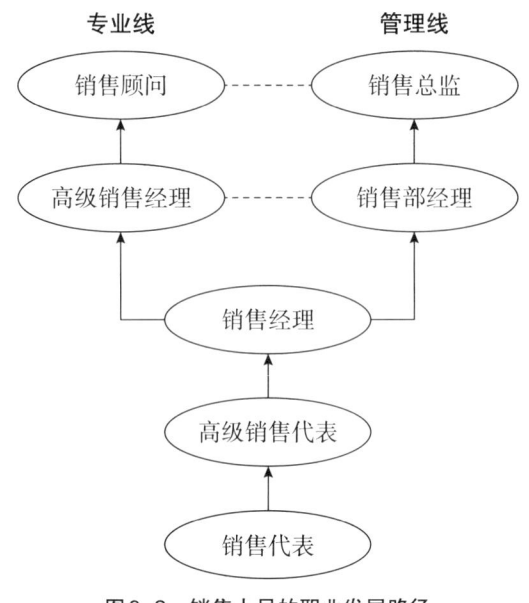

图9-2　销售人员的职业发展路径

5.销售人员的通用素质模型

销售人员的主要工作是满足客户的欲望或解决客户的问题，并实现利益的交易。从这个角度来看，销售人员的通用素质是为了保证这一职责的实现。以下是企业常见的销售人员通用素质模型（见表9-4）。

表9-4　销售人员的通用素质模型

素质项目	具体解释
影响能力	通过数据、事实等直接手段或人际关系、个人魅力等间接策略，以影响客户，使其接受产品推荐并产生购买行为的能力。
成就导向	个人具有成功完成任务或在工作中追求卓越的愿望，愿意从事具有挑战性的任务，工作中有强烈表现自己能力的愿望，不断地设立更高的标准，不懈地追求事业的进步。
关系建立	努力与对自己工作有帮助或将来对自己有用的人建立友好的、互惠的甚至是非常密切的关系。
人际理解	个人愿意了解他人，并能够准确地掌握他人的特点；正确理解他人没有明确表达的想法、情感和顾虑，即同理心或人际敏感性。

续表

素质项目	具体解释
信息收集	对事物有较强的好奇心，努力获取相关事物和人更多方面的信息，从而对其有比较深入的了解。
分析式思维	把整体分解为部分来认识事物的能力，对面临的问题和情况进行前因后果的逐步推进式分析的能力。
组织意识	理解和掌握组织中权力运作关系和架构的能力，包括判断谁是组织中真正的决策者、谁是具有影响力的人，以及预测当前或即将发生的事情对于组织中的个人和群体会产生怎样的影响。
客户导向	具有帮助和服务客户、满足客户需求的愿望。关注客户对服务的满意度，集中精力发现客户的需求并给予满足。
自信心	相信自己有能力采用某种手段完成工作任务、处理困难情境及解决问题。
学习发展	通过吸取自己或他人的经验教训，学习科研成果等方式，以此增加学识、提高技能，获得有利于未来发展的能力。

6.销售人员的岗位技能培训

通过分析销售人员的特性、分类、职业发展路径、素质模型，我们可以对销售人员的岗位技能培训进行规划。企业销售岗位培训规划见表9-5。我们可以将培训分为专业技能培训、通用技能培训和管理技能培训，并划分不同的岗位等级，分别对应三类培训，培训课程可以根据企业的实际需求制定。

表9-5 销售岗位培训规划

岗位级别	具体岗位	专业技能培训	通用技能培训	管理技能培训
高级销售级	销售总监 销售顾问	市场分析培训 销售规划培训 客户管理培训 渠道管理培训	关系维护 影响力 梯队建设 团队激励	战略管理 决策管理 创新管理 团队管理
中级销售级	销售部经理 高级销售经理	市场分析培训 目标推动培训 客户关系培训 渠道拓展培训	商务谈判 团队合作 危机应对 团队沟通	计划管理 时间管理 项目管理 人员激励 人员培养 情绪管理

续表

岗位级别	具体岗位	专业技能培训	通用技能培训	管理技能培训
初级销售级	销售经理 高级销售代表 销售代表	产品知识培训 行业市场培训 目标达成培训 客户服务培训	沟通技巧 商务礼仪 积极主动 诚实自律	——

经验分享　销售培训的分散性

在企业进行销售培训时，一大难点就是销售人员难以进行集中式的培训。比如，有些企业由于客户比较分散，销售人员分布于全国各地；有些企业划分大区管理，将不同地区的销售人员归入某一大区统一管理。企业在落实销售培训时，可以根据企业销售队伍的布局情况，采用不同的培训方式。例如，分类培训，新产品培训通过在线方式集中或分批进行培训；沟通、礼仪等通用技能培训可以阶段集中或轮区进行；销售管理培训可以在集中召开销售会议时一并进行等。

三、技术线岗位技能培训

1.技术和技术人员

技术是解决问题的方法及方法原理，是人们利用现有事物形成新事物，或改变现有事物功能、性能的方法。技术也是制造一种产品的系统知识，所采用的一种工艺或提供的一项服务。

技术人员又称为专业人员或专业技术人员。在这里，狭义定义的技术人员，指在企业中从事专业技术工作岗位的人员。这类岗位专注于企业产品或服务的创新、研发、开发、实施、售后、维护等工作。

任职技术岗位的人员一般具有以下特性。

①以专业技术见长

一般技术人员以某种专业技术见长。虽然各企业需要的技术各不相同，但专业技术人员以掌握某种或某几种专业技术而与其他岗位有明显区别。

②人员相对稳定

技术人员一般情况下流动性不大，随着互联网行业的发展，新型专业技术人员也会有流动，但从整体来看，技术人员趋向于稳定。

③工作相对固定

技术人员的工作内容相对固定。技术人员中有部分岗位，如项目实施和售后，可能会因客户工作流动性大。然而，其他技术人员的工作环境相对固定、对外交流比较少。

2.技术人员的分类

企业中从事专业技术岗位的技术人员，其分类根据企业对于产品或服务的具体要求而定。技术人员一般划分为研发技术人员、开发技术人员、实施技术人员、售后技术人员4类（见表9-6）。

表9-6　不同方向的技术人员

专业	主要职责	典型称呼
研发技术人员	负责企业产品/服务的创新、提升等研发工作。	研发总监、研发部经理、（高级/中级/初级）研发工程师、研发项目经理等
开发技术人员	负责企业产品/服务的客户化开发、调整性开发等开发工作。	开发总监、开发部经理、（高级/中级/初级）开发工程师、开发项目经理等
实施技术人员	负责企业产品/服务的工程实施、安装调试等实施工作。	实施总监、实施部经理、（高级/中级/初级）实施工程师、实施项目经理等
售后技术人员	负责企业产品/服务的售后服务、客户服务、维护等售后工作。	售后总监、售后部经理、（高级/中级/初级）售后工程师、售后项目经理等

3.技术人员的任职资格

关于技术人员的任职资格要求，企业一般从知识、经验、技能等多方面来确定，具体框架参见表9-7。

表9-7 技术人员的任职资格

职位名称	类别	任职资格描述
技术总监	知识	本科以上学历，技术相关专业，掌握技术管理知识和全面深入的企业管理等相关知识。
	经验	10年以上技术及技术管理工作经验，深入的企业管理实践经验。
	技能	具有技术发展的战略布局能力；具有大局观和全局意识；具有推动企业产品/服务的技术变更和创新的能力；具有卓越的团队领导力；善于搭建和培养团队；具有良好的沟通协调能力；为人正直；责任感强等。
技术部经理	知识	本科以上学历，技术相关专业，掌握专业技术知识和全面的企业管理相关知识。
	经验	8年以上技术及技术管理工作经验，深入的企业管理实践经验。
	技能	深入的技术技能，深入的技术队伍管理技能；具有专业技术业务领域的管理能力；执行力强；具有团队领导力；勇于担当；具有大局观和全局意识；具有良好的沟通和协调能力。
项目经理	知识	本科以上学历，技术或管理相关专业，掌握专业管理知识和项目管理相关知识。
	经验	5年以上技术或管理工作经验，深入的技术或管理实践经验。
	技能	掌握技术技能；深入的项目管理技能；执行力强；具有团队领导力；勇于担当；具有大局观和全局意识；具有良好的沟通和协调能力。
高级技术工程师	知识	本科以上学历，技术相关专业。
	经验	5年以上技术工作经验，深入掌握专业技术要求。
	技能	深入掌握技术技能，熟悉相关产品/服务，极强的思维能力和学习能力，积极主动，具有团队合作精神。
中级技术工程师	知识	本科以上学历，技术相关专业。
	经验	3年以上技术工作经验，熟练掌握专业技术要求。
	技能	深入掌握技术技能，熟悉相关产品/服务，很强的思维能力和学习能力，积极主动，具有团队合作精神。
初级技术工程师	知识	本科以上学历，技术相关专业。
	经验	1—2年技术工作经验，初步掌握专业技术要求。
	技能	初步掌握技术技能，熟悉相关产品/服务，较强的思维能力和学习能力，积极主动，具有团队合作精神。
助理工程师	知识	本科以上学历，技术相关专业。
	经验	1年以上技术相关工作经验。
	技能	掌握技术相关知识，具备思维能力，学习能力强，同时具有团队合作精神。

4. 技术人员的职业发展路径

技术人员的职业发展可以分为专业线和管理线（见图9-3），从初级岗位助理工程师、初级技术工程师到中级技术工程师后，可以继续向上分为两个方向发展：专业线为高级技术工程师、技术顾问；管理线为技术部经理（项目经理）、技术总监。

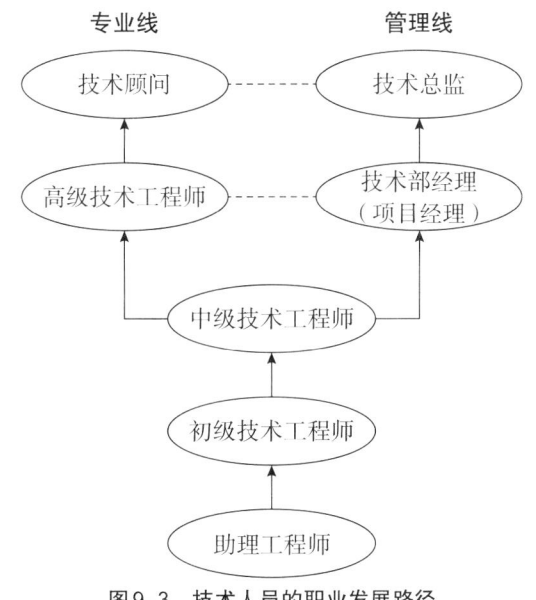

图9-3 技术人员的职业发展路径

> **经验分享　技术人员职业发展中的项目经理**
>
> 在企业中，项目经理是一个综合性较强的岗位，可以由技术人员、销售人员担任，也可以由其他管理人员兼任。项目经理具有较强的一线管理能力，需要协调多方关系，包括销售、技术、客户、供应商等。由此保证项目的整体顺利执行，并最终成功交付给客户。同时，项目经理需要具备专业的项目管理能力，包括项目计划、项目进度控制、项目人员管理、项目成本控制、项目变更调整、项目验收能力等。由于专业技术的要求，技术人员中具备管理潜能的人员往往由项目经理开始走上管理的职业发展道路。

5. 技术人员的通用素质模型

技术人员的主要工作是企业产品及服务的研发、开发、实施、售后等工作。从这个角度来看，技术人员的通用素质能保证这一职责的实现。以下是企业常见的技术人员通用素质模型（见表9-8）。

表9-8　技术人员的通用素质模型

素质项目	具体解释
思维能力	对问题的分析、归纳、推理和判断等一系列的认知能力，主要包括分析推理和概念思维两方面。
学习能力	积极获取相关信息和知识，并对其加工和理解，从而不断地更新知识结构、提高工作技能。
专业化	对本专业的发展动态非常敏感，有较强的领悟力和驾驭力，能做本专业的"专家"。
成就导向	具有成功完成任务和在工作中追求卓越的愿望，希望出色地完成任务，在工作中极力达到某种标准，并愿意承担重要且具有挑战性的工作。
信息分析	能够将原始、零散的材料归纳整理、综合分析、去伪存真，使之成为系统性、强操作性、指导性的意见和建议。
关注细节	关注事实和细节，而不是抽象的概念；既考虑全局，又深入了解关键细节，同时以细节的完善作为重要的努力方向。
执行	确保战略计划的达成，通过采用创新、严格规范的管理模式，高效率地实施计划并取得成果的能力。
团队合作	个人愿意作为群体的一员，与群体中的其他人一起协作完成工作，不采用单独或竞争的方式工作。
坚韧性	在艰苦和不利的情况下，克服外部或自身的困难，坚持完成从事的任务。
主动性	在工作中不惜投入较多的精力，预计事件发生的可能性，并有计划地采取行动提高工作绩效、避免问题的发生或创造新的机遇。

6. 技术人员的岗位技能培训

通过分析技术人员的特性、分类、职业发展路径、素质模型，我们可以对技术人员的岗位技能培训进行规划，表9-9是企业技术岗位培训规划的范例。培训分为专业技能培训、通用技能培训和管理技能培训，并划分不同的岗位等级，分别对应3类培训，培训课程可以根据企业的实际需求制定。

表9-9 技术岗位培训规划

岗位级别	具体岗位	专业技能培训	通用技能培训	管理技能培训
高级技术级	技术总监 技术顾问	产品规划培训 新技术培训 行业发展培训	梯队建设 团队激励 影响力	战略管理 决策管理 创新管理 团队管理
中级技术级	技术部经理 项目经理 高级技术工程师	行业发展培训 专业技术培训 效率提升培训 客户关系培训	流程优化 创新变革 团队合作 团队沟通	计划管理 时间管理 项目管理 人员激励 人员培养 情绪管理
初级技术级	中级技术工程师 初级技术工程师 助理工程师	专业知识培训 专业技术培训 开发流程培训 质量管理培训	标准培训 安全培训 沟通技巧 诚实自律	——

四、职能线岗位技能培训

1.职能部门和职能人员

职能部门是企业根据专业化的分工，负责某一方面事务管理的部门。职能部门一般作为企业的成本中心，这是与业务部门作为利润中心相对应的。业务部门直接或间接地产生利润。

职能人员，即在企业的职能部门任职的人员。职能人员是为企业提供专业化管理和服务的人员。

任职职能岗位的人员一般具有以下特性。

（1）各专业人员数量不多

职能人员承担着企业的后线管理职责，一般企业职能人员是根据业务发展而设定，例如，人力资源管理人员一般占据人员总数量的1%—1.5%。各专业的职能人员数量都不会太多，特别是一些规模不大的企业，有些职能管理不配置专业人员，而采用外包形式，如兼职会计、兼职法务等。

（2）人员相对稳定

职能人员一般流动性不大，整体工作趋向于稳定。

（3）工作相对固定

大部分职能人员的工作内容和工作环境相对固定，出差次数比较少。

2.职能人员的分类

企业中不同专业的职能人员，其分类是企业根据管理的具体需求而定的。一般而言，企业中的职能人员划分为秘书、财务、人力资源、证券事务、法务、商务、信息管理、行政、后勤等类型（见表9-10）。

表9-10 不同专业的职能人员

职能部门	专业方向	主要职责	典型称呼
总裁办公室/总经理办公室	秘书人员	负责总裁/总经理日常事务管理	总裁助理、高级秘书、秘书等
财务部	财务人员	负责企业的财务专业管理	CFO、财务总监、财务部经理、会计、出纳等
人力资源部	人力资源人员	负责企业的人力资源专业管理	CHO、人力资源总监、人力资源部经理、人力资源主管、人力资源专员等
证券事务部	证券人员	负责企业的证券专业管理	董事会秘书、证券部经理、证券事务代表等
法务部	法务人员	负责企业的法律事务专业管理	法务总监、法务部经理、法务主管、法务专员等
市场部	市场人员	负责企业的市场专业管理	市场总监、市场部经理、市场主管、市场专员等
商务部	商务人员	负责企业的商务专业管理	商务总监、商务部经理、商务主管、商务专员等
信息管理部	信息人员	负责企业的内部信息系统专业管理	信息总监、信息部经理、信息主管、网络管理员、系统管理员等

续表

职能部门	专业方向	主要职责	典型称呼
行政部	行政人员	负责企业的行政专业管理	行政总监、行政部经理、行政主管、行政专员、司机等
后勤部	后勤人员	负责企业的后勤专业管理	后勤总监、后勤部经理、后勤主管、后勤专员、宿舍管理员等

经验分享　职能人员设置

> 本节所阐述的不同专业的职能人员,是根据企业的通常管理需求设置的。需要注意的是,并不是所有的企业都需要设置这些不同专业的职能人员,这需要企业根据其发展的阶段和实际的管理需求而决定是否设置。另外,企业在设置职能部门时,可能会将本节中所阐述的不同专业进行合并,并根据企业的发展而拆分。例如,企业在初创时,人员规模较小,设置的部门为行政人事部,分管人力资源、行政和后勤工作,之后,其会随着企业发展而拆分。譬如,证券事务部往往是根据上市需求才会设置的部门。

3.职能人员的任职资格

对于职能人员的任职资格要求,一般情况下,企业从知识、经验、技能等方面来明确,具体框架参照表9-11。

表9-11　职能人员的任职资格

职位名称	类别	任职资格描述
总监	知识	本科以上学历,相关专业,掌握职能管理知识和全面深入的企业管理相关知识。
	经验	10年以上职能管理工作经验,丰富的企业管理实践经验。
	技能	具有职能管理发展的战略布局能力;具有大局观和全局意识;具有推动企业职能管理的变更和创新能力;具有卓越的团队领导力;善于搭建和培养团队;具有良好的沟通协调能力;为人正直;责任感强等。

续表

职位名称	类别	任职资格描述
部门经理	知识	本科以上学历，相关专业，掌握职能专业知识和全面的企业管理相关知识。
	经验	8年以上职能管理工作经验，丰富的企业管理实践经验。
	技能	过硬的职能专业技能；过硬的职能队伍管理技能；具有职能专业业务领域的管理能力；执行力强；具有团队领导力；勇于担当；具有大局观和全局意识；具有良好的沟通和协调能力。
专业经理	知识	本科以上学历，相关专业。
	经验	5年以上职能工作经验，深入掌握职能管理专业要求。
	技能	非常深入地掌握职能专业技能，非常熟悉相关职能管理，极强的专业能力和学习能力，积极主动，具有团队合作精神。
主管	知识	本科以上学历，相关专业。
	经验	3年以上职能工作经验，熟练掌握职能管理专业要求。
	技能	深入掌握职能专业技能，非常熟悉相关职能管理，很强的专业能力和学习能力，积极主动，具有团队合作精神。
专员	知识	本科以上学历，相关专业。
	经验	1—2年职能工作经验，初步掌握职能管理专业要求。
	技能	初步掌握职能专业技能，熟悉相关职能管理，较强的专业能力和学习能力，积极主动，具有团队合作精神。
助理	知识	本科以上学历，相关专业。
	经验	1年以上职能相关工作经验。
	技能	掌握职能专业相关知识，具备专业能力，学习能力强，具有团队合作精神。

4.职能人员的职业发展路径

职能人员的职业发展可以分为专业线和管理线，由于职能人员划分的专业方向比较多，我们以财务人员为例说明职能人员的职业发展路径（见图9-4）。从初级岗位出纳、会计到主管会计，可以继续向上分为两个方向发展，专业线为专业经理（如报表经理、审计经理等）、财务顾问；管理线为财务部经理、财务总监。

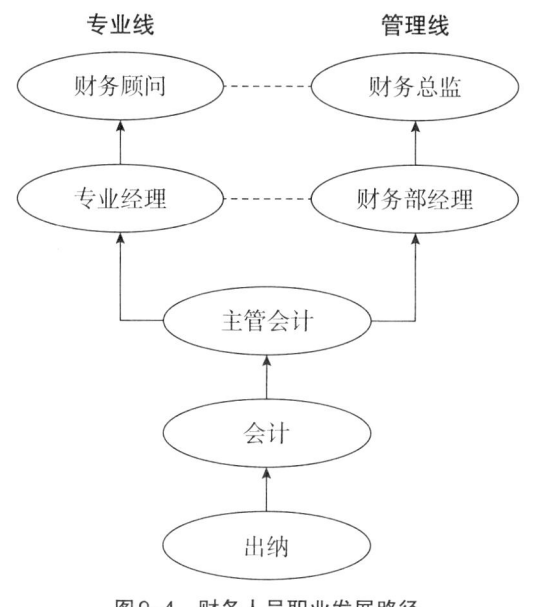

图9-4 财务人员职业发展路径

5.职能人员的通用素质模型

职能人员的主要工作是为企业提供专业化的管理和服务。从这个角度来看，职能人员的通用素质能保证这一职责的实现。以下就是企业常见的职能人员通用素质模型（见表9-12）。

表9-12 职能人员的通用素质模型

素质项目	具体解释
专业化	对本专业的发展动态非常敏感，有较强的领悟力和驾驭力，能做本专业的"专家"。
沟通协调	善于处理上级、平级和下级的关系，促成相互理解，获得支持与配合的能力。
全局观念	从组织整体和长期的角度，进行考虑决策、开展工作，保证企业健康发展。
执行	确保战略计划的达成，通过采用创新、严格规范的管理模式，高效率地实施计划，并取得成果。
客户导向	关注客户需求和利益，以追求客户满意为组织工作的中心任务。
关注细节	关注事实和细节，而不是抽象的概念；既考虑全局，又深入了解关键细节，以细节的完善作为重要的努力方向。
团队合作	个人愿意作为群体的一员，与群体中的其他人一起协作完成工作，而不采用单独或竞争的方式工作。

续表

素质项目	具体解释
学习能力	积极获取相关信息和知识，并对其进行加工和理解，从而不断地更新知识结构、提高工作技能。
坚韧性	在艰苦和不利的情况下，克服外部或自身的困难，坚持完成所从事的任务。
主动性	在工作中投入较多的精力，预计事件发生的可能性，并有计划地采取行动提高工作绩效、避免问题的发生或创造新的机遇。

6.职能人员的岗位技能培训

通过分析职能人员的特性、分类、职业发展路径、素质模型，我们可以对职能人员的岗位技能培训进行规划，表9-13是企业职能岗位培训规划的范例。培训分为专业技能培训、通用技能培训和管理技能培训，并划分不同的岗位等级，分别对应三类培训，培训课程可以根据企业的实际需求制定。

表9-13 职能岗位培训规划

岗位级别	具体岗位	专业技能培训	通用技能培训	管理技能培训
高级职能级	财务/人事/其他总监 财务/人事/其他顾问	职能管理规划培训 职能发展培训 业务战略培训	梯队建设 团队激励 影响力	战略管理 决策管理 创新管理 团队管理
中级职能级	财务/人事/其他部经理 专业（审计/薪酬等）经理	行业发展培训 职能专业培训 质量管理培训 产品业务培训	标准管理 团队合作 团队沟通	计划管理 时间管理 项目管理 人员激励 人员培养 情绪管理
初级职能级	主管会计/人事主管/其他主管 会计/人事专员/其他专员 出纳/人事助理/其他助理	职能知识培训 职能专业培训 内部流程培训 规章制度培训	服务心态 沟通技巧 商务礼仪 诚实自律	——

五、生产线岗位技能培训

1.生产和生产人员

生产是指企业产品生产制造的过程。企业根据特定的技术工艺要求,将生产要素进行最佳组合,在产量一定时,保证生产要素投入的成本最小;或者在生产成本一定时,保证产量达到最大。

生产人员,即在企业中从事生产制造的人员,也称为"工人"。

任职生产岗位的人员一般具有以下特性。

(1)以生产技能见长

一般,生产人员以某种生产技能见长,虽然各生产企业因业务需要的生产技能各不相同,但生产人员以掌握某种或某几种生产技能而与其他岗位有明显区别。

(2)人员流动性较大

一般,对生产人员技能的要求不是特别高,人员多由初级技能人员或农村富余劳动力担任,受各种因素影响,人员流动性较大。

(3)工作相对固定

大多数生产人员的工作内容与工作环境相对固定,对外交流比较少。

2.生产人员的分类

企业中的生产人员,一般根据其工种不同而分类;另外,也可以根据其对生产的作用,分为直接生产人员和间接生产人员(见表9-14)。

表9-14 不同的生产人员

类型	主要职责	典型称呼
直接生产人员	直接从事生产工艺操作的工人	机械加工:车工、铣工、刨插工、磨工、镗工、钳工等 下料:下料工、锯床工等 装配:装配工、配线工等 运输:装卸工、转运工、司机等 其他:油漆工、木工等

续表

类型	主要职责	典型称呼
间接生产人员	不直接从事生产工艺操作，但提供生产辅助工作的工人	检验：成品/半成品检验工、试验工 维修：设备维修工、机修工 清洁：卫生清洁工 仓储：仓储工、保管工 运输：运输工等

3.生产人员的任职资格

对于生产人员的任职资格要求，一般情况下，企业从知识、经验、技能等方面来明确，具体框架见表9-15。

表9-15　生产人员的任职资格

职位名称	类别	任职资格描述
生产总监	知识	本科以上学历，生产相关专业，掌握生产管理知识和全面深入的企业管理相关知识。
	经验	10年以上生产管理工作经验，丰富的企业管理实践经验。
	技能	具有生产发展的战略布局能力；具有大局观和全局意识；具有推动企业产品/服务的生产变更和创新能力；具有卓越的团队领导力；善于搭建和培养团队；具有良好的沟通协调能力；为人正直；责任感强等。
生产部经理	知识	本科以上学历，生产相关专业，掌握生产专业知识和管理相关知识。
	经验	8年以上生产管理工作经验，丰富的生产管理实践经验。
	技能	深入的生产专业技能；具有团队管理技能；执行力强；具有团队领导力；勇于担当；具有大局观和全局意识；具有良好的沟通和协调能力。
厂长	知识	专科以上学历，生产相关专业。
	经验	5年以上生产工作经验，深入掌握生产相关要求。
	技能	熟练掌握生产技能，熟悉相关产品生产，极强的思维能力和学习能力，积极主动，具有团队合作精神。
生产主管/车间主任	知识	高中以上学历，熟悉相关产品生产及操作流程。
	经验	3年以上生产工作经验，熟练掌握生产专业要求。
	技能	熟练掌握生产操作技能，非常熟悉相关生产操作管理，具有很强的操作能力和学习能力，积极主动，具有团队合作精神。

续表

职位名称	类别	任职资格描述
生产操作工（包括机械加工、下料、装配、运输等各类操作工以及各类生产辅助操作工）	知识	初中以上学历，了解相关产品生产、生产辅助操作流程。
	经验	1年以上生产操作、辅助生产相关工作经验。
	技能	善于学习，有较强的动手操作能力，有团队合作精神。

4.生产人员的职业发展路径

生产人员的职业发展可以分为专业线和管理线（见图9-5），从初级生产操作工到生产主管，可以继续向上分为两个方向发展，专业线为高级生产主管、生产顾问、高级生产顾问；管理线为厂长、生产部经理、生产总监。

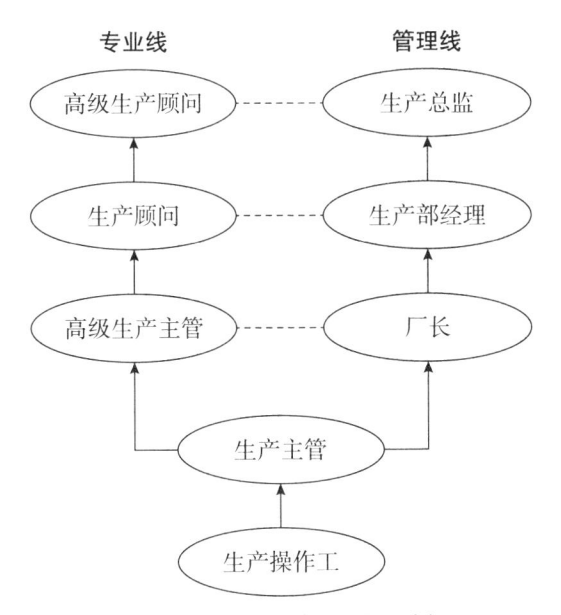

图9-5 生产人员的职业发展路径

5.生产人员的通用素质模型

生产人员的主要工作是进行生产制造。从这个角度来看，生产人员的通用素质是为了保证这一职责的实现。以下就是企业常见的生产人员通用素质模型（见表9-16）。

表9-16 生产人员通用素质模型

素质项目	具体解释
专业化	对工作所需的操作技能,以及相应的规范化要求和安全,有较强的领悟力和操控力。
成本意识	在工作中着力提升成品率和规范操作,降低次品率及原料浪费,讲求厉行节约。
质量控制	为确保生产产品的质量达成,在工作中严格遵守操作规范及质量要求规范。
执行力	确保工作任务的达成,高效率地实施计划并取得成果。
关注细节	关注事实和细节,深入了解关键细节,以细节的完善作为重要的努力方向。
纪律性	严格要求自己遵守企业生产的各项纪律。
敬业精神	在工作中,愿意付出更多的精力与时间,以更加认真积极的态度对待工作。
团队合作	个人愿意作为群体的一员,与群体中的其他人一起协作完成工作。
学习能力	积极获取相关信息和知识,不断地更新知识结构、提高工作技能。
应变能力	在工作中,遇有突发性事故或紧急事件,能够以相应的方式进行应对。

6.生产人员的岗位技能培训

通过分析生产人员的特性、分类、职业发展路径、素质模型,我们可以对生产人员的岗位技能培训进行规划,表9-17是企业生产岗位培训规划的范例。培训分为专业技能培训、通用技能培训和管理技能培训,并划分不同的岗位等级,分别对应三类培训,培训课程可以根据企业的实际需求制定。

表9-17 生产岗位培训规划

岗位级别	具体岗位	专业技能培训	通用技能培训	管理技能培训
高级生产	生产总监 高级生产顾问	生产规划培训 行业发展培训 工艺革新培训	梯队建设 团队激励 影响力	战略管理 决策管理 创新管理 团队管理
中级生产	生产部经理 生产顾问 厂长 高级生产主管	行业发展培训 生产技术培训 质量管理培训 精益生产培训	标准固化 流程优化 团队合作 团队沟通	计划管理 时间管理 项目管理 人员激励 人员培养 情绪管理
初级生产	生产主管 生产操作工	生产技术培训 质量管理培训 生产工艺培训	安全培训 标准培训	——

🔔 在实践工作中运用
第9项精进：提升技能培训

1.请写出你曾经或未来的职业发展路线。

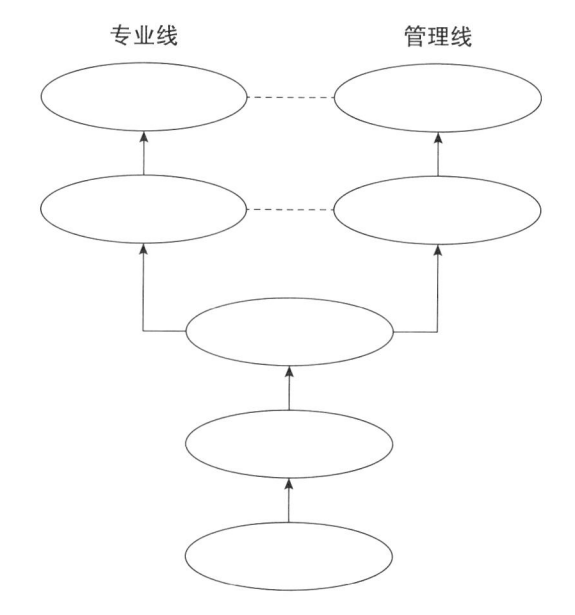

专业线　　　管理线

请写下你的反思。

✎ _____

✎ _____

✎ _____

2.在你曾经或未来的职业发展过程中，你觉得对你帮助最大的技能培训是什么？

✎ _____

✎ _____

✎ _____

第10项 | 加强管理培训

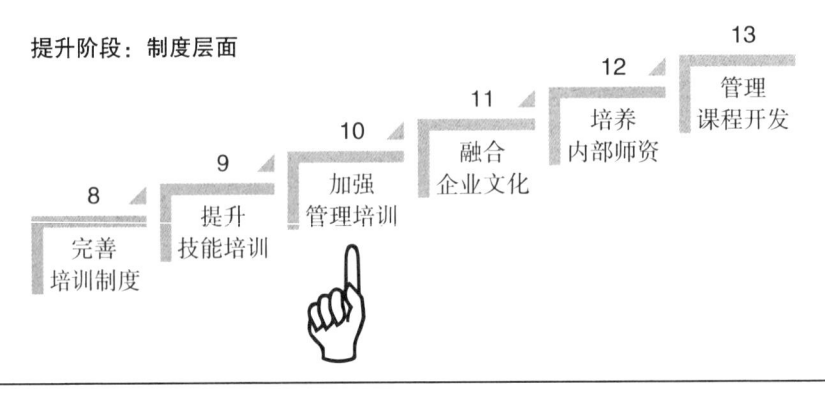

提升阶段：制度层面

8 完善培训制度
9 提升技能培训
10 加强管理培训
11 融合企业文化
12 培养内部师资
13 管理课程开发

通过本项精进，旨在掌握以下方面：
- 管理岗位的素质要求有哪些
- 如何划分管理岗位的四阶段
- 如何清晰理解领导力六阶段
- 如何设计管理岗位培训课程
- 如何以六阶段确定培训重点

一、管理岗位的素质要求

1.管理和管理人员

管理是在特定环境下，对组织所拥有的资源进行有效的计划、组织、领导和控制，以便达成既定的组织目标的过程。"科学管理之父"泰勒认为，管理就是指挥他人用最好的办法去工作。管理的主体可能是一个国家或者一个单位。通常，管理的方法为计划、组织、领导、控制等。

管理人员，是指在一个组织中负责对人力、物力、财力等资源进行计划、组织、领导和控制的人员。管理人员通过别人来完成工作，做决策、分配资源、指导别人的行为来达到工作的目标。

任职管理岗位的人员一般具有以下特性。

（1）指挥他人工作

管理人员都有下属，主要发挥管理职责，即指挥他人进行工作，并达成既定的组织目标。

（2）资源分配与决策

管理人员担负着资源分配与决策的重要责任，对企业人力资源、物力资源和财力资源进行整合、分配，并做出相应的决策，以达成既定的组织目标。

（3）工作目标明确

管理人员在指挥他人，并对资源进行分配和决策的基础上，实现企业要求的结果，即组织目标。衡量管理人员职责是否完成的重要标准就是相应的目标是否实现。

2.管理人员的分类

管理人员的分类主要从两个角度分析，一是层级，管理人员分为高级管理人员、中级管理人员和初级管理人员；二是专业，不同的企业根据其工作内容划分为不同的管理人员，例如，管理人员可分为市场管理人员、销售管理人员、研发管理人员、生产管理人员、财务管理人员、人事管理人员、行政管理人员等。

最常见的划分方法，第一个维度，是根据不同层级来划分管理人员，不同层级管理人员的主要职责和典型称呼见表10-1。

表10-1 不同层级的管理人员

类型	主要职责	典型称呼
高级管理人员	制定企业的总目标、总战略 掌握企业战略并评价整个企业的绩效	总裁、总经理、CEO、COO、副总裁、副总经理等
中级管理人员	贯彻执行高层管理人员所制定的重大决策 监督和协调基层管理人员的工作	部门经理、部门副经理、分公司经理、区域经理等
初级管理人员	给下属作业人员分派具体工作任务 直接指挥和监督现场作业活动 保证各项任务的有效完成	项目经理、领班、主管等

第二个维度，是根据管理人员从事的专业方向来划分管理人员，企业中常见的专业管理人员的主要职责和典型称呼见表10-2。

表10-2 不同专业的管理人员

专业	主要职责	典型称呼
综合管理人员	负责全面或某一业务领域的全面管理	总裁、总经理、CEO、事业部总经理、分公司总经理等
运营管理人员	负责企业的运营专业管理	COO、运营副总裁、运营总监、运营部经理、运营主管等
市场管理人员	负责企业的市场专业管理	市场副总裁、市场总监、市场部经理、市场主管等
销售管理人员	负责企业的销售专业管理	销售副总裁、销售总监、销售部经理、大区销售经理等
研发管理人员	负责企业的产品研发专业管理	CTO、研发总监、研发部经理、研发项目经理等
开发管理人员	负责企业的产品开发专业管理	开发总监、开发部经理、开发项目经理等
生产管理人员	负责企业的产品生产管理	生产副总裁、生产总监、生产部经理、厂长、生产主管、领班等
售后管理人员	负责企业的售后专业管理	售后总监、售后部经理、售后主管等
财务管理人员	负责企业的财务专业管理	CFO、财务总监、财务部经理等

续表

专业	主要职责	典型称呼
人力资源管理人员	负责企业的人力资源专业管理	CHO、人力资源总监、人力资源部经理等
证券管理人员	负责企业的证券专业管理	董事会秘书、证券部经理等
法务管理人员	负责企业的法律事务专业管理	法务总监、法务部经理等
商务管理人员	负责企业的商务专业管理	商务总监、商务部经理等
信息管理人员	负责企业的内部信息系统专业管理	信息总监、信息部经理等
行政管理人员	负责企业的行政专业管理	行政总监、行政部经理等
后勤管理人员	负责企业的后勤专业管理	后勤总监、后勤部经理等

3.管理人员的任职资格

企业管理岗位对个人知识、经验、技能等各方面的综合素质要求很高。一般而言，企业各级管理人员的任职资格均从知识、经验、技能等多方面来要求，具体框架见表10-3。

表10-3 管理人员的任职资格

职位名称	类别	任职资格描述
高级管理人员	知识	本科以上学历，相关专业，掌握专业的管理知识和全面深入的企业管理相关知识。
	经验	10年以上相关工作经验，丰富的企业管理实践经验。
	技能	具有高瞻远瞩的战略布局能力；具有大局观和全局意识；具有推动企业变更和创新的能力；具有卓越的团队领导力；善于搭建和培养团队；具有良好的沟通协调能力；为人正直；责任感强；具有丰富的社会人脉资源等。
中级管理人员	知识	本科以上学历，相关专业，掌握专业管理知识和全面的企业管理相关知识。
	经验	5年以上相关工作经验，丰富的企业管理实践经验。
	技能	职业化管理意识强；具有相关业务领域的管理能力；执行力强；具有团队领导力；勇于担当；具有大局观和全局意识；具有良好的沟通和协调能力。

续表

职位名称	类别	任职资格描述
初级管理人员	知识	本科以上学历，相关专业，掌握专业管理知识和部分企业管理相关知识。
	经验	3年以上相关工作经验。
	技能	执行力强；具有职业化管理意识；具有相关业务领域的执行能力；具有团队领导意识；勇于担当；具有良好的沟通和协调能力。

经验分享　管理人员设置

> 本节所阐述的管理人员特点，包括分类、素质模型和任职资格等，均是根据企业通常的需求归纳出来的。具体到每个企业，由于企业所处行业、所处发展阶段、业务、团队等方面的差异，企业与企业间的管理人员的特点因此会有非常大的差异。例如，管理人员分类中，专业管理人员并不是每个企业都会设置每类管理人员，当实际管理没有需求时，企业就不配置相应专业的管理人员；或者，可能会合并某些专业，形成综合性的管理人员等。因此，本节阐述的管理人员的特点仅供参考，在实践工作中，需要根据企业的实际情况进行修改与调整。

4.管理人员的通用素质模型

管理人员的主要工作是通过别人完成工作，做决策、分配资源、指导别人的行为来达到工作的目标。从这个角度来看，管理人员的通用素质是保证这一职责的实现，以下是企业常见的管理人员通用素质模型（见表10-4）。

表10-4　管理人员的通用素质模型

素质项目	具体解释
专业知识	掌握本专业及其他相关性的专业知识，对各知识点能够融会贯通、熟练运用。
领导能力	理解组织目标，激励员工，通过沟通、授权等方式影响员工，实现组织目标。
创新能力	用新的思想、方法解决问题，提高绩效。

续表

素质项目	具体解释
识人用人	组建团队，慧眼识才，激励下属。
计划能力	区分轻重缓急，制定组织在未来一个阶段内要达到的目标和实现途径。
决策能力	根据形势，做出及时、恰当的决策，选择最优方案，并采取行动。
沟通能力	与他人有效地沟通信息，善于倾听，具有影响力和说服力。
团队精神	协作意识强，尊重他人，注重全体成员的凝聚力。
责任心强	有大局观，平衡团队利益与个人利益，勇于承担责任。
诚实正直	为人诚实守信，能够做到言而有信；为人正直，处理问题保证公平、客观。

二、管理人员的职业发展

实景案例

小赵在公司已经工作了六年，在这期间，他的身份从最初的一名计算机专业的应届硕士毕业生成长为高级产品开发工程师。而且，他还负责部分项目的管理工作。今年年初，部门总监找小赵谈话，感谢他为公司的长时间付出，同时，对他的职业发展提出了期望。总监谈到，小赵已经年过三十，再继续做研发，考虑到随着年龄增长力不从心，无法再长时间加班；建议他转型管理，而且公司缺乏管理人才，尤其是懂技术的管理人才。小赵对此很犹豫，由于自己性格相对内向，非常喜欢钻研，并不喜欢和人打交道，想到转型管理后，将面对团队管理和公司流程，心里就发怵；但是，正如总监所说，在企业里继续做研发，自己的脑力、体力都拼不过刚毕业的学生，更具挑战性的是，如果不尽快转型管理，到35岁研发岗位可能都难做下去。

案例启示

在这个案例中，我们可以看到，企业中比较常见的现象是因业务做得好而提升为管理人员，其中不乏成功的实例，但也有不少失败的教训。就像本案例中的小赵，本人都意识到自己缺乏做管理的潜质，但是如果不转型做管理，又缺乏相应的职业发展通道。未来即使转型到管理，也可能会出现一种现象：企业少了一位优秀的核心研发人员，却多了一位表现勉强及格的管理人员。这个案例给予我们如下启示：在选拔和提升管理人员前，一定要对备选人员的管理潜能进行客观的评估。

1.管理人员的领导力潜能测评

管理人员的领导力潜能测评，是指对已经任职管理岗位或计划任职管理岗位的人员进行测评，评估其与管理岗位的契合程度及未来发展的可能性。一般而言，测评管理人员的领导力潜能主要有以下方法。

①考核法

考核法主要是企业以管理岗位的素质模型为基础，根据相应的素质要求，设计相应的行为方面的要求，由对其熟悉的人员进行考核、评分。这些熟悉的人员包括上级、同级、下级，甚至客户等。评估人根据日常工作中对被评估人的观察而得出结论，并给予评估。

②面谈法

面谈法是一种比较常见的方法，多使用于面试、绩效面谈、职业规划访谈等形式中。通过多种多样的面谈（包括非正式面谈、正式面谈、结构化面谈等），对被评估者的管理潜能和主动意向进行评估，并依此得出结论。

③测评法

测评法也是使用频率较高的一种方法，多指心理测评工具。这种工具一般可以采用来自专业的供应公司或网上的标准测评，例如：PDP测试、职业锚、MBTI、情商测试等。对于这类测试，往往是归类型的，只能大概将人员分为几类。需要注意的是，这类测评可以作为辅助工具，因为人在工作环境中可能存在表现自我与真正自我的差异。

2.管理人员的四阶段职业发展路径

常见的管理人员职业发展可以分为4个级别（见图10-1），即后备管理人员、初级管理人员、中级管理人员和高级管理人员。有些企业不设置后备管理人员，直接将管理人员分为三级，即初级管理人员、中级管理人员和高级管理人员。

图 10-1　管理人员职业发展路径

以下，我们仔细分析一下管理人员的4个级别。

（1）后备管理人员

后备管理人员是指具有管理潜质、可以提升到管理岗位的人员。一般而言，承担企业部分基础管理的人员，如主管、高潜员工，他们在日常工作中虽然未被任命为管理人员，但在实际工作中承担部分管理职责，如计划、辅导新员工、跟进工作进度等。

另外，有些企业为了加强管理人员后备的储备，建立专项后备人员培训机制，常见的如管理培训生。这些企业从校园或社会中招聘符合条件的人员，在测试后，对具有管理潜能的人员进行专项培训，辅导其成长为企业的管理人员。

（2）初级管理人员

初级管理人员是指基础管理岗位的人员。一般而言，初级管理人员包括部门经理、副经理、项目经理。初级管理人员管理的下属一般为6—9人。同时，大多数初级管理人员还承担一部分实际的执行性工作。

（3）中级管理人员

中级管理人员是指企业中对初级管理人员进行管理的人员。中级管理人员下属的部门规模较大，一般情况下，少则1—2个部门，多则几个部门。

（4）高级管理人员

高级管理人员是指企业中最高级别的核心决策层人员。高级管理人员对企业的资源具有核心控制权，影响企业的发展。高级管理人员对中级管理人员进行管理。

根据对管理人员初级、中级和高级的划分，结合专业类别可以将管理分为综合管理、销售管理、技术管理等。以下（见表10-5）是根据级别、专业分类进行的管理人员职位体系设计实例。

表10-5 管理人员职位体系

职位等级	综合管理	销售管理	技术管理	生产管理	职能管理			
					财务管理	HR管理	法务管理	行政管理
M1	总裁							
M2	副总裁	销售副总裁	CTO	生产副总裁	CFO	CHO		
M3	事业部总经理	销售总监	技术总监	生产总监	财务总监	HR总监	法务总监	行政总监
M4		销售部经理	技术部经理	生产部经理	财务部经理	HR部经理	法务部经理	行政部经理
M5		销售主管	技术主管	厂长	财务主管	HR主管	法务主管	行政主管

在管理人员职位体系中，可以根据企业管理职位对层级进行细化，例如，不仅可以将层级划分为初级、中级、高级3级，还可以将每一级进行细化，在表10-5的示例中，管理人员职级细分为M1—M5共5等。职位等级也可以进一步细化，一般大中型企业管理人员职位等级分为5等至9等。

3.拉姆·查兰的管理梯队——领导力六阶段划分

除了管理的4级别划分外，笔者再推荐一种根据领导力六阶段依据划分的管理人员职业发展路径，即拉姆·查兰的管理梯队——领导力六阶段划分（见表10-6）。

表10-6 拉姆·查兰领导力六阶段

阶段	职位	管理范围
阶段六	首席执行官	管理全集团

阶段	职位	管理范围
阶段五	集团高管	管理业务群组
阶段四	事业部总经理	管理事业部
阶段三	事业部副总经理	管理职能部门
阶段二	部门总监	管理经理人员
阶段一	一线经理	管理他人
阶段零	个人贡献者	管理自我

以下，我们进一步分析一下领导力的六个阶段。

（1）一线经理

一线经理的职责需要从管理自我转为管理他人。第一阶段，一线经理的转型会遇到各种挑战，忽视与直接下属沟通的重要性，不愿花费时间倾听下属的意见，按照过去的工作套路完成任务。较多情况下直接帮助下属完成工作，事必躬亲，而不是指导下属如何去做。

（2）部门总监

部门总监由管理员工转为管理一线经理。第二阶段，部门总监转型最大的难点在于如何培养一线经理。部门总监需要具备全局观，把高层战略向下属进行传达、解释，并帮助下属理解这个过程。同时，部门总监还需要将基层员工的执行能力反馈给战略制定者。

（3）事业部副总经理

事业部副总经理由管理一线经理转为管理职能部门。第三阶段，事业部副总经理需要拥有战略思维、制定职能战略、管理职能部门的能力。

（4）事业部总经理

事业部总经理由管理职能部门转为管理事业部。第四阶段，要求事业部总经理从不同的角度观察业务，具备组建强大的团队的能力，深入理解业务的核心流程，同时，熟悉掌握市场的发展趋势。

（5）集团高管

集团高管由管理事业部转为管理集团内业务群组。第五阶段，集团高管主要职责为培养事业部总经理，主要精力在于处理集团内层面的事情，而不是为事业部总经理制定战略并指挥总经理工作。集团高管注重发现新的商业机会，而非只着手眼前的业务。

（6）首席执行官

首席执行官由管理集团内业务群组转为管理整个集团。第六阶段，首席执行官需要在集团内做出正确的人事判断，使得集团具备强大的执行力。

通过分析管理人员四阶段职业发展路径和领导力六阶段划分，我们思考一个问题，即管理与领导有什么联系与区别？（参见知识链接：管理与领导的联系与区别）

知识链接　管理与领导的联系与区别

管理者和领导者在组织中拥有权力，通过指挥他人而达成组织目标，这是二者的共同点。但是，二者又有很大的区别，即"管理是科学，领导是艺术"。管理者是被任命的，是具体从事管理的人员，通过计划、组织、领导、控制等具体管理技能发挥影响。领导者一般不需要被任命，是群体中自然产生的、具有影响力的人；领导者并非有常规的管理技能，但能够以号召力去影响、推动组织的前进；而且，领导者面对的是组织发展的根本性问题，具有概括性、创新性和前瞻性。

三、管理培训的阶段划分

1. 初级管理人员的培训目标及培训课程

初级管理人员由于是新任管理者，比较缺乏管理技能，因此设计初级管理人员培训课程时，需要注重管理角色认知转换以及基础管理技能的培养（见表10-7）。

表10-7　初级管理人员培训课程

培训课程	培训目标	课程内容
管理角色认知	转换角色、明确职责 更新工作模式	理解管理角色 角色转换困难 实现角色转换

续表

培训课程	培训目标	课程内容
目标计划管理	辨别方向、明晰重点 明确团队目标	制订目标计划 分解目标计划 评估目标计划
员工识别技能	了解团队、准确判断 成员合理定位	识别人员要点 面试人员要点 测试人员要点
分工授权技能	合理分工、有效授权 团队力量聚合	识别员工状态 进行合理分工 选择授权模式
员工培养辅导	解决问题、辅导技能 提升团队能力	人员培养方法 教练辅导技术 职业生涯规划
员工激励管理	精神引导、激发行为 提升团队绩效	员工激励方法 物质精神激励 绩效面谈技术

2. 中级管理人员的培训目标及培训课程

中级管理人员一般担任管理者有一定的时间，掌握了基础的管理技能，因此，设计中级管理人员培训课程时，需要注意深入的管理技能学习（见表10-8）。

表10-8 中级管理人员培训课程

培训课程	培训目标	课程内容
时间管理技能	紧急重要、合理分配 高效时间运用	时间的四象限 时间管理技巧 深度工作法则
情绪压力管理	控制情绪、激发潜能 提升精神层次	认知情绪来源 压力与情绪 情绪化解转移
沟通管理技能	倾听观察、换位理解 形成团队共识	认知沟通类型 掌握沟通技巧 工作沟通法则
会议管理技能	有效组织、现场调动 落实高效决策	会议前的准备 会议现场组织 会议后的跟踪

续表

培训课程	培训目标	课程内容
成本管理技能	收支平衡、成本控制 有效管理支持	企业成本分析 计划预算工作 成本控制技巧
项目管理技能	有效计划、过程管理 项目成功交付	项目计划管理 项目成本管理 项目人员管理

3.高级管理人员的培训目标及培训课程

高级管理人员大多具有丰富的管理实践经验，相对而言，对培训的需求不是特别高。因此，在设计高级管理人员培训课程时，需要从企业全局管理的角度出发（见表10-9）。

表10-9 高级管理人员培训课程

培训课程	培训目标	课程内容
战略管理技能	设计方向、明确战略 确保不断发展	战略设计方法 战略落地技巧
变革管理技能	积极创新、拥抱变革 建设学习型组织	组织变革方法 内部创新实践
决策管理技能	全面评估、有效决策 提升决策效能	科学决策方法 关键事件决策
流程管理技能	不断优化、节约资源 促进流程管理	流程完善技术 流程优化方法
财务管理技能	成本优化、投资融资 优化财务资本	成本优化技能 投资融资方法
人本管理技能	选用育留、人才管理 提升人力资本	人才培养体系 人才激励创新

四、领导力培训规划设计

1.领导力六阶段培训目标

在领导力六阶段中，领导力不断提升的重点在于抓住每个阶段的难点，通过培训帮助员工克服难点,以此获得领导力的提升。

2.领导力六阶段培训重点设计

在重点设计上,需要针对每个阶段的难点进行设计(见表10-10)。

表10-10 领导力六阶段培训重点

阶段	职位	管理范围	培训重点
阶段六	首席执行官	管理全集团	确定公司方向 实现可持续发展 全面化管理 提升公司整体执行力
阶段五	集团高管	管理业务群组	评估财务预算和HR规划 教练辅导 管理新业务 评估业务投资策略 评估管理资源和核心能力
阶段四	事业部总经理	管理事业部	制定业务战略规划 协调部门利益 跨部门人员协调 使用支持性部门
阶段三	事业部副总经理	管理职能部门	沟通技巧 制定业务战略实施计划 部门协作、资源协调
阶段二	部门总监	管理经理人员	选拔人才担任一线经理 为一线经理分配管理工作 教练辅导 评估一线经理的进步 全局考虑、跨部门协作
阶段一	一线经理	管理他人	工作计划 知人善用 分配任务 激励员工 教练辅导 绩效评估

🔔 在实践工作中运用
第10项精进：加强管理培训

1.关于"管理和领导的区别与联系"，请尝试写下你的理解。

比较	管　　理	领　　导
区别		
联系		

通过比较，你认为自己在哪方面具有能力或潜质？如果对自己无法确认，也可以观察他人，请写下你的个人心得。

✎ _____

✎ _____

✎ _____

2.回忆你参加或组织过的管理或领导力培训经历，你觉得最大的收获是什么？培训存在的不足是什么？

✎ _____

✎ _____

✎ _____

3.结合管理或领导力培训再次回顾冰山模型，你有什么新的思考？

✎ _____

✎ _____

✎ _____

第11项 ┃ 融合企业文化

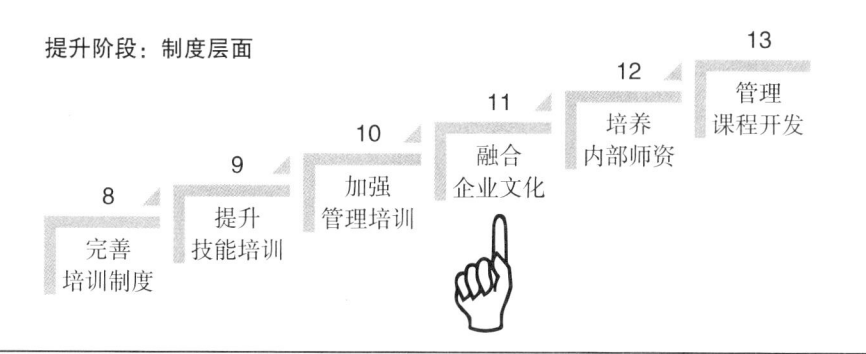

提升阶段：制度层面

8 完善培训制度　9 提升技能培训　10 加强管理培训　11 融合企业文化　12 培养内部师资　13 管理课程开发

> 通过本项精进，旨在掌握以下方面：
> - 建设企业文化具有什么意义
> - 培训与企业文化有什么关联
> - 如何在文化建设中融入培训
> - 培训中如何发挥文化的作用
> - 如何避免文化培训中的误区

一、企业文化与培训管理

1.企业文化的内涵意义

企业文化是企业的使命、愿景、价值观、经营理念、内部管理方式、对内对外形象、行为方式等因素的综合体。企业文化是在企业运行过程中逐步形成的，要求全体员工认同并自觉遵守。

我们从企业文化的定义可以看出，企业文化内涵丰富。通常，企业文化包括以下方面。

（1）精神层面的内容，或称企业精神：行为方式、价值观、经营理念等，是企业文化最核心的部分。

（2）企业的组织架构方式、约定俗成的行为规范以及规章制度等。

（3）物质方面的内容，如企业的工作环境、企业形象、产品等。

企业文化对企业具有非常重要的意义，具体体现在以下三方面。

（1）企业文化能够为员工指引方向，增强员工的归属感，激发员工的使命感。

（2）企业文化能够给予员工荣誉感，加强员工的责任感，让员工具有危机意识和团队意识，与企业共存亡。

（3）企业文化能够引导员工提升自我，增强员工的成就感，让员工以企业为荣，以此付出更积极的努力。

2.企业文化与培训管理

在企业管理实践中，培训管理与企业文化存在密切的关系，具体如下。

（1）培训是企业文化的组成部分

企业文化的核心精神层，如企业的使命、企业价值观、经营理念等精神，属于心理层面，这对企业员工的影响也是深层次的。企业使命要说明企业在社会经济领域中经营的活动范围和层次，具体表述企业在社会经济活动中的身份或角色。企业价值观基于企业目标的追求，并直接影响员工本身的行为和结果。经营理念，又称经营哲学，是企业特有的从事经营和管理的方法或原则，经营理念直接指导企业的经营行为。企业文化的核心精神，既给予员工明确的目标指引，也在精神层面赋予员工的工作以重要价值。

企业文化中的组织架构设置方式、行为方式以及规章制度，是企业文化中具有现实性的一些内容。这些内容给予员工以现实的工作指引和非常具体的工作行为规范，让员工在组织群体中产生归属感与成就感，增加荣誉感和责任感。同时，它对企业成员的行为形成约束，保证了整体性的利益。

从整体来看，企业培训是由企业组织，企业管理者和员工共同参与的活动，主要目标是提升技能、达成工作要求和实现组织绩效，这些活动是受相同的企业理念所引导的。企业文化的不同层面，包括精神层面、制度规范层面，与培训管理融为一体。可以说，企业培训在某种程度上也是一种企业文化。

（2）培训促进企业文化的构建

企业培训中不仅有企业内部人员的参与，还有企业文化的核心精神、行为方式和规章制度、对员工行为和工作方式的具体指导，都是企业培训的重要内容之一。人是企业的根本，企业文化的核心是将企业精神融入到企业人员的心理层面，进而产生一致的效果，这种整合过程必须要通过企业培训进行宣传、灌输和引导。

企业培训对员工知识、技能和思维认知进行培养和训练，通过培训，员工的精神面貌发生变化，更加契合企业文化。

（3）优秀的企业文化为企业培训奠定基础

优秀的企业价值观和经营哲学是企业的灵魂，不仅决定企业发展的方向，也指引企业培训的方向。优秀的企业文化高度重视员工的自我成长与自我需求，并通过培训帮助员工成长与实现需求。优秀的企业文化注重"学习型组织"，对企业培训高度重视。企业的投入不仅使培训内容更丰富，也让员工能直观地感受到企业文化。因此，优秀的企业文化为企业培训奠定了良好的基础。

二、培训融入文化的建设

实景案例

Q公司历经几年的发展，业务基本稳定，人员达到近300人。但是，公司自创业以来一直专注于业务发展，对内部团队没有给予足够的关注。由此造成人员流动率比较高，管理层拉帮结伙的现象很严重。意识到这些问题后，创始人在内部开展了"农民讲习班"，每月集中对所有的中层及以上人员进行为期两天的内部培训。内部培训的第一天以交流业务、总结方法为主，第二天由创始人进行企业文化方面的培训。起初，员工不理解，抱怨培训浪费时间。但是，历经一年的培训后，Q公司内部发生了明显的转变，内部声音更加一致、团队更加团结、内部流程贯彻日益顺畅。最重要的是，企业组成了一批坚实的管理团队，为公司后续的发展奠定了坚实的基础。

案例启示

在这个案例中，我们可以看到，企业文化是一个企业的灵魂，而这种思维的统一需要靠培训支撑。只有通过一次次的沟通、讲解、聚集、学习，才能逐步形成统一的思想。在统一思想的引导下，才能形成统一的行动。因此，企业的培训一定程度上也肩负着宣传、培育和建设企业文化的重要职责，除教员工知识和技能外，引导思维意识同样是培训的核心任务。

员工由看到、记住、认同再到行动，这是一个完整的过程，是企业文化建设的基本路径（见图11-1）。在企业文化建设的基本路径中，培训管理可以无缝融入企业文化建设中。

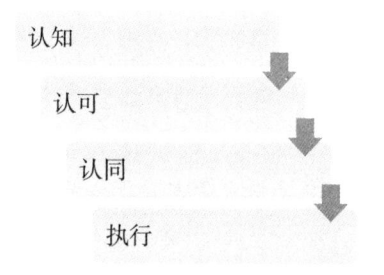

认知
↓
认可
↓
认同
↓
执行

图11-1　企业文化建设流程

第一步，认知

认知是指企业成员对企业文化的直观感受。在这一步，主要是整理、凝练企业文化的主要内容，如企业的使命、愿景、价值观、经营理念、行为规范、规章制度等。培训可以通过内部交流、凝结方式，形成企业文化手册。可以将企业文化简化，形成印象深刻的标语、口号，或者是形象代言人、卡通玩具等，让全体员工能够直观地感知到企业文化。

在雇主品牌建设培训、新员工培训、市场宣传培训等培训中，企业文化的认知可作为培训的主要内容。

第二步，认可

认可是指企业成员对企业文化的理解。在这一步，培训会发挥主要的作用。我们可以通过培训、研讨等方式对企业文化进行不同层面的宣讲。宣讲的方式多种多样，不仅包括各级管理层宣讲，还可以进行拓展活动、知识竞赛、诗歌朗诵等易于理解的方式，也可以采用比较严肃的背诵、考试等方式。通过这些方式，让全体员工理解企业文化。

在实践工作中，达成对企业文化的认可是诸多培训的主要目标，包括新员工培训、各层级管理培训以及部分业务培训，都涵盖了企业文化的认可部分。与企业文化相结合的精神奖励是培训管理的方式之一，包括颁发勋章、奖杯、纪念品、入选专业委员会、公开表扬、张榜公布、授予荣誉称号等方式。这些非物质性的奖励以精神奖励为主，其目的是使员工得到认可。

第三步，认同

认同是指企业成员对企业文化的接受。在这一步，培训仍是主要渠道。企业可以通过讨论、研讨等方式让员工接受企业文化的核心，也可以采用征文、演讲、故事分享、成果汇报等方式，让全体员工认同企业文化。

在企业文化的宣传、培训及贯彻过程中，获得员工的认同是关键环节，这是真正发挥企业文化激励作用的前提，可以采用多种方式激发认同。例如，组织晨会、周会、总结会、思想沟通会，外出参观学习，分享故事、企业创业史、发展史，通过这些方式加强企业文化的宣传，不断激发员工的认同感。团队建设、团队拓展活动、内部员工活动等培训可以让员工认同企业文化。

第四步，执行

执行是指企业成员将企业文化转变为自己的实践行动。在这一步，主要是通过行为落实、行为检查等方式让企业文化从理念转变成行动，让全体员工具体执行、体验企业文化。员工通过执行将企业文化转化为行动，并形成习惯。

在企业文化的执行层面，更多地体现在培训的效果评估中，其中学员的行为变化是培训效果评估的一个环节。

企业文化的建设过程是促进成员不断改变并接受的过程，在心理学中称为改变曲线（参见知识链接：库布勒罗斯改变曲线）。

知识链接　库布勒罗斯改变曲线

库布勒罗斯改变曲线（Kubler-Ross change Curve）的原型是20世纪60年代心理学家伊丽莎白·库布勒·罗斯提出的悲伤阶段模型。这个模型用于解释人们在面临死亡时的心理历程。目前这个模型已被广泛地应用于解释人们面对重大变化时的反应情况。

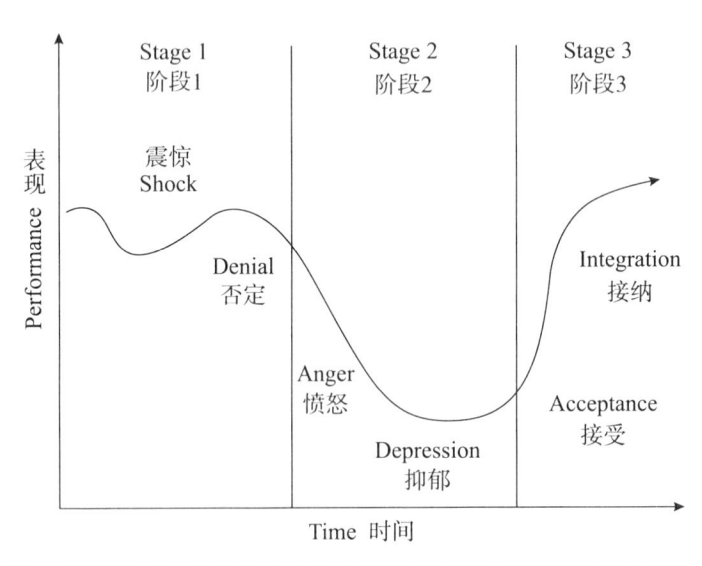

Stage 1 阶段1：震惊 Shock、Denial 否定
Stage 2 阶段2：Anger 愤怒、Depression 抑郁
Stage 3 阶段3：Acceptance 接受、Integration 接纳

表现 Performance — Time 时间

库布勒罗斯改变曲线将人们面对重大变化时的反应分为3个阶段。

一是震惊和否认阶段。

改变带来的第一个反应是短暂的震惊，习惯于有更多可靠性的保证和认知的人，此时会因为缺乏信息、害怕未知或者害怕自己做出错误的决定，而采取保守的态度。震惊过后，个体会本能地否认，可能是因为不想改变现状，也可能是感觉到威胁，或者单纯地害怕失败而否认改变。从未经历过重大改变的人，很难从这个阶段做出改变。

二是愤怒和抑郁阶段。

变革或改变并不会因为否认而消失，继而个体会不自觉地寻找"替罪羊"，通过指责一些人或事来发泄怒火，达到缓解内在焦虑和害怕情绪的目的。曲线显示的最低点表示现实变化给个体带来的打击，使其情绪由愤怒转向自我怀疑和极度的焦虑抑郁的状态。

三是接受和接纳阶段。

经过了黑暗的情绪期，个体开始正视现实，接受变化的不可避免性。个体可能意识到变化会是新机遇，或者已经适应了变化，甚至可能迫不及待地等待着变化的进展。到了这个阶段，个体对未来的改变愿望更加坚定，相信并期待改变预期的发生。

三、增强文化的培训作用

企业文化是培训管理的核心内容之一，培训的本质是提升员工素质、激励员工。而企业文化作为培训的一个有机结合，具有凝聚作用和激励作用，所以，在日常管理实践中，如何加强企业文化是培训管理专业人员的重要工作之一。

企业文化的凝聚作用和激励作用可以从以下几个角度来说明。

1.增强企业文化凝聚人心的功能

企业文化贯彻以人为本的理念，尊重员工的感情，在企业中营造一种团结友爱、相互信任的和睦气氛，由此强化集体意识，在员工中形成强大的凝聚力。

企业文化中共同的使命、愿景、价值观使企业员工形成了共同的目标和理想，把企业视作命运共同体，把企业共同的目标视为个人发展的重要组成部分，由此使企业员工思想统一、行动步调一致，最终转化为员工辛勤的付出。

2.增强企业文化精神支柱的功能

随着社会经济的发展，在物质条件得到满足的基础上，精神需求日益成为员工的主要需求。企业共同的价值观、远大的目标，使员工感到工作行为的意义与价值，这种自我实现是最高的精神需求。在实践管理中，有些企业提出"幸福企业"的理念，这会成为员工的精神支柱，这种满足会转化为激励员工的强大力量。

3.增强企业文化矛盾调节的功能

在企业内各部门之间、管理层之间、员工之间，由于工作中的各种原因会产生矛盾，企业文化在某种程度上有利于矛盾的解决，并形成企业成员自我调节的良性机制。通过调节矛盾，企业人际关系达到一种和谐状态，员工以良好的心态、愉快的心情投入工作，这会对员工产生一定的激励。在以人为本的企业文化中，员工之间互相关心、互相支持，管理层对员工的关心，让员工感到平等、尊重，会促使员工振奋精神、努力工作。

4.增强企业文化导向规范的功能

企业文化具有导向作用，它是一种观念，鼓励员工特定的行为，从而收获期望的结果，因此，企业文化对员工行为在精神层面、制度层面和物质层面都具有指导作用。同时，企业文化具有规范作用。作为一种心理约束、制度约束，它可以规范员工的行为，对于员工来说，精神层面的约束，可能比物质方面的约束还有力。企业文化的导向和规范作用，使企业全体员工的行为受到积极引导，进而提高组织的理性程度与整体效率，对员工形成正面的激励作用。

5.增强企业文化社会影响的功能

企业文化的一个关键点是企业的公众形象和品牌价值。企业文化不仅在企业内部发挥着重要的作用，同时，它在外部通过媒体、公共活动等方式展示了对外形象，对社会产生了影响。优秀的企业文化不仅有助于企业成员成为社会精英，还对社会产生积极影响。企业文化的传播对树立企业在公众中的形象具有较大的作用，良好的对外形象对企业员工也有积极的鼓舞作用，特别是企业文化建设取得成功，具有美誉度时，企业员工会产生强烈的自豪感，这会促使他们加倍努力，用自己的实际行动去维护企业的荣誉和形象。

综上，企业文化在凝聚人心、精神支柱、矛盾调节、导向规范、社会影响等方面对员工进行多层次的凝聚和激励。这不仅可以使企业降低管理成本，最重要的是，企业文化的激励是深远、长久的，它对企业成员的行为产生巨大的影响，而且，这种影响是物质所难以达到或弥补的。

四、避免文化培训的误区

培训应当融入企业文化的建设，企业文化也在培训管理中发挥着重要的作用，虽然两者之间有密不可分的关系，但将培训管理融入企业文化建设中时，要避免一些误区。

1.避免企业文化空谈化

很多企业管理者认为企业文化是口号，在企业办公区到处贴上标语口号，就表明这是一种良性的企业文化建设。另外，有些企业仅仅把企业文化挂在嘴上，开会必讲企业文化，但是在制度、人员行为规范方面不做任何落实，导致企业文化只是空洞的口号，这种空谈式的文化建设对员工无法起到凝聚和激励作用，也难以在培训中长期落实。

2.避免企业文化同质化

部分企业在开展文化建设时，不加思考地照搬其他企业的文化，将大而全的理念随意应用于自身企业。被滥用的词汇无法真实地反映企业自身的价值取向、经营哲学、行为方式、管理风格等，缺乏个性特色，甚至企业管理层都说不清楚其所代表的具体行为。这种同质化的企业文化无法在员工中产生共鸣，也不能发挥应有的作用，在培训中应用，很难让企业文化深入人心。

3.避免企业文化物质化

有些企业把企业文化视作创造优美的企业环境，非常注重企业外观色彩的统一协调，但办公环境内的花草树木、装饰细节，不能给员工提供真正的服务，导致资源浪费与闲置。另外，有些企业认为企业文化是员工活动，组织唱歌、跳舞、打球等员工活动，甚至建设舞厅、球场，规定员工的活动次数，使企业文化建设变成僵化的活动，引起员工的反感。这些将企业文化过于物质化、活动化的行为，忽视了企业文化建设的精神因素，给企业增添了更多成本，甚至造成资源浪费。在培训管理中，经常体现为过度地将培训转为员工活动，背离了企业文化建设的初衷。

4.避免企业文化商业化

有些企业在建设企业文化时，是与品牌建设、品牌宣传等市场运作结合在一起的，这样，不可避免地，在树立企业对外形象时，将企业文化建设当成企业营销的手段之一。甚至，有些企业将一些公益性的企业文化活动，包装成企业产品营销或宣传的手段。这会使企业文化建设失去其本质，成为商业服务的一种手段。久而久之，企业文化无法发挥凝聚员工、激励员工的作用。在培训管理中，要避免过多地与商业化的企业文化相结合，这会背离培训的初衷。

经验分享　培训与文化

在企业培训中结合企业文化,既难也不难。说难,是由于企业文化偏虚,说得多了容易造成形式化、走过场,陷入唱高调、不实际的困境,容易引起员工的反感和抵触。说不难,是由于企业文化不论是否得到讲解,实际上"自在人心",每个企业员工都能够感受到企业文化。而且,企业文化形成了一种不自觉的规范,企业员工会自动遵守。所以,在企业培训中要恰当地融入企业文化,既要以合适的形式进行融合,又要避免过度强调,偏离本题。

🔔 在实践工作中运用
第11项精进：融合企业文化

1. 请结合库布勒罗斯改变曲线写下你曾经面对改变时的心得。

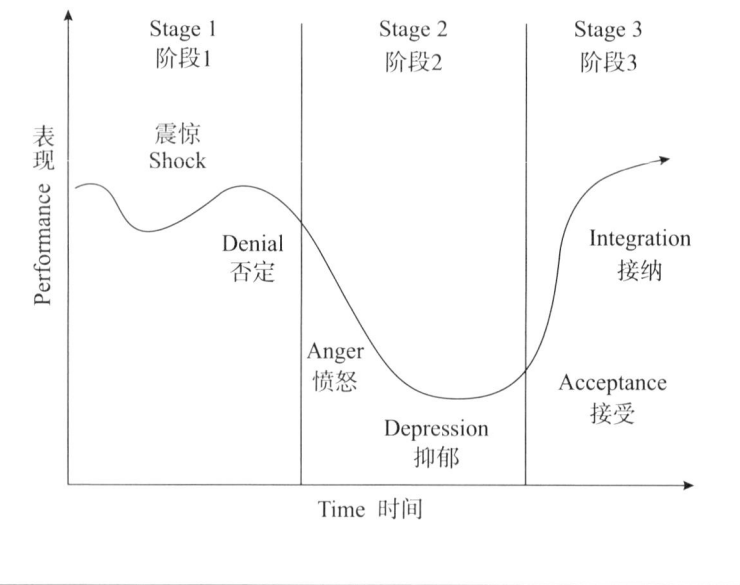

```
                Stage 1      Stage 2      Stage 3
                阶段1        阶段2        阶段3

表          震惊
现          Shock
Performance
                    Denial                      Integration
                    否定                        接纳

                         Anger              Acceptance
                         愤怒                 接受
                              Depression
                              抑郁

                         Time 时间
```

✎ _____

✎ _____

✎ _____

2. 请回想一下，你曾经参加的组织，令你印象最深的文化是什么？哪些是你内心非常接受的，哪些是你内心非常反感的？为什么？

✎ _____

✎ _____

✎ _____

第12项 培养内部师资

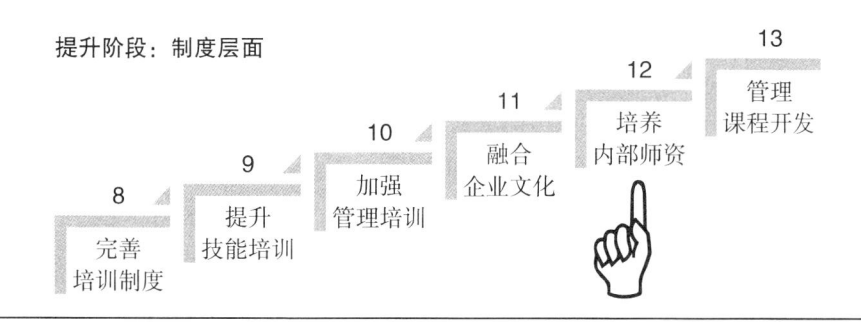

提升阶段：制度层面

8 完善培训制度
9 提升技能培训
10 加强管理培训
11 融合企业文化
12 培养内部师资
13 管理课程开发

通过本项精进，旨在掌握以下方面：

- 内训师应有哪些必备的素质
- 如何公开选拔优秀的内训师
- 内训师应如何划分内部等级
- 如何做好内训师的认证评估
- 如何全面立体激励好内训师

一、培养内部讲师的作用

1.内训为企业带来的价值

内训,即企业内部的培训,对企业内外部的培训资源进行充分、有效的整合,涉及内训师资源的整合、培训课程的整合、资源的分享以及知识资本沉淀等内容。企业内训是"企业对员工最大的投资",高品质的企业内训对企业和员工来说,具有双赢的价值。

(1)企业内训可以提高员工的技能和综合素质,提高员工生产效率和服务水平,由此树立良好的企业形象,增强企业的核心竞争力和盈利能力。

(2)企业内训可以为企业培养和输送人才,为企业的发展提供源源不断的后续人才储备。

(3)企业内训培养的员工更了解和认同企业文化、更符合企业的发展要求;员工对企业的归属感、责任感越强,越能发挥企业人力资源的高增值性,从而创造更高的效益。

(4)企业内训可以促进企业与员工、管理层与员工层的双向沟通,营造和谐、融洽的企业氛围,降低人才使用成本,提升人才使用效率。

2.内部讲师的定义及意义

企业内训的最大特点是根据企业的培训需求,为企业量身定做培训。企业内训首要建设任务是建设内训师队伍,内训师是指对企业内部员工进行培训的授课老师。

企业内训师不仅能为企业带来系统的现代管理知识与技能,还能为企业带来附加价值,具有重要的意义,具体表现在以下几个方面。

一是内训师更加认可和接受企业文化,可以成为企业精神文化的传承者。

二是内训师深入了解企业、部门和员工的培训需求,能够更加符合需求,由此产生更好的培训效果。

三是内训师可以沉淀、积累培训内容,大范围地、快速地、具有重复性地落实培训,这可以节约企业的培训成本。

四是内训师是企业人才培养的成果，可以作为后备人才储备。

五是内训师是企业内部成功者的代表，例如，很多企业由中高层管理人员担任领导力培训项目的内训师，既传承了企业发展内核，又落实了人才培养的目标。

二、内部讲师的选拔机制

实景案例

J公司是一家中型企业，历经近十年的发展，人员达到2000多人。前一年，企业进行战略梳理，重新凝结了企业文化，在企业范围内进行战略和文化的宣传，并把这个工作交给了集团培训部。但是，由于集团培训部员工只有几个，没有足够的人手和时间去完成这个任务。战略和企业文化宣传工作不能请外部讲师，宣传要求在企业工作多年的核心人员亲自说明，才具有说服力。当务之急，需要尽快选拔一批内部讲师来完成这个任务。但是，历经两个月的时间，也没有选拔到合适的内训师。符合条件的，大多是在企业工作时间较长的老员工，这些老员工大多数是管理人员或核心岗位人员，他们平时忙于业务，抽不出内训时间。有空闲做内训的，是没经验、工龄时间短、居于非核心岗位的员工，明显不符合条件。并且，战略和企业文化宣传是额外任务，没有相应的报酬，合适的人选也以业务忙拒绝这份任务。这让培训部经理小李非常头疼……

案例启示

在这个案例中，我们可以看到，企业内训师的选拔和队伍建设是一件有难度的事情。内训师需要什么样的人来担任合适？这是内训师选拔面临的第一个问题。即使有合适的人选，这些人选是否愿意成为内训师？这是企业面临的第二个问题。是否有合适的激励机制保证企业内部人员愿意担任或转型成为内训师？当然，成为内训师的人员，是否能够获得更好的职业发展？这是内训师队伍能否有充足人才储备并能够长期发展的基础。

1.内部讲师的素质要求

作为一名内训师，其核心职责是通过培训活动改变思维、传达知识和培训技能，最终达到企业培养人才的目标。基于内训师的主要职责，我们可以看到内训师的基本素质要求，主要归结为以下几个方面。

（1）专业技能

内训师需要具备专业技能。专业技能不仅包括培训所需要使用的专业性技能，如内部专项技术培训师所掌握的专业技术；还需要具备培训方面的专业技能，如培训课程的制作技能、培训现场的表达技能等。

（2）企业认知

内训师在掌握专业技能的同时，要对企业有深入的理解。内训师须是在企业工作较长时间的人，这样才能保证对企业有足够深入的了解，给企业留下宝贵的知识积累和经验，通过培训让更多的人学习优秀的知识和技能，提高企业员工的整体素质。同时，还要求内训师对企业充满感情，深度认同企业文化和核心价值观，在内训中充满激情，为企业人才培养事业做出贡献。

（3）行业积累

内训师做内部培训，不仅要掌握相关的专业技能，还应该具备深厚的理论基础或者相关专业的技术水平，以及对行业有深入的积累和沉淀。内训师既可以是管理人才，也可以是业务骨干。深入的行业积累有利于得到企业员工的认可。

2.内部讲师的选拔流程

在确定内训师基本素质后，要对内训师进行选拔。内训师的选拔流程如图12-1所示，主要分为确立标准、公开报名、评审选拔、择优录取和TTT培训5个步骤。

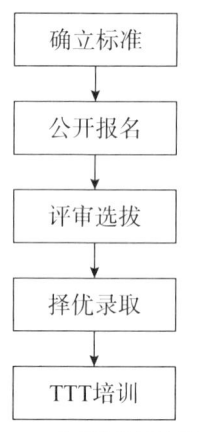

图12-1 内训师的选拔流程

（1）确立标准

确立标准是根据企业的需求、具体内训的内容和方向，确定内训师选拔的具体标准和素质要求。我们在前面已经梳理了内训师的通用素质，主要包括专业技能、企业认知和行业积累三个方面。在具体选拔时，还应该进一步细化，并根据实际情况增加个性化的标准和要求。

（2）公开报名

内训师资格经选拔获得，其选拔前提是个人有足够的意愿成为内训师。企业员工要结合个人经验、兴趣、职业发展方向等因素，综合考虑后，进行公开报名。

（3）评审选拔

培训组织实施部门要进行内训师的评审和选拔工作，根据内训师的主要标准和素质要求，结合报名的个人情况，进行公开、公平、公正的评审和选拔。评审选拔的方式一般主要包括试讲、集体评估、专家评审等方式（见表12-1）。

表12-1　内训师试讲评分表

试讲人		试讲课程	
内容	评分项目	分值	实际得分
课程导入	课程结构介绍	5	
	课程内容导入是否合理	5	
课程内容	层次脉络清晰	10	
	观点正确阐述	10	
	案例、数据、故事、游戏运用	10	
	课堂互动	10	
	课程总结	10	
讲师素质	面部表情	10	
	肢体动作	10	
	语言表达	10	
	时间掌握	10	
总分：		100	
需要改进的部分			
评分人：		日期：	

（4）择优录取

内训师肩负企业理念传播、专业传授、技能培训的重要职责，是企业精神和知识的传播者。因此，选拔内训师时要非常慎重，应该本着宁缺毋滥的原则择优录取。

（5）TTT培训

内训师经选拔录取后，首先需要参加企业的TTT培训（参见知识链接：TTT培训）。

知识链接　TTT培训

> TTT培训是指培训师的培训（Training The Trainers）。该培训旨在提升内训师授课质量，提升培训吸引力，提高员工参与培训的积极性。TTT培训一般包括4个部分，即培训需求调研、授课技能和技巧、课程研发和课件准备。
>
> TTT培训的组织可以由企业派内训师参加外部专业的TTT培训机构组织的相关培训，也可以请专业的TTT培训讲师到企业内部进行专业的培训。
>
> TTT培训日益成为内训师的一项入门培训。而且，这种培训具有通用性。这在某种程度上可以拓宽内训师的职业发展路径，例如在企业曾担任内训师并经过TTT培训和认证的人，可以直接在其他企业担任内训师。

三、内部讲师的认证评估

1.内部讲师的级别划分

在内训师的梯队建设中，重要的一项标准是对内训师的职位级别进行划分，以明确不同级别内训师的标准（见表12-2）。

表12-2 内训师级别划分标准表

评估项目	初级内训师	中级内训师	高级内训师	特级内训师
基础要求	● 在司2年以上 ● 本科及以上学历	● 在司3年以上 ● 本科及以上学历	● 在司5年以上 ● 硕士及以上学历	● 在司8年以上 ● 硕士及以上学历
专业要求	具有某项专业技能 掌握基础授课技巧 TTT认证	● 具有某项专业技能 ● 能形成系统的培训方案 ● 熟练掌握授课技巧	● 深入掌握两种以上专业技能 ● 具有与专题相关的理论研究能力 ● 具有一定的创新性	● 全面掌握多系统相关的专业能力 ● 具有深厚的理论研究功底 ● 理论联系实际 ● 具有创新性与实效性
讲授课程	能系统地讲授一门到两门课程	能够承担某类专题系统培训	能承担两种以上专题系统培训	能承担多种专题系统培训，能辅导内训师
培训教案	内容具有可讲性、文笔流畅、容易理解	培训目的明确，逻辑思路清晰，内容安排合理有序	主题鲜明，课程方向或内容具有新颖性、超前性、创新性	内容丰富、有深度、针对性强、能理论联系实际、具有实效性
授课时数	18小时以上	36小时以上	72小时以上	100小时以上
培训效果评估	平均分值75分以上	平均分值80分以上	平均分值85分以上	平均分值90分以上

从表12-2可以看出，内训师分为4个级别：初级内训师、中级内训师、高级内训师和特级内训师。这类级别划分可以根据企业的需求进行调整，既可以级别少一些，也可以再细化，如每级内训师又细分为不同级别，如中级内训师又可以细分为中-1级、中-2级、中-3级等。

在内训师的级别划分上，还可以用一些细致的项目来评估每级内训师。在表12-2的级别划分表上，分为基础要求、专业要求、讲授课程、培训教案、授课时数、培训效果评估维度，这些是常用的评估项目，企业也可以根据实际情况，增加更多的评估项目，如与管理层级相结合，要求管理人员担任内训师；再如增加不同的课程系列；等等。

2.内部讲师的系列划分

在内训师进行级别划分的基础上，还可以根据企业内训授课的要求划分为不同的系列。在实践中，企业可以通过调研先建立内训课程体系。内训课课程体系一般划分为专业内训课课程体系和公共内训课课程体系。

（1）专业内训课课程体系

专业内训课课程体系建设，可以将各部门、各岗位已经明确的专业知识和专业技能以课程的形式进行萃取与固化。通过培训部门与各部门的沟通和交流，再通过内部深入的研究和探讨，初步形成内训课课程体系的框架。培训部门通过组织专题会议，深入探讨各个课程体系的优势和不足，经过反复研讨和梳理，完成公司整体的课程体系。

（2）公共内训课课程体系

相对于专业内训课课程体系，公共内训课课程体系既要结合企业内部情况，也要学习和引进外部公共资源。培训部门首先要对企业员工展开培训需求调研，在调研的基础上，再根据企业战略规划及目标、年度经营重点、新业务需求、绩效中的薄弱环节等对需求进一步筛选，经由内部研究会议对课程进行反复研究，最终形成公共课程体系。

经验分享　公共课程建设

> 在企业中最常见的公共课就是新员工培训，如果觉得公共课建设难度大，就可以从新员工培训课程建设开始尝试。新员工培训看似非常简单，事实上，却是一个"麻雀虽小、五脏俱全"的公共课。例如，其内容设定可伸缩幅度就非常大，既可以只包括企业文化、制度、产品/服务、基本行为规范，也可以引进如礼仪、沟通、时间管理、情绪管理等更为深入的通用技能，还可以加入专业类的课程，以及引入外部资源，如军训、团队拓展等。

通过课程体系的划分，内训师的级别划分可以结合课程体系（表12-3）进行细化。

表12-3 内训师课程系列级别划分表

课程体系	具体细分	定义	专项课程	内训师等级设置
公共类	通用技能	各岗位均适用的基本技能	礼仪、沟通技巧、时间管理、写作技巧、思维方式、学习方法等	初、中
	管理技能	管理岗位需要掌握的管理技能	计划管理、决策管理、沟通协调、会议管理、执行、情绪管理、团队建设、团队激励等	高、特
	产品培训	公司通用产品介绍	产品知识、服务理念、服务流程等	初、中
	企业文化	公司核心价值观、企业文化等	企业文化、规章制度、流程体系、战略规划等	中、高、特
专业类	×××产业	单独定义	单独定义	单独定义
	×××产业	单独定义	单独定义	单独定义
	×××产业	单独定义	单独定义	单独定义

3.内部讲师的级别评估

在确定内训师的级别后，企业可以建立内部的级别评估机制，以期通过评估达到选新、晋级、淘汰等综合目标。级别评估机制主要包括以下几方面。

（1）日常评估

日常评估主要是对内训师的日常工作情况进行评估和记录，这种日常评估主要来源于内训师的每一次授课和培训的相关记录（表12-4）与效果评估（表12-5）。

表12-4 内训师培训情况记录表

时间	课程名称	具体模块	类别（知识、技能、思维）	培训对象人数	内训师	培训效果评分

表12-5 讲师培训效果评估表

课程名称					
课程日期					
1.您是否知道为什么来参加此次培训?				是	否
2.本培训对您是否有帮助?				是	否
评估项目	很差（2分）、很好（10分）				
课程目标清晰	2	4	6	8	10
内容易懂程度	2	4	6	8	10
课程结构安排合理性	2	4	6	8	10
专业知识讲授清晰度	2	4	6	8	10
专业技能掌握程度	2	4	6	8	10
教学技巧性	2	4	6	8	10
学员参与度	2	4	6	8	10
表达清晰度	2	4	6	8	10
课程进度合理性	2	4	6	8	10
课程资料适用性	2	4	6	8	10
结论：课程总体评价	20	40	60	80	100
对于本次课程的意见和建议：					

（2）认证评估

在内训师评估中，有一项是认证评估。认证评估，即评估候选人是否可以成为内训师以及相应的级别。认证评估可以和年度评估合并进行，也可以单独进行。

认证评估主要是结合前面阐述的内训师选拔流程展开，可以安排在年度中期进行内训师的确立标准、公开报名、评审选拔、择优录取和TTT培训。

（3）年度评估

内训师的年度评估，是指企业定期（一般是年中或年底）进行的内训师评估机制（见表12-6）。年度评估一般由企业的培训部门或企业大学统一组织和安排。年度评估主要是根据内训师的年度授课情况和效果，实现"优升劣汰"，保证内训师队伍的质量和授课效果。

表12-6 内训师年度评估表

内训师基本信息				
姓名		职位		入职时间
内训师级别		授课领域		授课总时长
内训师年度培训效果分析				

授课结果汇总：

授课内容		效果分析			
授课时数	授课内容	培训内容	培训水平	培训形式	培训效果
培训效果统计：					

总体评价：

签字：　　　　　　　日期：

内训师年度综合评定
评审委员会综合意见： 1.降级：由　　级降至　　级； 2.保留原级：即　　； 3.晋级：由　　级升至　　级。 签字：　　　　　　　日期：

经验分享　内训师的定期评估

内训师的定期评估是一种持续积累式的评估，也叫阶段式评估。当企业规模比较大，内训师比较多时，企业可以通过使用信息系统综合记录所有的培训，以信息技术进行跟踪、统计和分析。另外，需要注意的是，定期评估必须与内训师的激励发展相结合，否则评估就会流于形式。只有定期评估和激励发展相结合，内训师的队伍建设才能良性发展。而且，内训师也会付出努力，向更高的级别发展。

四、内部讲师的激励发展

1.内部讲师的激励设计

内训师队伍要想得到充实与发展,优秀的人才不可或缺。如何吸引并保留优秀人才长期留在内训师队伍中发展,全面立体的激励机制就是核心。说到激励机制的设计,不得不提的就是马斯洛的需求层次理论(见图12-2),他在1943年发表的《人类动机的理论》一书中提出了需求层次理论。马斯洛认为,人的需求分为5个层次:生理需求,如吃、喝、住;安全需求,如不被盗窃、没有危险事故等;社交需求,如友谊、归宿感等;尊重需求,如自尊心;自我实现需求,如实现自我价值等。

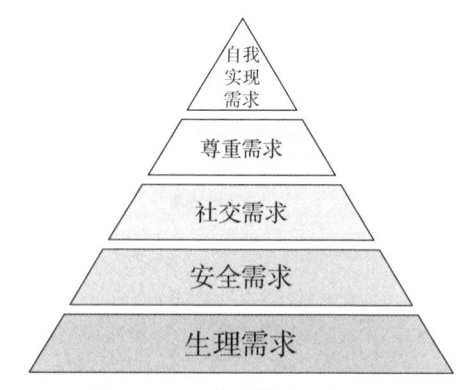

图12-2 马斯洛需求层次理论

结合马斯洛的需求层次理论,我们再来分析激励。一般而言,谈到激励,首先想到的就是金钱。当然,在企业中,薪资是一个基本的保障和激励机制,但对于内训师这样具有一定特殊性的群体,仅有金钱是远远不够的。内训师多是以精神传承、知识传播和经验分享作为主要职责,不仅要有技能和经验,还要爱钻研、善思考,更要爱分享、乐于帮助他人,这些素质缺一不可。可以说,内训师要有高于一般员工和管理层的思想境界,因此,对于内训师的激励也不能仅以金钱为主要激励方式,还要注重建设立体的激励机制。

(1)金钱激励

金钱激励是基础激励。金钱在一定程度上可以让内训师认同其工作。对于讲师费，企业可以根据实际情况进行调整，也可以在对内训师进行细致分类后再确定讲师费的标准。

（2）尊重激励

对于注重精神传承的内训师，尊重激励尤为重要。尊重激励更多的是以荣誉性的激励为主。

（3）成就激励

为了让内训师获得更长远的发展，企业需要加强激发其内在成就感。企业需要根据实际情况设计成就型激励机制。成就激励可以提升内训师的成就感，让其充分思考、提高创新能力。

2.激励内部讲师的措施

对于内训师的全面立体激励，企业需要制定具体的措施并予以落实。下面我们就有针对性地来看一些具体例子。

（1）金钱激励

金钱激励最常见的就是讲师费，因各企业对内训师的定位不同，讲师费可能会有非常大的差异。下面我们通过表12-7来分析某企业的真实例子。

表12-7 内训师讲师费计算表

讲师费	数额（元）	级别系数	系数	课程系数	系数
小时	80	初级内训师	1.0	基本公共课	1.0
		中级内训师	1.5	高级公共课	1.2
		高级内训师	2.5	基础专业课	1.5
		特级内训师	4.0	高级专业课	1.8
计算办法	实际讲师费=课程时间×基础讲师费×级别系数×课程系数					
注意事项： 讲师费为内训师的激励薪资，包含于绩效工资中； 讲师费不影响内训师基本工资和其他福利的发放； 讲师费按月结算，由培训部根据内训情况单独统计确认。					

除了日常的讲师费，还可以设计激励型的讲师奖金，例如，有的企业根据内训师的授课量和学员不记名评价，每年会评选金牌内训师，给予一次性的年度奖金。

（2）尊重激励

尊重激励最常见的形式有证书、奖杯、称号等。例如，某企业内部员工可以通过公司内部培训平台查询某个内训师的等级、授证证书、擅长课程等，这对内训师是一种非常好的荣誉和激励。

另外，还有一些企业为了打造内训师团队的专属感和荣誉感，为内训师配置专属的徽章、工卡，或在内部通信工具上加标签，甚至在公司年会上安排专属座席区等。企业通过多种方式打造内训师的个人品牌。

（3）成就激励

激发内训师成就价值的方式如下。让内训师担任辅导员工、专业评委，评估识别人才，甚至参与绩效考核标准、任务标准的制定，等等。

在成就激励中，还可以与企业内部的职位晋升相挂钩，除了内训师职业等级的晋升，还可以设置双通道职业发展，不能在管理岗位通道上发展的，可以通过内训师在专业通道上获得职业发展。在成就激励中，还可以为内训师设置专门的培训和学习机制。

以上各类激励通过组合可以形成立体的激励机制，形成吸引和保留内训师的良性机制。在此，笔者将这些激励机制汇总并形成内训师激励机制一览表（见表12-8）。

表12-8　内训师激励机制一览表

金钱激励	尊重激励	成就激励
讲师费（不同级别、系数）	证书	设立课程系列
奖金	奖杯	内部晋升
特别奖金	称号	辅导员工
带薪休假	内部宣传	专业会议
特殊津贴	特殊徽章	外出学习
体检	对外宣传	专业论坛
独立办公空间	企业代表人物	内部创业
研究经费	内部刊物	合伙人机制
……	……	……

🔔 在实践工作中运用
第12项精进：培养内部师资

1.请仔细分析马斯洛的需求层次理论，并结合自己的实际情况梳理自己的需求。

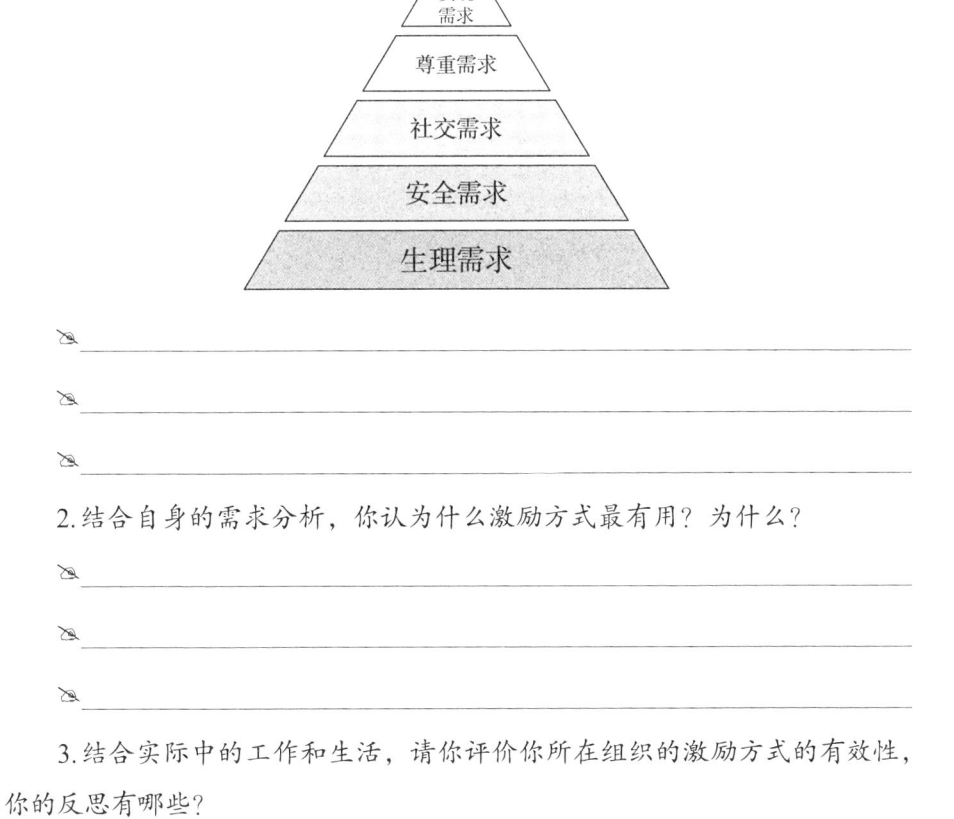

```
        自我
        实现
        需求
       尊重需求
      社交需求
     安全需求
    生理需求
```

✐ _____

✐ _____

✐ _____

2.结合自身的需求分析，你认为什么激励方式最有用？为什么？

✐ _____

✐ _____

✐ _____

3.结合实际中的工作和生活，请你评价你所在组织的激励方式的有效性，你的反思有哪些？

✐ _____

✐ _____

✐ _____

第13项 ｜ 管理课程开发

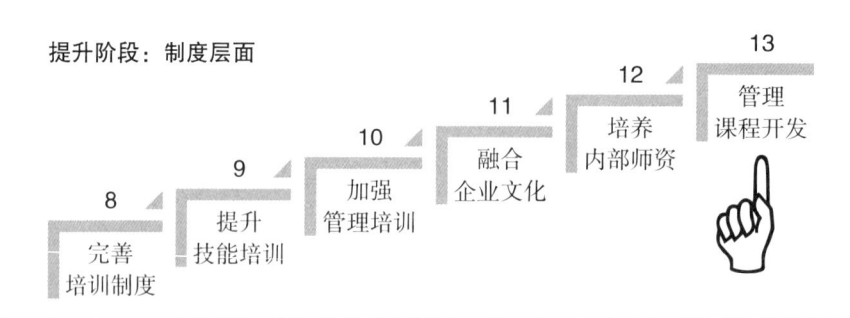

提升阶段：制度层面

8 完善培训制度
9 提升技能培训
10 加强管理培训
11 融合企业文化
12 培养内部师资
13 管理课程开发

通过本项精进，旨在掌握以下方面：
- 课程开发对企业有什么意义
- 课程开发遵循的原则有哪些
- 如何根据内容建设课程体系
- 如何根据岗位建设课程体系
- 课程开发的通用流程是什么

一、课程开发的定义和意义

1.课程开发的定义

课程开发通常是指通过需求分析确定课程目标,根据课程目标选择教学内容,并对相关教学活动进行计划、组织、实施、评价、修订,以最终达到课程目标的整个过程。

2.课程开发的意义

企业培训的有效性归根结底是基于培训课程的成功开发,课程开发对企业培训、企业管理都有重要的意义。

- 培训课程开发的成功与否直接关系到培训效果,进而影响企业的投入与产出。培训课程开发对提高培训质量、企业效率和实现效益具有重要的意义。
- 培训课程开发不仅可以帮助企业实现整体培训目标,还可以帮助员工学习知识、掌握技能。
- 培训课程开发是开发者知识沉淀的过程,企业的课程开发者可以系统地研究知识领域,萃取宝贵的工作经验,建立可动态更新的知识体系,快速成为行业或职业方面的专家。
- 培训课程开发是企业知识管理的过程,企业可以通过培训课程开发系统地梳理、沉淀、萃取企业知识财富,为企业的增值和全员素质提升打下良好的基础,为企业建设学习型组织提供素材;同时,培训课程开发也是双环学习的过程,为企业建立与外部环境的连接,重新评估组织的规范及假定,进而完善企业文化。(参见知识链接:双环学习)

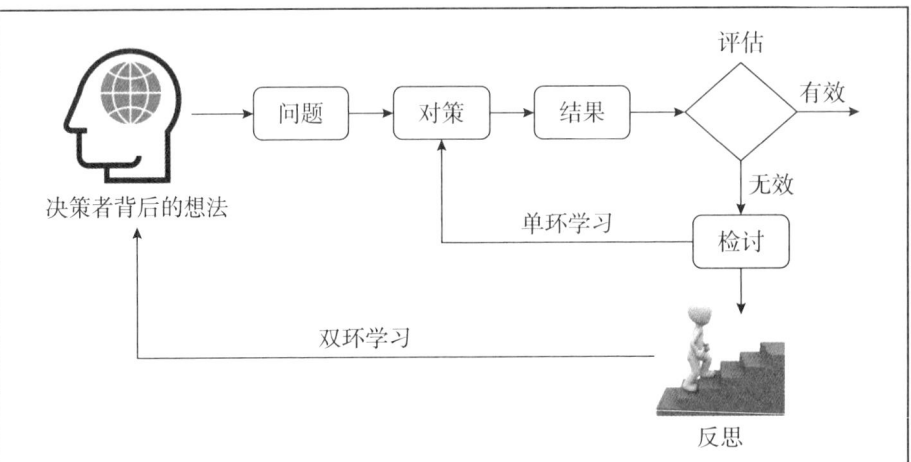

> **知识链接　双环学习**
>
> 流程图：决策者背后的想法 → 问题 → 对策 → 结果 → 评估 → 有效／无效；无效则进入检讨→反思。单环学习：从检讨返回对策；双环学习：从反思返回决策者背后的想法。
>
> 双环学习（Double-loop Learning）由美国心理学家 Argyris 于 1982 年提出，单环学习强调的是对现状的"认知"；双环学习则强调对造成现状原因的反思，而且是从自身出发的反思。
>
> 双环学习涉及组织对外在环境的适应，又称为创造性学习。组织的双环学习是指组织允许其成员在学习过程中对既有组织的规范及假定进行检视与提出质疑，并通过公开对话达成共识，进而改变其组织文化。

二、课程开发的基本原则

实景案例

T公司要加强中层、基层管理的培训，为了提高效率，从外部采购了一批成熟的课件，同时，也聘请了外部讲师进行讲授。但是，经过一轮培训后，公司的中层管理人员均反映管理培训过于僵化，仅仅是灌输管理知识，其中分享的案例都不适用企业的实际情况。鉴于此，企业高层要求形成自有的、适合企业实际发展要求的中基层管理培训课程。于是培训部选拔内部培训师，内部培训师通过梳理、提炼，努力形成有自身特色的管理培训课程。在管理培训课程成体系开发的过程中，企业聘请外部专家参与，将企业自身的管理特点进行凝练，形成了有针对性的管理案例库，结合原有已经购买的课件，加上新的萃取，历经6个月的时间，最终形成了企业自身的系列管理培训课程，再经企业内训师进行消化、吸收，内部重新培训后得到非常好的反响。历经几年，T公司的管理培训已经在行业中非常出名，其他企业都纷纷上门请教学习。

案例启示

在这个案例中，我们可以看到，企业在建设课程体系时，可以从外部采购成熟的课程，也可以自行开发。并不是说所有的外部课程都不能适应企业的需求，但企业在采购时，一定要仔细分析培训的需求。如果企业有足够的实力，可以对课程进行个性化改造，或者，有实力的企业可以组织内部成员，尤其是内训师有体系、有目标地进行课程开发。这类从内部开发出来的课程可以更好地融入企业特点，更适应企业文化及企业成员的学习习惯。如果企业能够在课程开发管理方面更上一层楼，那么企业就可以引导企业管理者和核心岗位成员在日常工作中形成知识、技能积累、萃取的管理机制，日积月累，企业将形成可观的内部知识体系。

开发企业课程需要大量的人力、物力，那么提升资源的利用效率就成为关键。因此，企业在进行课程开发时一定要遵循一些必要的原则。

1.实用性原则

企业课程开发要本着为企业、为员工服务的思想，培训课程开发必须紧紧围绕企业和员工的需求而设计。只有从需求出发的课程，才具有实用性、有效性，才能解决企业的实际问题。

2.系统性原则

企业课程开发是企业知识管理体系建设的过程，即使是只开发一门课程，也要明确课程隶属于企业总体课程体系的位置。课程开发应在企业总体培训课程体系的基本框架内，同时要兼顾该课程与其他课程的关系，要有对应的接口，同时要避免与其他课程存在重复甚至矛盾的地方。同时，对于某个或某系列课程，还要有一个完整的系统，这个系统根据课程的逻辑关系分成相应的部分。

3.适用成人学员原则

企业课程开发与学校课程开发最大的区别就是受训对象不同，企业学员首先是成年人，而且，企业学员多是边干边学，在学中干，在干中学。因此，企业课程开发一定要关注成人学员的学习特点。通过游戏、提问、测试、案例研讨等方式启发成人学员的思维，使其将问题展现出来。成年人喜欢讨论与互动、期待尊重与赏识，所以培训课程要摆脱单纯的讲授式，要注意将课程的内容线与学员的理解线两线并行。企业可以引入多种灵活的互动交流，让学员更多地参与到问题思考、观点提出、理论论证和方法总结的过程中来，充分调动学员的积极性，让学习充满乐趣。

4.重点突出原则

企业课程开发一定要明确该课程所要达成的目标，始终围绕目标，突出重点、有的放矢。课程开发要围绕重点，再展开组织相关的资料、案例等，避免平铺直叙、冗长讲述，或仅是以多个知识点为主来进行课程讲解。

5.内容精练原则

为了便于企业学员理解课程内容，除注重逻辑性、生动性等要素外，还要求课程开发以直接、精练、准确的语言来表述课程内容，力争做到思路清晰、主题鲜明、论证到位，一定要避免因冗繁、重复、交叉、矛盾等现象导致学员思路不清、混淆概念的情况。

经验分享　课程开发专业技能

在实践中，企业统一课程开发也是需要积累的。看似比较简单的课程，可能有工作经验的企业成员开发一门课程难度并不大，但如何能作为企业的知识管理，进行系统的课程体系开发却是非常难的。往往，任由内训师按照自己的理解和风格开发的课程，就会存在体系混乱、内容重叠、表述不清，甚至互相矛盾、相互攻击的结果。所以，企业要进行课程开发，需要先对课程体系进行有目的的规划，然后再落实开发工作。

三、课程开发的体系建设

1. 按内容规划课程体系

企业在进行课程开发时,需要先搭建课程体系。搭建课程体系需要以实践为基础,通过调研,逐步建立。当企业规模不是很大时,内部课程体系建设不需要太过细致和复杂,可以按照内容分为公共类和专业类两大类来建设课程体系(见表13-1)。

表13-1 按类型规划课程体系表

课程体系	具体细分	定义	专项课程
公共类	通用技能	各岗位均适用的基本技能	礼仪、沟通技巧、时间管理、写作技巧、思维方式、学习方法等
	管理技能	管理岗位需要掌握的管理技能	计划管理、决策管理、沟通协调、会议管理、执行、情绪管理、团队建设、团队激励等
	产品培训	公司通用产品介绍	产品知识、服务理念、服务流程等
	企业文化	公司核心价值观、企业文化等	企业文化、规章制度、流程体系、战略规划等
专业类	×××产业	单独定义	单独定义
	×××产业	单独定义	单独定义
	×××产业	单独定义	单独定义

在调研的基础上,企业根据战略规划及目标、年度经营重点、新业务要求、绩效中的薄弱环节等对需求进行进一步筛选,经由内部会议对课程进行反复研究,进而建立公共课程体系。

专业类课程可以分产业类别或分部门对于专业知识和专业技能进行萃取、固化,通过内部会议的沟通和交流,专业类课程体系就逐步形成。之后,再经统一汇总、核查各专业课程,查重、查漏,再进行新一轮的开发、补充,经过反复研讨和梳理,就完成了对专业类课程体系的建立。

2.按岗位规划课程体系

随着企业的不断发展，各岗位系列划分也在不断地完善。在岗位体系建设更加成熟之后，企业可以按照岗位系列规划并搭建课程体系（见表13-2）。

表13-2　各岗位课程体系规划表

岗位类别	岗位级别	具体岗位	专业技能培训	通用技能培训
销售类	高级销售级	销售总监 销售顾问	市场分析培训 销售规划培训 客户管理培训 渠道管理培训	关系维护 影响力 梯队建设 团队激励
	中级销售级	销售部经理 高级销售经理	市场分析培训 目标推动培训 客户关系培训 渠道拓展培训	商务谈判 团队合作 危机应对 团队沟通
	初级销售级	销售经理 （高级）销售代表	产品知识培训 行业市场培训 目标达成培训 客户服务培训	沟通技巧 商务礼仪 积极主动 诚实自律
技术类	高级技术级	技术总监 技术顾问	产品规划培训 新技术培训 行业发展培训	梯队建设 团队激励 影响力
	中级技术级	技术部经理 项目经理 高级技术工程师	行业发展培训 专业技术培训 效率提升培训 客户关系培训	流程优化 创新变革 团队合作 团队沟通
	初级技术级	中级技术工程师 初级技术工程师 助理工程师	专业知识培训 专业技术培训 开发流程培训 质量管理培训	标准培训 安全培训 沟通技巧 诚实自律
职能类	高级职能级	财务/人事/其他总监 财务/人事/其他顾问	职能管理规划培训 职能发展培训 业务战略培训	梯队建设 团队激励 影响力
	中级职能级	财务/人事/其他部经理 专业（审计/薪酬等）经理	行业发展培训 职能专业培训 质量管理培训 产品业务培训	标准管理 团队合作 团队沟通

续表

岗位类别	岗位级别	具体岗位	专业技能培训	通用技能培训
	初级职能级	主管会计/人事主管/其他主管 会计/人事专员/其他专员 出纳/人事助理/其他助理	职能知识培训 职能专业培训 内部流程培训 规章制度培训	服务心态 沟通技巧 商务礼仪 诚实自律
生产类	高级生产级	生产总监 高级生产顾问	生产规划培训 行业发展培训 工艺革新培训	梯队建设 团队激励 影响力
	中级生产级	生产部经理 生产顾问 厂长 高级生产主管	行业发展培训 生产技术培训 质量管理培训 精益生产培训	标准固化 流程优化 团队合作 团队沟通
	初级生产级	生产主管 生产操作工	生产技术培训 质量管理培训 生产工艺培训	安全培训 标准培训

另外，由于管理岗位具有通用性，可以单独建立一套管理岗位的课程体系规划（见表13-3），在管理岗位课程规划中，可以按照初级管理、中级管理、高级管理分不同级别对具体课程进行规划；也可以根据企业的管理级别进行更为细致的课程体系规划。

表13-3 管理岗位课程体系规划表

岗位级别	培训课程	培训目标	课程内容
初级管理	管理角色认知	转换角色、明确职责 更新工作模式	理解管理角色 角色转换困难 实现角色转换
	目标计划管理	辨别方向、明晰重点 明确团队目标	制定目标计划 分解目标计划 评估目标计划
	员工识别技能	了解团队、准确判断 成员合理定位	识别人员要点 面试人员要点 测试人员要点
	分工授权技能	合理分工、有效授权 团队力量聚合	识别员工状态 进行合理分工 选择授权模式

续表

岗位级别	培训课程	培训目标	课程内容
	员工培养辅导	解决问题、辅导技能 提升团队能力	人员培养方法 教练辅导技术 职业生涯规划
	员工激励管理	精神引导、激发行为 提升团队绩效	员工激励方法 物质精神激励 绩效面谈技术
中级管理	时间管理技能	紧急重要、合理分配 高效时间运用	时间的四象限 时间管理技巧 深度工作法则
	情绪压力管理	控制情绪、激发潜能 提升精神层次	认知情绪来源 压力与情绪 情绪化解转移
	沟通管理技能	倾听观察、换位理解 形成团队共识	认知沟通类型 掌握沟通技巧 工作沟通法则
	会议管理技能	有效组织、现场调动 落实高效决策	会议前的准备 会议现场组织 会议后的跟踪
	成本管理技能	收支平衡、成本控制 有效管理支持	企业成本分析 计划预算工作 成本控制技巧
	项目管理技能	有效计划、过程管理 项目成功交付	项目计划管理 项目成本管理 项目人员管理
高级管理	战略管理技能	设计方向、明确战略 确保不断发展	战略设计方法 战略落地技巧
	变革管理技能	积极创新、拥抱变革 建设学习型组织	组织变革方法 内部创新实践
	决策管理技能	全面评估、有效决策 提升决策效能	科学决策方法 关键事件决策
	流程管理技能	不断优化、节约资源 促进流程管理	流程完善技术 流程优化方法
	财务管理技能	成本优化、投资融资 优化财务资本	成本优化技能 投资融资方法
	人本管理技能	选用育留、人才管理 提升人力资本	人才培养体系 人才激励创新

四、课程开发的管理流程

在规划好课程体系之后,就进入课程开发环节。课程开发也是一项专业技能,原则上要对内训师进行统一的课程开发专业培训。一般而言,课程开发流程如图13-1所示,主要分为需求分析及目标确定、纲要及逻辑设定、内容编写与修改、检查与审核、试讲与优化、定版与修订六步。

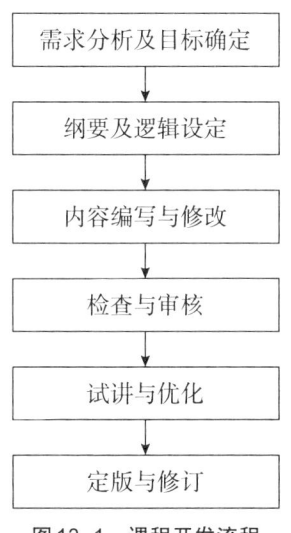

图13-1　课程开发流程

1.需求分析及目标确定

课程开发的第一步是课程的需求分析及目标确定。企业内训课程主要面向企业内部人员的素质提升和工作能力改进,因此,每一门课程需要有明确的需求分析,一定要紧扣实际工作的需求,紧紧围绕需求确定具体的课程目标。原则上需求分析及目标确定需要先经过审核,才能进行下一步的课程开发工作。

2.纲要及逻辑设定

在需求分析及目标确定的基础上,课程开发者需要明确课程的主题(名称)、课程的大纲及主要的课程逻辑(见图13-2)。

图 13-2　课程大纲与逻辑

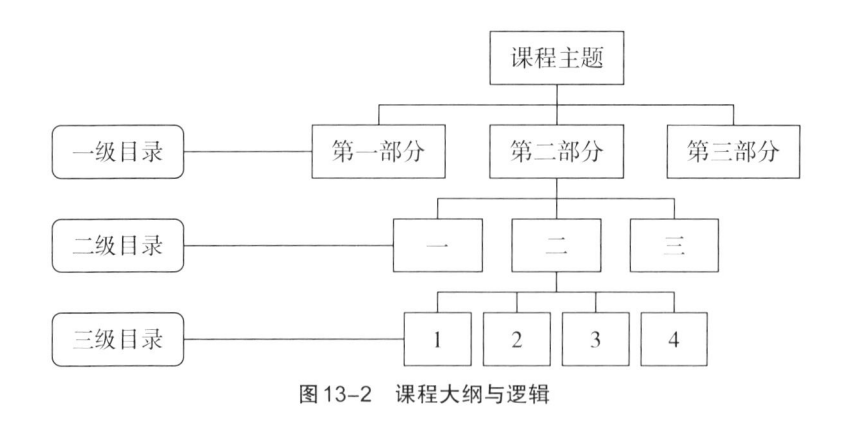

3. 内容编写与修改

在确定课程主题、大纲与逻辑之后，就需要进入主要内容的编写与修改之中。在这一步需要先收集大量的资料，根据课程的主要内容与受训对象，需要对课程内容按照逻辑进行分类整理、归纳，逐步形成具体的内容；同时，还要根据成年人学习的特点，根据每章节的内容加入适度的互动或游戏化的学习方式，让每个章节的内容都能以生动的方式落实教学，提高学员的参与度。

课程内容的编写需要形成相应的教案、教学PPT、案例、教具等具体的教学资料。

4. 检查与审核

在形成课程内容及相关教学资料后，要进行交叉检查与内部审核。

交叉检查可以由不同开发者或同一级的开发者进行内部检查，也可以由相关的使用者组织专业的内部审核会议进行检查与审核。

检查与审核的主要目标是确定该课程符合课程设计的需求和主要目标，同时内容清晰、逻辑通畅，课程内容中有适度的互动、符合成年人学习的原则等。

5. 试讲与优化

通过检查与审核后，可以由内训师进行课程的内部试讲。试讲时一定要有真实的学员在现场，而不是讲师单独讲解；同时，可以由专业的内训师导师或专家在现场指导。在试讲中或试讲后，要对学员的培训效果进行调查，至少要调查学员的现场反应及学习效果，同时，要求学员对课程目标、课程主题、课程具体内容和主讲老师进行反馈。通过学员反馈，可以对课程进行进一步的优化。

6.定版与修订

通过试讲与优化后，课程就可以定版。课程定版后，可以输出完整的课程介绍及课程支撑资料。通过后续的课程讲解，在其过程中，可以不断地为课程增加资料、案例，以及根据学员反馈适度增减相关内容。在这个过程中，要注意课程版本的管理。

🔔 在实践工作中运用
第13项精进：管理课程开发

请尝试以自己过往的经验，围绕讲授一节课做出课程大纲与逻辑图，并分享给他人。

课程大纲与逻辑图

通过做课程大纲、逻辑图及与他人的分享，你的反思是什么？

✏ _____

✏ _____

✏ _____

精通阶段
战略层面

精通阶段是培训管理的拔高，主要侧重于战略层面的关键工作，包括14—18项精进：（14）搭建人才梯队；（15）建设企业大学；（16）创新培训模式；（17）对接战略绩效；（18）掌握培训趋势。精通阶段的内容主要面向培训管理的高级人员，如培训高级经理/总监，或者适用于人力资源管理高级知识的学习。

- 如何认识培训的发展趋势？
- 如何将培训对接企业战略？
- 如何能不断创新培训模式？
- 如何规划建设好企业大学？
- 如何搭建好人才培养体系？

对接战略绩效	掌握培训趋势	
搭建人才梯队	建设企业大学	创新培训模式

精通阶段：战略层面

培训高级经理/总监的职责通常包括：审批培训计划预算；完善企业培训管理体系、提升企业内部技能培训体系、不断创新培训模式；监控并提升培训整体效果、对接企业经营战略、促进企业绩效达成；建设企业内部人才培养体系、完善企业内部课程体系；规划创建企业大学；及时跟进掌握培训发展趋势等。

第14项 ｜ 搭建人才梯队

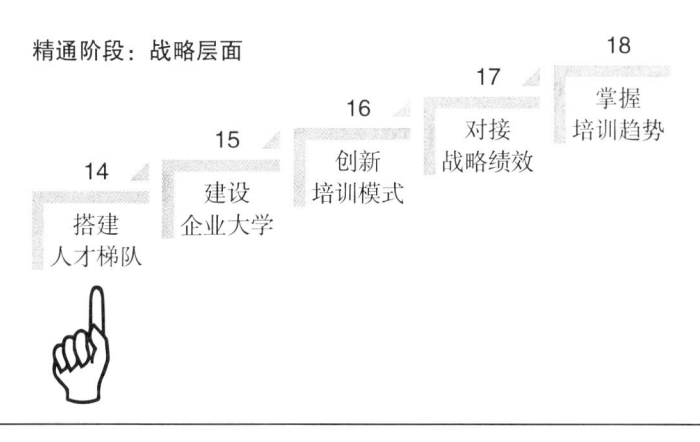

精通阶段：战略层面

- 14 搭建人才梯队
- 15 建设企业大学
- 16 创新培训模式
- 17 对接战略绩效
- 18 掌握培训趋势

通过本项精进，旨在掌握以下方面：
- 如何落实实施人才梯队建设
- 人才盘点主要包括哪些内容
- 如何分阶段实施好人才盘点
- 职业生涯规划对企业的意义
- 企业如何实施职业生涯规划

一、搭建人才培养体系

实景案例

N企业是一家已经成立20多年的传统制造型企业，人员规模有几百人。近几年，该企业出现了人员老化的问题，在职员工多为企业创业时期的老员工，他们在创新、引进新产品方面有所欠缺。企业负责人王总要求人力资源部招聘年轻员工，但年轻员工在招聘进来后，又产生了新的问题——刚入职的年轻员工的薪资比老员工的薪资高，老员工对此非常不满。即使是给了高薪资，年轻员工的离职率也非常高。年轻员工的入离职也引起了老员工的不稳定，有些核心骨干也纷纷提出离职。王总为此感到头疼，给一些核心骨干统一涨了薪，但仍然不稳定，部分人员还是走了，因为竞争对手开出2—3倍的工资。随着年轻员工离职、部分老的核心骨干离开，N企业人才流失越发严重，已经出现全年招聘，但全年岗位空缺率很高的状态。由于高流动率，新招聘的员工无人管理、领导，更加速了离职，N企业的人力资源陷入恶性循环之中。

案例启示

通过以上案例我们可以看出，人才培养机制在企业中具有未雨绸缪的重要性。如果没有面向企业未来发展的人才引进和培养机制，就会面临上述案例中企业的困境。如果没有有计划地引进新员工，形成员工的层次，就会出现人才断层的现象，就如案例中，企业的老员工多、新员工少，人才断层会对企业转型、新技术应用等形成障碍。另外，建设人才梯队需要一个较长的过程，需要有规划、有积累、有落实，并不是一蹴而就的，甚至在建设、转型过程中还有不断调整的痛苦时期，会形成人才流失加剧、员工忠诚度下降和企业凝聚力不足的局面。所以，人才梯队建设要提前规划、提前准备，在企业发展过程中要不断地居安思危、逐步积累，在长期积累中形成人才队伍的坚实发展。

企业人才培养体系是一个系统工程，小到一次新员工培训、部门复盘会议，大到企业大学、后备人才梯队建设，都可以说是企业人才培养体系的一部分。下面主要介绍企业人才培养体系常使用的三个工具。

1.人才梯队建设

人才梯队建设是有目的的人才培养机制，主要着眼于培养接班人、做好人才储备，其中包括人才盘点、人才评估、人才培养、人才选拔、人才发展等具体模块。

2.人才盘点

人才盘点是全面评估人才，是人才培养、人才选拔的基础，包括组织盘点和人才盘点两部分。一般人才盘点包括组织盘点、人才现状、人才评估、人才发展4个阶段。

3.职业生涯规划

职业生涯规划既是员工个人发展的需要，也是组织人才培养的需要。企业职业生涯规划管理工作一般包括职业生涯诊断、职业生涯发展目标及成功标准、职业生涯发展策略和职业生涯实施管理4个阶段。

二、人才梯队建设与培训

1.人才梯队建设的意义

人才梯队建设是指组织有计划地根据发展需要，对现有人才进行培养，未雨绸缪地培养接班人、做好人才储备，为实现组织愿景和战略目标提供坚实的人才保障。通过培训，人才水平有所不同，就如有高有低的梯子，我们因此形象地称其为人才梯队建设。

人才梯队建设在企业管理和人力资源管理中具有非常重要的作用，也具有重要的意义。

（1）对企业现有人才进行盘点，深入梳理现有人才的数量与质量。

人才梯队建设的基础是对企业现有人才进行梳理。只有与企业发展所需要的人才进行对比，才能找到差距。通过人才盘点，企业可以深入地了解现有人才的情况。

（2）持续的人力资源供给，为企业发展提供动力。

企业通过人才梯队建设能极大地增强人力资源弹性，满足企业人力资源的供给，保证企业的发展。

（3）有利于提高企业整体绩效，增强企业凝聚力。

企业人才梯队建设可以对员工形成激励作用，促进员工不断地提升与成长，在企业中形成一种潜移默化的凝聚力，提高企业整体绩效，同时，也稳定员工队伍。

（4）引导员工进行职业生涯规划，为员工提供发展空间，提升员工的归属感和忠诚度。

在人才梯队建设的过程中，企业让员工不断地进行职业生涯规划，看到自己的职业发展空间，使其不断地提升自我技能和综合素养。这不仅可以满足员工的需求，也可以提升员工的归属感和忠诚度。

从整体来看，人才梯队建设可以帮助企业培养其所需的人才，实现4个方面的转变。

（1）从被动转向主动

企业从原来被动地依据工作岗位招聘选拔人才，转向主动地依据战略发展需要选拔人才。

（2）从外部转向内部

企业从原来出现人才缺口向外部寻找人才，转向重视内部关键人才的选拔与培养，并与外部引进战略储备型人才相结合的人才管理模式。

（3）从现在转向未来

企业从满足当前经营需要的人才，转向满足未来竞争优势、实现愿景的人才培养。

（4）从单一转向多层

企业从几个部门、少数人才的培养，转向有规划地进行各个层次、各个序列的人才培养机制。

2. 人才梯队建设的原则

人才梯队建设关系到企业未来发展所需的人才储备，人才梯队建设须遵循以下原则。

（1）公开选拔原则

人才梯队建设通过内外部公开竞聘打开人才选择的视野，在更大范围内择优选拔人才。

（2）综合评估原则

人才梯队建设既注重个人历史业绩，又注重未来的发展潜能；既注重个人的实际能力，又注重个人品德、敬业精神。

（3）动态调整原则

人才梯队建设中的关键人才实行动态管理，结合定期考核评估情况，每年动态调整。

（4）层次优化原则

人才梯队建设以企业发展为导向，不断优化人才专业结构，兼顾知识、技能优化，形成合理的人才梯队。

（5）发展导向原则

人才梯队建设始终要围绕企业发展的愿景和战略，以战略目标统筹规划人才梯队建设，选拔培养符合企业发展需求的人才。

3. 人才梯队建设的模型

人才梯队建设是一项大型工程，涉及企业管理的方方面面。一般而言，人才梯队建设按照系统的思路展开，即人才梯队建设的流程（见图14-1）。

```
        ┌────────┐
        │ 战略目标 │
        └────┬───┘
             ↓
        ┌────────┐
        │ 关键任务 │
        └────┬───┘
             ↓
        ┌────────┐
    ┌──→│ 人才盘点 │
    │   └────────┘
    │              ↘
┌────────┐      ┌────────┐
│ 人才发展 │      │ 人才评估 │
└────────┘      └────────┘
    ↑              ↓
┌────────┐   ┌────────┐
│ 人才选拔 │ ← │ 人才培养 │
└────────┘   └────────┘
```

图 14-1 人才梯队建设流程

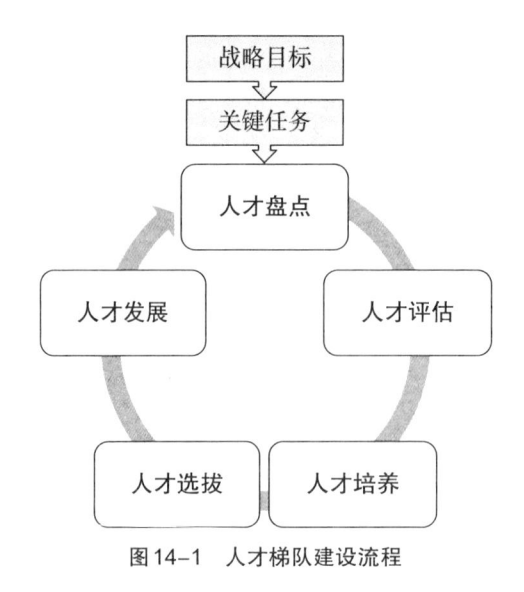

（1）明确关键任务

明确关键任务是人才梯队建设的首要环节，是其他工作的基础。关键任务来源于企业的战略分析，通过分析企业战略，形成企业的发展目标，再依据发展目标提炼出企业阶段性的关键任务。关键任务不宜过多，要集中主要力量突破重点任务以取得实质性的发展。

（2）进行人才盘点

人才盘点是人才梯队建设的基础，只有对人才现状进行清晰的了解、分析，对现有人才进行准确的测量、评估，才能明确现有人才与组织需求之间的差距，明确人才发展计划、组织培养计划及人才引进计划。

（3）进行人才评估

人才评估工作可以与人才盘点一同进行或单独进行，若一同进行，即在人才盘点中对于人才现状进行分析、人才测评后，直接进行绩效和能力的各种评估工作，进而直接形成个人发展和组织培养计划。两项若分别进行，人才盘点则更侧重对人才现状的分析和测评，在此基础上，人才评估单独对人才的绩效和能力进行各种专业评估。

（4）落实人才培养

通过人才盘点和人才评估，明确了个人发展计划和组织培养计划后，按照计划进行落实，并在过程中保证有组织、有领导、有控制。

(5)进行人才选拔

对人才进行阶段性培养后,要对优秀人才进行选拔,要给予职位、薪资、福利、股权、荣誉等方面的激励。

(6)人才滚动发展

人才梯队建设不是一蹴而就的,需要长期积累才可以见成效。人才发展也是在积累中阶梯性地成长,因此在人才选拔后要进行新一轮的培养,与人才盘点形成闭环。

4.人才梯队建设的落实

企业可以根据实际情况将人才梯队建设模型按照具体时间或阶段得以落实。我们根据图14-2分析某企业实例。

阶段	步骤	时间安排
对接战略	制定战略目标	11月制定企业战略目标
	明确关键任务	12月确定关键任务
人才盘点 人才评估	盘点人才现状	1月进行绩效考核、内部全面人才盘点
	评估关键人才	2月根据人才盘点、考核,评识关键人才
人才培养	制定发展计划	3月沟通、职业生涯规划、制定发展计划
	落实培养计划	4—9月落实发展计划、辅导成长
人才选拔	合适人才提升	10月合适人才提升
人才发展	辅导人才成长	10—12月辅导人才成长
	规划发展路径	1月再次人才盘点、规划发展路径

图14-2 人才梯队建设的落实

在这个实例中,我们可以看到,人才梯队建设并不是虚的口号或规划,而是与实践工作密切结合的,而且能够落实到具体可操作的程度。

5.人才梯队建设与培训

从大的方面来看,人才梯队建设可以看作是整体人才培养、培训的一个机制，反过来看，培训也是人才梯队建设的主要内容和有力支撑。其实，人才梯队建设中对接战略（制定战略目标、明确关键任务）和人才盘点、人才评估（盘点人才现状、评估关键人才），就是培训需求分析中的组织需求分析和人员需求分析。制定发展计划与培训计划是完全融合在一起的。落实人才培养计划，其实就是培训的组织实施与评估，也是下一轮培训需求分析的开始。因此，人才梯队建设与培训是一个不可分割的整体。

三、企业人才盘点与培训

1.人才盘点的目标与意义

人才盘点也叫作全面人才评价，是对组织和人才进行系统管理的过程。在此过程中，对组织架构、人员配比、人才绩效、关键岗位、关键人才发展等进行深入探讨，并制定详细的组织行动计划，以确保组织有适合的结构和匹配的人才，落实组织的业务战略，实现可持续增长。

人才盘点是中间产品，不是最终结果。企业人力资源管理的一些重大决策需要通过人才盘点来实现，包括人才招聘引进、人才梯队建设、人才培养发展、人员淘汰等。总体来说，人才盘点的主要目标包括以下几方面。

一是根据公司战略梳理现有人才，明确下一步需要招聘引进的人才，并提供候选人。

二是作为人才梯队建设的基础，明确人才培养发展目标，为组织提供充足的人才供给。

三是明确员工个人核心竞争力，为员工提供有效的职业发展道路。

对企业来说，人才盘点工作具有非常重要的意义，具体如下。

（1）支撑企业战略发展

人才梯队建设、人才发展是为了支撑组织发展、实现组织愿景，而人才盘点是人才梯队建设、人才发展的基础和保障。因此，人才盘点必须源于企业战略分析，基于当前与未来的组织架构、岗位设置等各方面的情况，明确组织需要什么样的人才队伍来匹配。

（2）摸清企业人才现状

通过企业人才盘点可以清晰地了解是否有充分的人才储备，明确企业人才队伍的优劣势，掌握未来需要什么样的人才，如何去培养和任用人才。

（3）发掘企业高潜人才

企业人才盘点不仅能了解人才队伍的现状，还能挖掘企业中具有高潜质的人才。高潜人才对企业的未来发展至关重要。

知识链接　优势发现

> 优势发现（Strengths Finder）是源于盖洛普公司高级副总裁马库斯·白金汉（Marcus Bukingham）与人合著的《首先，打破一切常规》一书。该书是长达25年、耗资数百万美元的研究成果，旨在识别最普遍的人类优势。该书列出34个主导"主题"及其成千上万的组合，并揭示如何最有效地将它们转化为个人和事业的成功。在开发这一方案过程中，盖洛普对200多万人进行了心理测试，继而帮助读者学会关注和增强这些主题。

（4）明确人才发展计划

企业根据战略发展需要和目前的人才现状、高潜人才，可以拟定人才规划，包括人才的引进、晋升、流动、培养、激励等，进而形成人才发展计划。

综合来看，企业人才盘点以战略发展人才需求为导向，将人力资源系统性地整合起来，使任职资格与绩效考核、人才选拔与人才培养、人才评估与人才发展等有机联合在一起，形成一个整体，使人力资源管理成为支撑企业发展、实现企业愿景的有力保障。

2. 人才盘点的原则

人才盘点作为企业人力资源管理的重点工作，一般需遵循以下几个原则。

（1）战略导向原则

人才盘点一定要坚持企业战略导向的原则。建设人才梯队、引进战略人才、促进人才发展等工作均需要企业投入资源，而且这些投入是大量的、长期的，必须以企业的战略发展方向为导向,而不能片面地只为了人才盘点而盘点。

(2)全面关注原则

人才盘点不仅需要深度了解现有的人才状况,还要关注企业未来发展的人才需求;不仅要评估人才过去和现在的业绩状况,还要关注人才的潜能和未来成长。因此,人才盘点的落实要把握全面关注原则,不可只片面注重现有人才情况和过去的业绩。

(3)定性定量原则

在人才盘点的结果中,如人员数量、成本、结构等是可量化的。对于这些结果,我们可以进行定量分析。但人才不仅仅是用数字衡量的,在评估人才业绩、潜能、未来发展等方面,还需要使用定性评估。此外,人才盘点是动态的、循环的,并不是一成不变的,这就需要我们结合定量和定性两种方法开展工作。

(4)上下互动原则

企业的人才盘点是人才梯队建设、人力资源规划的重要基础,一定要实行自上而下和自下而上的互动过程,如果只有自上而下,容易导致人才发展与战略发生偏差;如果只有自下而上,会出现人才数量膨胀和成本的意识不强等问题。

3.人才盘点的内容

人才盘点对企业管理与发展具有重要意义,一般而言,企业人才盘点的主要内容包括组织盘点和人才盘点两部分,人才盘点源于组织盘点,组织盘点源于组织战略目标(见图14-3)。

人才盘点

组织盘点：
- 组织的战略目标是什么?
- 组织的关键任务是什么?
- 组织的机构是否适用?
- 组织的人员配置/成本是否适当?
- 组织的关键岗位有哪些?
- 组织的关键岗位素质是什么?

人才盘点：
- 人才的现有状况如何(数量/结构)?
- 如何评估现有人才(业绩/潜能)?
- 现有人才与组织发展需求的差异(人才满足率/差异)?
- 人才发展有哪些计划?
- 组织需要对现有人才进行哪些培养?
- 组织需要引进哪些人才?

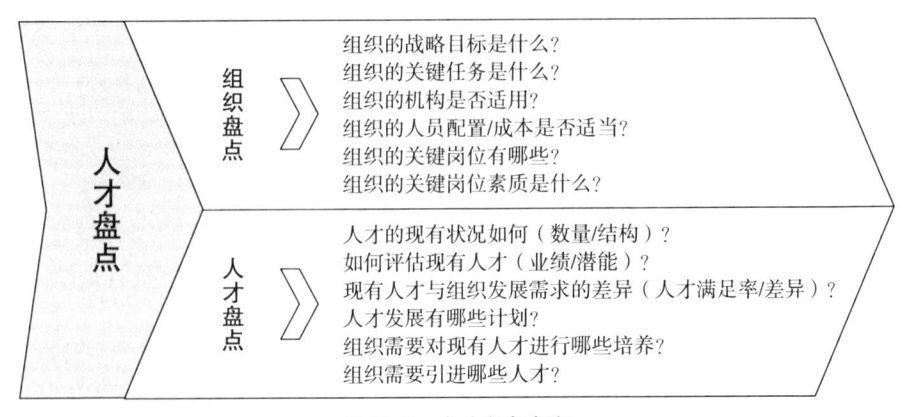

图14-3 人才盘点内容

根据人才盘点的主要问题，也可以根据组织的具体情况再细化内容（见表14-1）。这些详细内容也可以定期根据组织或人才的实际需求、盘点时的具体投入情况而确定。

表14-1 人才盘点详细内容

类型	主要问题	详细内容
组织盘点	组织的战略目标是什么？	战略分析 战略目标
	组织的关键任务是什么？	支撑战略目标的关键任务 关键任务的分解
	组织的机构是否适用？	支撑关键任务的组织机构 组织机构的调整
	组织的人员配置/成本是否适当？	人员配置是否适当 人工成本是否适当
	组织的关键岗位有哪些？	支撑关键任务的关键岗位 关键岗位的演变
	组织的关键岗位素质是什么？	关键岗位的关键素质要求 关键岗位的能力/潜能等要求
人才盘点	人才的现有状况如何（数量/结构）？	基本情况（年龄、性别、学历、岗位、工作年限等） 流动情况（入职、离职、转正、调动）
	如何评估现有人才（业绩/潜能）？	业绩评估 能力/潜能评估 工作状态评估
	现有人才与组织发展需求的差异（人才满足率/差异）？	现有人才满足率 人才差异/空岗/需求
	人才发展有哪些计划？	个人发展规划 个人提升计划
	组织需要对现有人才进行哪些培养？	组织培养计划 组织资源提供
	组织需要引进哪些人才？	组织人才引进计划

4.人才盘点的流程

人才盘点的流程主要分为4个阶段、8个方面，并形成相应的成果（见图

14-4）。

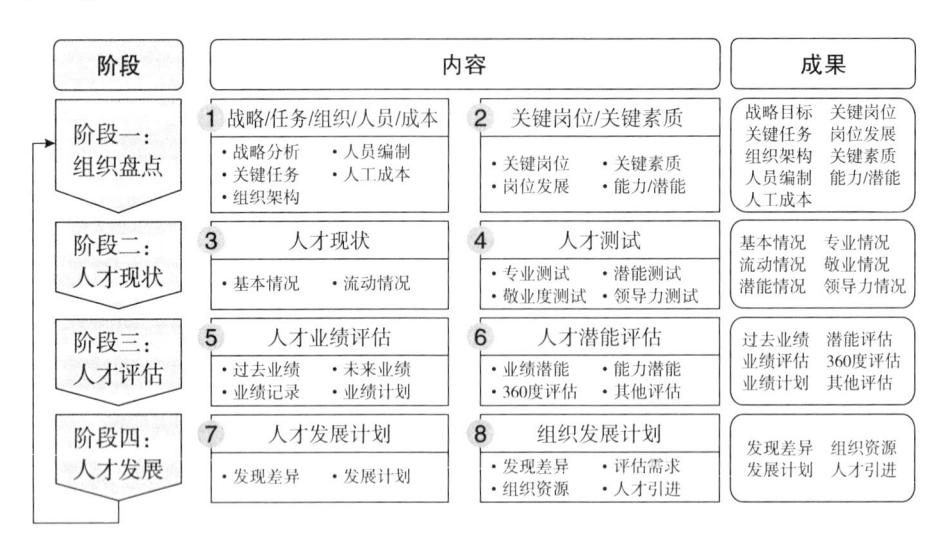

阶段	内容	成果
阶段一：组织盘点	1 战略/任务/组织/人员/成本 ·战略分析 ·人员编制 ·关键任务 ·人工成本 ·组织架构	2 关键岗位/关键素质 ·关键岗位 ·关键素质 ·岗位发展 ·能力/潜能	战略目标 关键岗位 关键任务 岗位发展 组织架构 关键素质 人员编制 能力/潜能 人工成本
阶段二：人才现状	3 人才现状 ·基本情况 ·流动情况	4 人才测试 ·专业测试 ·潜能测试 ·敬业度测试 ·领导力测试	基本情况 专业情况 流动情况 敬业情况 潜能情况 领导力情况
阶段三：人才评估	5 人才业绩评估 ·过去业绩 ·未来业绩 ·业绩记录 ·业绩计划	6 人才潜能评估 ·业绩潜能 ·能力潜能 ·360度评估 ·其他评估	过去业绩 潜能评估 业绩评估 360度评估 业绩计划 其他评估
阶段四：人才发展	7 人才发展计划 ·发现差异 ·发展计划	8 组织发展计划 ·发现差异 ·评估需求 ·组织资源 ·人才引进	发现差异 组织资源 发展计划 人才引进

图 14-4 人才盘点的流程

第一阶段：组织盘点

这个阶段主要分为两项内容，包括进行组织的战略分析、确定关键任务、梳理组织架构、核查人员编制及人工成本；另外就是确定关键岗位、岗位发展，关键岗位的关键素质、能力/潜能要求等。

第二阶段：人才现状

这个阶段主要分为两项内容，包括对人才基本情况、流动情况进行分析；另外就是对现有人才进行测试，测试可以根据企业的实际需要与成本承受情况进行。

第三阶段：人才评估

可以用360度评估方式，通过在公司内选择与员工工作有直接联系的上级、同事、下级等对员工的行为表现进行评估打分，可以全方位地了解该员工的工作表现；另外可以对员工的潜能进行评估；两项形成绩效—潜能九宫格。这时，也可以引进外部专家或专业供应商协助进行评估。

第四阶段：人才发展

根据前三项的盘点，在这一阶段可以形成个人发展计划和组织培养计划、人才引进计划等，也可以形成评估成果，确定个人和组织与需求的差异，进而明确差异弥补的方式与落实计划。

5.人才盘点与培训

人才盘点可以视为人才梯队建设的一个环节。企业在进行人才盘点时，可以从更加细致的层面对组织需求进行梳理，也可以对人才现状和需求进行更深入的分析。

人才盘点也可以视为一个独立的系统，包括组织需求分析、人才现状分析以及后续的人才评估和人才发展。从这个角度来看，人才盘点也如人才梯队建设一样，与培训是融为一体的。

四、职业生涯规划与培训

1.职业生涯规划的目标与意义

职业生涯规划（Career Planning），又称为职业规划、生涯规划、人生规划，指个人与组织相结合，在对一个人职业生涯的主客观条件进行测定、分析、总结的基础上，对自己的兴趣、爱好、能力、特点进行综合分析与权衡，结合环境特点，根据自己的职业倾向，确定最佳的职业奋斗目标，并为实现这一目标做出行之有效的安排。一个完整的职业规划由职业定位、目标设定和通道设计3个要素构成。

从个人角度来讲，职业生涯规划的目的主要是找到适合的工作和求得职业发展。从组织的角度来讲，职业生涯规划的目的有2个：一是做好人岗匹配工作，将合适的人才放到合适的岗位上；二是促成人才培养，让员工与组织共同发展，实现双赢。

企业对员工职业生涯规划进行有效管理，会带来以下3方面的积极效果。

一是可以更深入地了解员工的兴趣、愿望、理想，使其能够感觉到自己是受到重视的，从而发挥更大的作用。

二是管理者和员工有时间进行深入沟通，有助于了解员工希望达到的目的。管理者可以根据具体情况来安排对员工的培训，也可以为员工提供相应的辅导。

三是可以适时地用各种方法引导员工进入相应的工作领域，从而使个人目标和企业目标更好地统一起来，能够使员工看到自己的希望、目标，从而达到稳定员工队伍的目的。

2.职业生涯规划的内容

企业需要有计划地对员工职业生涯进行规划。一般而言，职业生涯规划主要分为以下4步，具体如下。

第一步：职业生涯诊断

职业生涯诊断包括4个方面：自我分析、环境分析、关键成就因素分析和关键问题分析。通过分析，我们可以全面清晰地进行自我诊断。

第二步：确定职业生涯发展目标和成功标准

企业在确定职业生涯发展目标和成功标准时，需要确定职业生涯发展周期、职业生涯发展目标（明确职业取向）和职业生涯成功的标准（职业锚）。

第三步：确定职业生涯发展策略

在确定职业生涯发展策略时，需要明确职业生涯发展的途径，包括组织内部发展、组织外部发展，明确职业生涯发展需要转换的角色，明确职业生涯发展所需的能力转换。

第四步：职业生涯实施管理

组织制定职业生涯发展的方案，形成职业生涯发展指导手册，具体落实个人的职业生涯规划表（见表14-2）。

表14-2 职业生涯规划表

姓名		性别		年龄	
现工作部门		现任职位		任职年限	
个人因素分析结果					
环境因素分析结果					
职业选择					
生涯路线选择					
职业生涯目标	长期目标		完成时间		
	中期目标		完成时间		
	短期目标		完成时间		
完成短期目标的计划与措施					
完成中期目标的计划与措施					

续表

完成长期目标的计划与措施	
所在部门主管审核意见	
人力资源部审核意见	

3.职业生涯规划与培训

职业生涯规划与培训密不可分，培训的主要目标是使受训者得到提升与发展，而职业生涯规划恰好是从员工个人的角度明确发展目标。如果员工有明确的目标，那么企业的培训投入就会有不错的效果。而且，企业从组织角度协助员工规划职业生涯，更有助于其在培训上有的放矢，获得双赢的效果。

经验分享　人才培养不同系统与同一性

不同的企业可能会选择不同的人才培养项目，甚至会冠以不同的名义，但不论哪一种人才培养系统，终究是企业与员工共同确定目标，并共同为发展而努力的过程。虽然名称可能不同，但在建设人才培养体系或实施人才培养项目时，一定要注意的是，从企业的战略目标出发，逐步分解，在此过程中发现关键人才、关键素质，并与核心人才达成一致、共同发展；切不可只从企业角度出发，仅凭一个口号、一阵热度就盲目投入人才培养，也不能只从员工发展考虑，或只培训不激励，这两种做法都会造成资源大量浪费的现象。

🔔 在实践工作中运用
第14项精进：搭建人才梯队

1. 请写出你自己以及熟悉的三个人的优势。

人物	简要情况	主要优势
我		

你有什么反思？

✎ _____

✎ _____

✎ _____

2. 请回想一下你的成长过程，哪些事情/工作运用到了你的优势？你的感受是什么？

✎ _____

✎ _____

✎ _____

3. 请回想一下，是哪些人、哪些事或什么因素让你运用到自己的优势？

✎ _____

✎ _____

✎ _____

第15项 | 建设企业大学

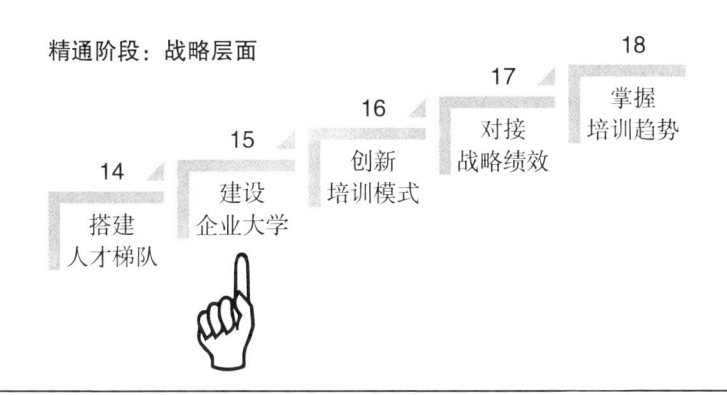

精通阶段：战略层面

14 搭建人才梯队 → 15 建设企业大学 → 16 创新培训模式 → 17 对接战略绩效 → 18 掌握培训趋势

通过本项精进，旨在掌握以下方面：
- 企业大学在企业发展中定位
- 如何规划企业大学组织结构
- 企业大学的运营模式有哪些
- 企业大学存在的问题有哪些
- 企业大学的发展趋势是什么

一、建设企业大学的缘由

1.企业大学历史与现状

全球第一所企业大学——通用电气公司克劳顿学院于1956年正式成立，从20世纪80年代开始，企业大学在全球迅速崛起。截至2010年，全球企业大学已经从最初的400多所发展到近4000所。

自1993年摩托罗拉中国区大学成立至今，已经创建1000多所企业大学。随着经济的持续发展，未来企业大学数量仍将继续保持增长，同时企业大学的价值将更加凸显。

企业大学不同于企业的培训部门，企业培训部门隶属于人力资源部，通常只针对企业内部的员工提供培训服务，主要包括培训需求分析、培训计划制定、培训组织实施、培训效果评估等方面的内容。

企业大学是一个教育实体，又称公司大学，是指由企业出资，以企业高级管理人员、一流的商学院教授及专业培训师为师资，通过实战模拟、案例研讨、互动教学等实效性教育手段，以培养企业内部中高级管理人才、企业供销合作者和社会专业人才为目的，满足人们终身学习需要的一种新型教育、培训体系。

2.建设企业大学的理由

企业大学既是教育实体，也是企业变革的推动者、企业文化的宣传者，在企业战略、营销、供应链等方面提供更专业化、系统化的产品和服务。建设企业大学的理由主要有以下几点。

（1）提供人才培养服务

企业大学可以弥补传统大学的不足，通过企业内部讲师和内部化的课程，针对企业的实际情况和特点，对员工进行更有针对性的培训与教育，进而可以提升企业的综合素质，加强企业核心竞争力。

在企业大学的职责中，有一项就是培养和开发员工的领导潜能，这可以给企业员工提供培训机会和成长空间，使他们不断地学习和成长。企业大学所提供的系统、持续的高品质教育也是吸引和保留人才的重要方面。

（2）协助企业技术升级

信息时代的新技术、新产品更替不断加速，企业大学可以为员工提供最新技术的培训，而且可以在教学过程中实现思想的激荡和碰撞，促进创新。创新可以让企业不断地学习，进而在信息时代屹立于不败之地。

（3）推动企业转型变革

在当今时代，所有企业都面临不断变革的压力和动力，企业的变革与发展要求员工有极强的全局化视野和适应能力，这就要求员工养成终身学习的习惯，不断地提升自身素质，这就需要系统化、持续性的培训。

企业大学是企业转型和变革的推动者和领导者，通过不同层级的培训课程，让企业员工的思想交流碰撞，最终形成转型和变革的源泉；同时，企业大学的培训和交流可以推动员工对变革的深刻理解，大大减少企业变革的阻力。

（4）传播企业正面形象

企业大学往往和优秀、先进、创新等联系在一起，也伴随着卓越的企业不断发展。企业大学根植于企业，代表着企业较高的管理水平，其建立本身就是对企业实力的一种证明，包括盈利能力、管理能力和技术能力。所以，建立企业大学可以树立追求卓越、不断进取、不断创新的正面企业形象。

企业大学的另外一项重要职责就是宣传企业文化，尤其对新员工，企业大学的培训是最初认识、感知企业的窗口；同时，企业大学也是培养企业文化的土壤、思想交流的场所、共同价值观打造的平台。

企业大学的建设也有利于企业学习型组织的建设（参见知识链接：学习型组织）。

> **知识链接　学习型组织**
>
> 学习型组织是指通过培养弥漫于整个组织的学习气氛、充分发挥员工的创造性思维能力而建立起来的一种有机的、高度柔性的、扁平的、符合人性的、能持续发展的组织。彼得·圣吉是学习型组织理论的奠基人，其代表作《第五项修炼》提供了一套使传统企业转变成学习型企业的方法。学习型组织建设的五要素图如下。

学习型组织建设的五要素包括：

①建立愿景（Building Shared Vision）

愿景可以凝聚公司上下的意志力，透过组织共识，大家努力的方向一致，个人也乐于奉献，为组织目标奋斗。

②团队学习（Team Learning）

团队智慧应大于个人智慧的平均值，以做出正确的组织决策，透过集体思考和分析，找出个人弱点，强化团队向心力。

③改变心智（Improve Mental Models）

组织的障碍多来自个人的陈旧思维，如固执己见、本位主义，唯有通过团队学习和标杆学习，才能改变心智模式，有所创新。

④自我超越（Personal Mastery）

个人有意愿投入工作，个人与愿景之间有种"创造性的张力"，这正是自我超越的来源。

⑤系统思考（System Thinking）

应透过信息收集掌握事件的全貌，以避免见树不见林。培养综观全局的思考能力，看清楚问题的本质，这有助于清楚地了解因果关系。

企业如果能够顺利导入学习型组织，不仅能够获得更高的组织绩效，更能够提升组织的生命力。

二、企业大学的组织规划

在清晰企业大学的定位之后，企业可以按照职能或方向设置企业大学的组织架构。

1.按职能组建企业大学

一般而言，企业大学的设立可以按照职能设置初步的组织架构（见图15-1）。

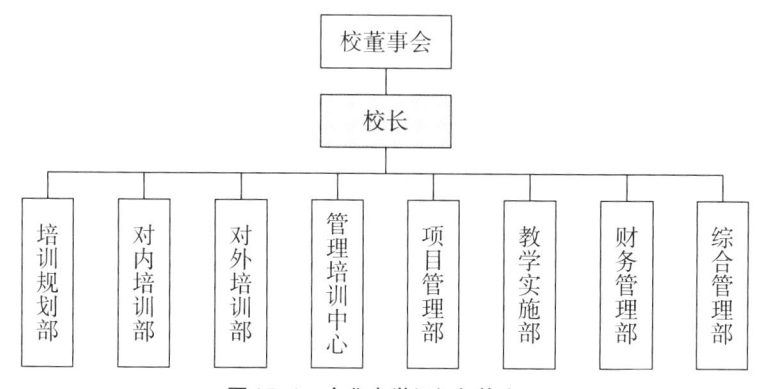

图15-1　企业大学组织架构之一

企业大学的校长一般由企业的最高负责人兼任或专任，企业大学一般实行校董事会领导下的校长负责制。校董事会主要对企业大学的校长安排、预算、战略规划等重大事项进行决策。

按照职能划分的部门包括：培训规划部负责对培训的组织需求、岗位需求及个人需求进行调研与分析，进行相应学习解决方案的选择，并做出短期与中长期的培训规划。对内培训部和对外培训部分别负责企业内部和企业外部的培训组织落实工作。管理培训中心负责管理专项培训的组织落实。项目管理部与教学实施部主要承担培训方案的实施。

除以上这些主要业务部门外，部分企业大学还会设立财务管理部门和综合管理部门，当然也可以由企业的相关部门来负责这些工作。

2.按方向组建企业大学

如企业大学主要定位于面向社会服务，一般会按照培训的方向进行组织架构规划（见图15-2）。

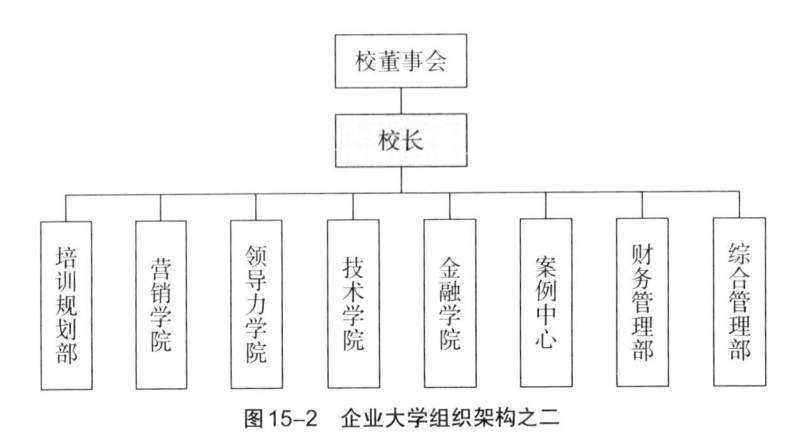

图15-2　企业大学组织架构之二

按培训方向设立的企业大学组织架构，校董事会和校长的机制与按职能方向划分的企业大学基本一致。不同的是，按培训方向设立的企业大学会根据培训的不同方向划分不同的学院，如营销学院、领导力学院、技术学院、金融学院等，在各学院下可单独设立项目管理办公室或课程开发办公室，以更好地开展学院的专业活动。案例中心实施对培训效果转化的评估与跟踪，并形成可以提炼或通用的案例，以确保企业大学教学功能的不断进步。

三、企业大学的运营模式

如何更好地运营企业大学，关键取决于以下几个问题：培训业务是否对企业有吸引力？企业是否要进军培训行业？企业是否在培训业务方面具有核心竞争优势，如企业知名度、课程开发能力和培训师资等？

企业大学的运营可以根据以上问题的回答逐步探索，建立合适的运营模式。下面笔者主要介绍三类比较常见的企业大学运营模式：内部虚拟运营模式、供应链运营模式和社会型自负盈亏运营模式。

1. 内部虚拟运营模式

企业大学在最初设立时，往往起步于企业的人力资源部或培训部。内部虚拟运营的企业大学是企业培训部或培训中心的拓展，初期主要是服务于企业内部的员工培训。

企业大学内部虚拟运营模式是指在企业内部形成独立核算的机构，虽然没有单独注册成为企业，但有单独的财务报表，有些甚至会将内部培训按培训内容、讲师级别、参训学员等维度进行定价，计算企业大学的收入，减去实际发生和内部分摊的相关成本，形成企业大学内部虚拟运营的利润。

经验分享　注意区分培训部与内部虚拟运营的企业大学

> 有些企业在设立企业大学的初期往往会把培训部或培训中心直接翻版成企业大学，这就会又细分为几个不同的方式：有的只会挂一个牌子，其他的都不变，只是为了对外交流和树立形象；有的会把培训部撤销，转为企业大学，这也要注意内部核算方式；有的虽然已经改名为企业大学，但实际管理仍以培训部的部门管理方式进行；有的改名后，就转为内部事业部制或阿米巴机制，实行独立核算，同时，也形成内部收费机制。因此，不能只听名字叫什么，还要看实质运营方式是什么。

2. 供应链运营模式

企业大学的第二种运营模式是指仅仅面向企业的供应链体系开放，例如，将供应商、分销商或客户纳入企业大学的学员体系当中，这类企业大学的主要目的是支持供应链的业务发展。

企业大学的供应链运营模式主要以业务培训、产品培训为主，基本不承担企业的内部培训，企业的内部培训仍由企业原设立的人力资源部或培训部承担，企业大学的学员主要面对上下游供应商、分销商，以及部分客户。

企业大学的供应链运营模式也是独立核算的，但往往其收入可能会与产品销售、业务服务进行绑定，或者与上下游供应商、分销商的市场费用结合使用。面对客户时，有时不会单独收费。

3.社会型自负盈亏运营模式

企业大学的第三种运营模式，就是面向整个社会的自负盈亏运营模式，主要目的是提升企业形象或实现经济效益。

社会型自负盈亏的企业大学与普通企业一样，是正式注册的企业实体，面向社会对培训产品与服务进行定价，实行市场化的招生与培训运营模式，最终目标是实现企业的经济效益。

四、企业大学的发展趋势

1.企业大学存在的问题

实景案例

U企业是一家创立不久的互联网企业。在新技术应用的巨大市场中，U企业在获得两轮融资后，实现了快速的发展，员工也快速扩张至上千人。为了树立企业品牌、吸引更多的优秀人才，加强内部人才的培训，U企业成立了企业大学。U企业还实际注册了企业大学的公司实体，单独租办公室、单独招聘培训师。为了推广，U企业大学还与多家知名大学的学院进行合作、聘请资深教授，积极推广市场。可是，两年后，U企业的业务受市场波动，业绩下滑比较严重，现金流也受到影响。U企业大学经过两年的运作，主要定位于企业品牌宣传，仍未建立起市场化的、有收益的金牌课程，收入远不足以支撑自身的投入和成本。U企业现金流的问题直接影响U企业大学，很快U企业大学就暂停了所有运营和培训，搬回人力资源部，回归为U企业的培训部。后续是否继续运营U企业大学，也成为未知数。

案例启示

通过以上案例我们可以看出，企业对企业大学的设立和运营一定要慎重。目前，我国企业大学有1000多所，但不得不说，很多企业大学都是有名无实，仅仅是给原来的培训部挂了一个品牌。仔细研究就会发现，很多企业还不具备建设企业大学的条件，还不适合建立企业大学，或者对建立企业大学的投入并没有进行客观的评估。总之，种种原因导致企业大学的建设成果并不理想。

下面，我们分析一下企业大学主要存在的问题。

（1）企业的发展规模不需要企业大学

有些企业在规模不大时就建立了企业大学，企业在规模不大的发展阶段实际上暂时不需要企业大学，有些企业还属于市场开拓阶段，业务不稳定、管理不规范、体系不完善，企业大学实际只能发挥培训部的作用，有名无实。

（2）企业大学的经费来源不稳定

有些企业在设立企业大学初期充满热情，但在实际运营之后，企业本身受市场影响，当利润下降的时候，就会减少企业大学的投入；另外，也可能对企业大学的运营投入估计不足，这些因素都打断了企业大学的持续运作与发展，导致部分企业大学"半死不活"。

（3）企业大学的培训管理者素质跟不上

企业大学对管理者素质要求其实是很高的，但现实中很多企业大学的管理者都是从别的部门转过去的或者兼任的，甚至，一些企业的高层并不支持企业大学，或者企业根据发展战略筹建了企业大学，可是却因为企业变革不再支持企业大学的发展，但又不能立即取消。于是，一些企业大学只是在勉强维持。

从以上常见问题我们可以看出，企业在建立企业大学时需要在通盘考虑之后再做决策。在不合适的条件或时机下建立企业大学，会使企业大学难以运行，更难以发挥其对企业发展的推动作用，有的甚至成了企业的沉重负担。

2.企业大学发展的趋势

企业大学虽然面临很多的问题，但这也正是企业大学从初期尝试到不断走向成熟的过程，不得不说，历经这些年的发展，中国已经有非常成功和成熟的企业大学管理运营模式。下面，我们来梳理一下企业大学的发展趋势。

（1）从成本中心转变为利润中心

企业大学从最初的企业培训部、成本中心开始探索，在这种定位之下，企业大学欠缺经营意识，将大量资金投入到品牌建设和非市场化的培训项目中，在企业发展中的支撑作用非常有限。随着企业对企业大学要求越来越高，企业大学从成本中心逐步转变为利润中心。企业大学管理者将以价值创造为核心，力争将有限的资源配置到能创造最大价值的关键工作中，为企业创造更多的价值。

（2）从服务个人转变为服务企业

很多企业大学最初的定位是培训内部员工或上下游供应商，目标是提升学员的能力。但是，很多企业发现，在投入大量资源开展培训之后，员工能力是提升了，但工作绩效并没有得到提升。企业培训经费来源于企业，培训最终的目标是组织发展。企业大学只有把培训投入最终转化为企业绩效提升，才能证明培训的有效性，因此很多企业大学逐步把定位转变为服务企业，提升绩效。

（3）从常规化运营转变为市场化运营

企业大学最初设立主要是完成工作任务，配合企业建设品牌形象、完成内部培训课程，日常工作中大多贯彻落实规范化的工作模式，但随着企业大学定位的变化，尤其是从成本中心转为利润中心、从服务个人转为服务企业后，企业大学本身需要实际的企业绩效。企业大学的运营逐步从常规化运营转变为系统化、结果式的市场化运营。

🔔 在实践工作中运用
第15项精进：建设企业大学

1. 请写下你对"企业大学"的三个主要理解。

　✎ _____

　✎ _____

　✎ _____

2. 请回顾学习型组织的理论，结合自己曾经或正在处于的组织，谈谈与学习型组织有何异同？

```
            建立
            愿景
              ↑
  系统  ←  学习型  →  团队
  思考      组织      学习
              ↓  ↓
          自我    改变
          超越    心智
```

　✎ _____

　✎ _____

　✎ _____

第16项 ｜ 创新培训模式

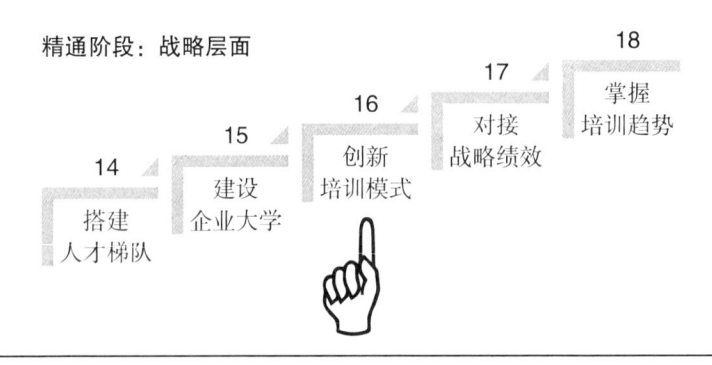

精通阶段：战略层面

14 搭建人才梯队
15 建设企业大学
16 创新培训模式
17 对接战略绩效
18 掌握培训趋势

通过本项精进，旨在掌握以下方面：
- 如何理解好游戏化培训模式
- 游戏化培训设计有哪些难点
- 培训如何融合线上线下模式
- 新技术如何冲击到培训模式
- 新技术在培训中有哪些应用

一、建设动态多模式培训

总体上说,企业选择、完善培训模式,落实有效的培训,要始终将企业的绩效作为根本关注点,以需求分析为根源,注重实效和成本优化。这里不得不提的是成人学习的"7-2-1法则"(参见知识链接:7-2-1法则)。

知识链接 "7-2-1法则"

> "7-2-1法则"由摩根、罗伯特和麦克在三人合著的《构筑生涯发展规划》中提出,描述成人学习的构成,70%来自实践与经验、20%来自反馈与交流、10%来自正规的培训。也就是说,成人想通过学习掌握工作技能,需要从以上三个方面入手,不能只进行理论性的学习,因为这只占10%。

"7-2-1法则"强调成人学习主要来自实践与经验,这一点可能与传统的教学和培训理念并不相同。实际上,成人学习的70%来自轮岗、教练、导师、行动学习等注重实践与经验积累性的学习方式(见图16-1),20%来自跨界交流、体验式评估、复盘等反馈与交流式的学习方式,而企业实践中落

正规培训
- 面授培训
- 在线学习
- 移动学习

10%

20%

反馈与交流
- 跨界交流
- 体验式评估
- 复盘

70%

实践与经验
- 轮岗
- 教练
- 导师
- 行动学习

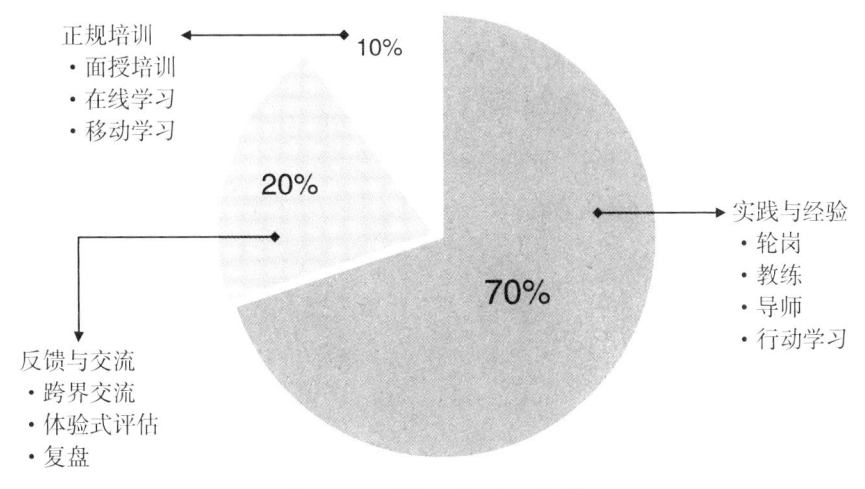

图16-1 培训与"7-2-1法则"

实的培训模式，多是针对只有10%效用的面授培训、在线学习和移动学习等。"7-2-1法则"对我们最大的启示就是在选择培训模式时一定要与企业内员工的成人学习效果相结合，注重选择与实践/经验、反馈/交流更加契合的培训模式。

随着技术的发展和需求的进化，培训模式也在不断更新和改进中。下面笔者主要分享三个方向的培训模式变化：游戏化成人培训模式、线上线下相融合的培训模式和新技术带来的新培训模式。

二、游戏化成人培训模式

实景案例

小冯在一家企业负责培训工作，其所在的企业发展迅速，每个月都有不少新员工入职。新员工多是90后，他们对企业传统的新员工培训很不满。小冯经过深入调查发现，学员主要对新员工培训的形式有较大意见，传统的"授课+考试"式培训效果整体比较差，课上很多学员都听得昏昏欲睡，考试也是照抄。小冯与几位同事一起研究如何改进新员工培训，一位新入职的90后同事建议以沙盘的方式开展培训。于是，小冯带领小组，大胆改革，重新设计了新员工培训的所有环节，引入"大富翁"游戏作借鉴，按照闯关方式进行，而且还吸收了沙盘培训模式，制作了逼真的道具。改革后的新员工培训，一经推出就受到新员工的欢迎、获得了高度好评，在全集团范围内获得推广。另外，集团的销售部还邀请小冯一起，单独成立项目组，将销售培训全部改革为游戏化的培训。

案例启示

通过以上案例我们可以看出，培训的模式需要不断地改革与创新。在日常工作中，我们很容易陷入传承传统工作模式的舒适区，培训工作也一样。很多企业，在培训时还使用几年前、几十年前的模式。但随着社会发展、知识爆炸、新生代职业人进入职场等变化，仅仅以知识传播、死记硬背的模式来培训，早已不能适应新生代职业人的需求。企业培训专员需要结合新的需求，不断探索、创新培训模式。

培训模式的创新方向之一就是游戏化。

虽然培训模式中有体验式培训、拓展培训、案例分析、情景演练等，都可能被大家理解为游戏化培训模式，但是体验式培训、拓展培训等往往是多注重体验而不是培训，这些培训形式能够让参与者亲身体验个别理论或方法，但这些方法需要在反复的引导式练习后，才能真正掌握其要领并运用在工作中，最终形成习惯。案例分析和情景演练的效果更好一些，学员通过案例和个性化方案，深入理解情境下的解决问题方法，但还需要掌握背后更为普遍的方法。

而游戏化培训模式则可以让受训者增强体验性、学习掌握普遍性的原理和方法，同时，在游戏化实践中掌握其要领，形成习惯，最终提升工作能力。

例如，沙盘模拟是游戏化培训的一种实践。在沙盘模拟中，给参训者设立一个具有挑战性的情境，受训者要有策略。在过程中，受训者或虚拟团队要与其他团队进行竞争，通过规则计算最后的胜负。

再例如，我们在上述案例中提到的，将游戏嵌入到培训中，使培训整体过程处于一种游戏情境中，大大激发了受训者的好胜心，提升了培训的趣味性，增强了受训者的参与度，进而提升了培训效果。

游戏化成人培训模式是目前培训模式的一种创新，但同时，这种模式也面临巨大的挑战。这种培训模式对课程的开发提出了更高的要求，与传统课程的开发完全不同。游戏化成人培训模式课程设计的第一个难点是，需要设计与工作相似度非常高的模拟情境，而且这些情境必须是由专业性非常强的企业人员进行专项选择与设计。第二难点是设计任务和规则，要把业务领先的方法贯穿其中，引导学员在游戏化培训过程中自己去学习体验。第三个难点是要把游戏化成人培训模式转化为行为改变，延伸到培训后的实际工作中。

对于这种新的培训模式，可以组成设计小组，引进一部分外部资源，但主要的业务设计以及后续游戏化培训的执行与落实，还需要企业内部专家的引导与配合，可以先从一些小的培训项目开始试行。例如，我们在案例中分享的，以新员工培训作为尝试，成功后再逐步扩大使用范围。

三、线上线下相融合培训模式

线下培训一直是培训的主流,但是线下培训存在一些问题:培训成本高,涉及讲师、场地、学员差旅等费用;培训周期长,企业内的轮训受训学员少、实施周期长;培训无法二次利用,往往一次讲完无法回顾等。这些问题是线下培训的弱点,随着互联网的发展,线上培训恰恰弥补了线下培训的劣势。

线上培训是使用互联网进行远程培训,主要优点就是费用支出少,培训成本低,受训面广,可以多次回听、反复学习,这些优点恰好为线下培训提供了非常好的补充。但同时,线上培训也有其缺点,主要集中在老师与学员互动少、老师无法提供个性化辅导、学员精力不集中、浪费学习时间等方面。

通过比较我们可以看出,线下培训和线上培训各有优劣(见表16-1),也有不同的适用场景。

表16-1 线下培训和线上培训的比较表

培训类型	费用	时间	回看	互动性	个性化	集中度	适用性
线下培训	高	固定	不可以	好	好	高	● 实践可操作性内容 ● 需要个性化讲解 ● 需要学员动手操作 ● 学员自控力差
线上培训	低	灵活	可以	差	差	低	● 知识性内容 ● 通用性内容 ● 不需要动手操作 ● 学员自控力好

近些年来,线上培训已被很多人接受,市场上也因此出现了很多知识付费平台,很多企业采购、开发了很多线上课程。正如我们分析的线下培训和线上培训的特点,其实互相各有适用性,不是只采用一种模式,而是将线下培训与线上培训相融合,形成一种新模式:OMO(Online-Merge-Offline)模式。

作为企业,在规划培训工作时,OMO模式的应用主要可以从以下方面落实。

1.在培训整体规划上,形成OMO模式

在进行培训整体规划时,OMO模式可以结合HR三支柱的管理模式一同落实(见图16-2),此部分内容我们在第一章中就曾分享。线上培训系统可以与

SSC一同建设，内容传承COE的整体指导，线下培训的落实主要在HRBP端。

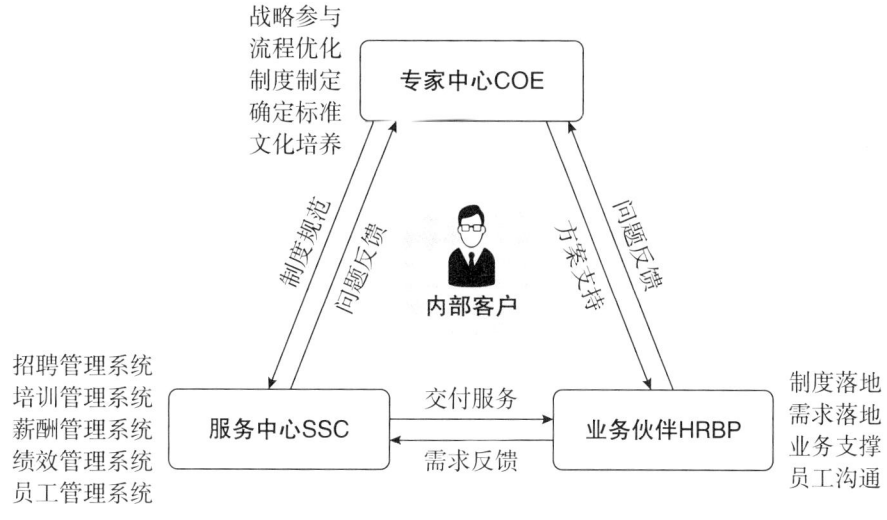

图16-2　人力资源管理的三支柱模型

2.在具体培训落实上，结合OMO模式

在具体培训落实上，OMO模式可以加强线上培训和线下培训的融合。如表16-2所示，我们可以从三个层面落实培训具体工作职责。

表16-2　人力资源三支柱模型中培训的角色及主要工作职责

三支柱中的培训管理	角色	主要工作职责
培训-COE	● 培训体系的设计者 ● 培训体系的管控者 ● 培训体系的技术专家	● 对接企业战略与培训策略 ● 设计企业整体培训管理体系 ● 管控企业培训体系 ● 更新培训体系的技术
培训-HRBP	● 培训解决方案的集成者 ● 培训流程的具体执行者 ● 培训效果评估者	● 对接业务、明确需求 ● 形成培训具体解决方案 ● 执行落实培训 ● 评估培训效果
培训-SSC	● 培训平台的运营管理者 ● 培训通用内容的组织者 ● 培训员工服务的提供者	● 管理平台中培训相关模块 ● 组织培训通用内容 ● 记录反馈员工培训结果 ● 为员工提供与培训相关的服务

在培训的具体计划和内容划分上，可以将线上和线下培训相结合。例如，在新员工培训中，可以将知识性内容先进行线上培训，并记录培训情况，还可以进行线上考试，考查学习掌握情况；之后再分第二阶段进行线下培训，除答疑线上内容外，还可以安排可操作性和实际演练的内容；线下培训后，可以继续进行线上培训，进一步巩固已学知识和学习新知识。

3.在培训效果跟踪和分析上，充分运用OMO模式

在跟踪和分析培训效果上，线上和线下的结合将大大提升效果分析的深入性和科学性。我们可以通过线上学习、线上记录学习过程、线上测试等方式传授知识性的内容，这会大大提升有效度。个性化的、具有实操性的技能通过线下培训强化、改变行为、形成工作习惯，待实操掌握到一定程度后，再进行通识化的理论或方法学习，加强对技能的理解、综合运用，又可以通过线上学习来跟踪效果。

另外，无论是线上培训还是线下培训，都可以形成员工的培训学习记录。我们通过培训系统对学员的学习情况、成长情况进行记录，进而形成可跟踪、可评估的人才成长记录。这就是OMO模式对培训效果的长期跟踪与评估。

> **经验分享** 加强线上培训与线下培训的融合
>
> 很多企业投资搭建或直接出资购买了很多线上课程，但在实际工作中，却存在线上、线下两张皮的现象。企业随大潮搭建了线上课程，往往由培训部发一个通知，员工开个账号，一段时间热度后，就无人问津了。企业的线下培训该怎么做就怎么做，与线上课程毫无关系，甚至出现线上已经有课程、线下再购买一样课程的现象。因此，我们应盘点好线上课程，将线下课程与线上课程进行融合。例如，知识型内容以线上自学为主，技能操作型内容以线下辅导为主；或者，先通过线上自学，收集问题，之后再在线下集中辅导、答疑。

四、新技术变革培训模式

在新技术ABC（A：人工智能；B：大数据；C：云计算）日新月异的发展中，培训模式也随着新技术变革不断地进化。

越来越多的新技术应用到培训中，如由机器人进行引导与讲解的培训，通过大数据分析学员偏好和技能自动定制培训，学员自主调取云服务器上的学习资料和课程，设置虚拟现实（VR）的培训室模拟进行真实操作训练，由虚拟学习助手陪伴学习，等等。总之，培训变得越来越智能化、越来越个性化。

🔔 在实践工作中运用
第16项精进：创新培训模式

1.请写下你对"7-2-1法则"的三个主要理解，你自己的思考是什么？

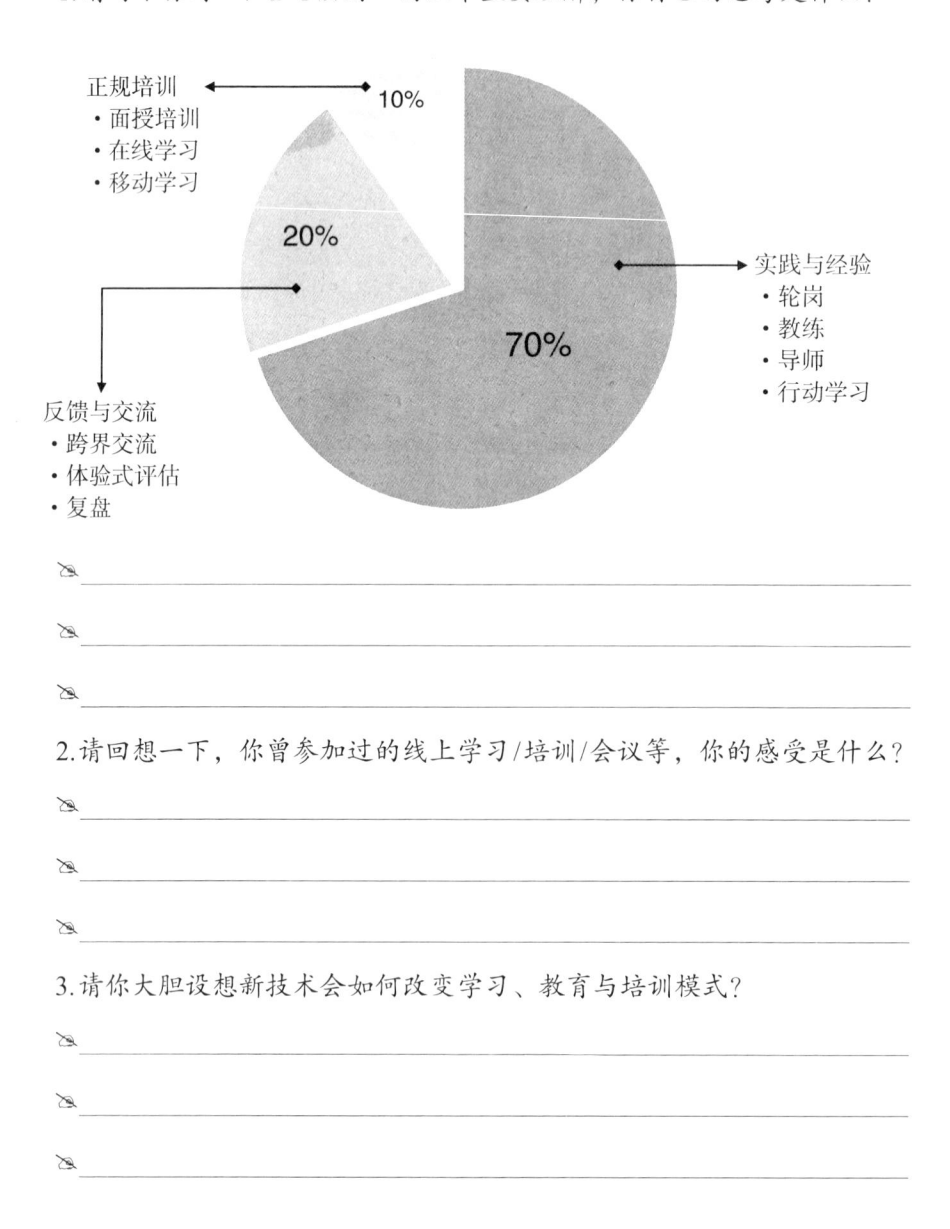

正规培训
- 面授培训
- 在线学习
- 移动学习

10%

20%

70%

实践与经验
- 轮岗
- 教练
- 导师
- 行动学习

反馈与交流
- 跨界交流
- 体验式评估
- 复盘

✎ _____
✎ _____
✎ _____

2.请回想一下，你曾参加过的线上学习/培训/会议等，你的感受是什么？

✎ _____
✎ _____
✎ _____

3.请你大胆设想新技术会如何改变学习、教育与培训模式？

✎ _____
✎ _____
✎ _____

第17项 对接战略绩效

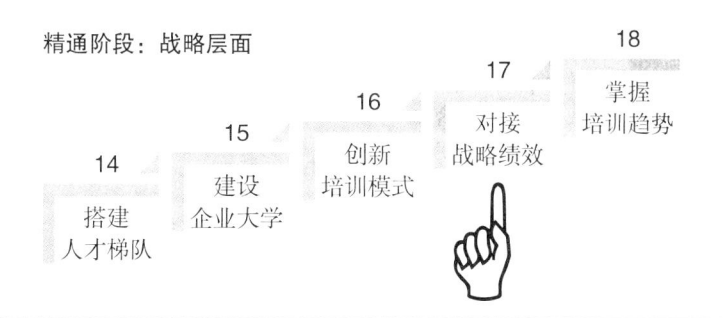

精通阶段：战略层面

```
                                            18
                                    17    掌握
                              16    对接   培训趋势
                        15    创新   战略绩效
                  14    建设   培训模式
                  搭建   企业大学
                  人才梯队
```

通过本项精进，旨在掌握以下方面：

- 理解培训如何对接企业战略
- 培训目标如何承接企业战略
- 培训落实如何结合企业运营
- 如何理解培训效果的滞后性
- 如何做培训效果的绩效评估

一、培训对接战略和绩效

如何让培训与企业战略紧密挂钩？如何让培训效果促成企业绩效的实现？这两个问题是企业培训管理者面临的最大问题。随着外部环境的剧烈变化，企业面临的挑战也日益加剧，很多企业制定了自身的发展战略，但真正的成功必须是正确的战略方向加上成功的执行落实。一方面，企业要落实执行战略，实现企业绩效的长期增长，但这非常难；另一方面，在企业战略的落地过程中，关键之一是人才。人才的培养与培训、人才建设密不可分，将企业培训与战略对接就更为重要（见图17-1）。

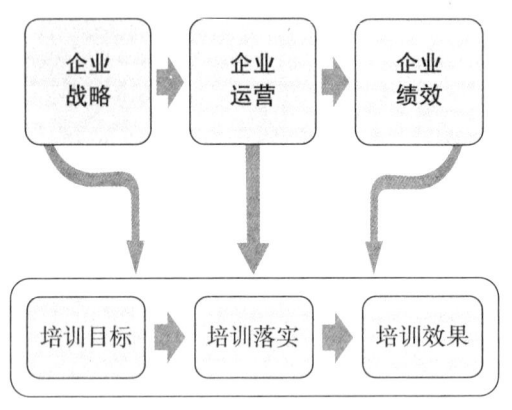

图17-1 培训对接战略模式

培训对接企业战略，可以具体细分为两个层次和三个环节。

两个层次：第一层是从企业层面来看，企业战略需要落实到企业运营（执行），再形成企业绩效；第二层是从培训层面来看，培训目标需要下沉到培训落实（执行），再形成培训效果。

三个环节：第一个环节是从企业战略落实到培训目标，或者说培训目标承接了企业战略；第二个环节是在企业运营（执行）中对接培训落实（执行）；第三个环节是将企业绩效落实到培训效果中，或者说培训效果保证企业绩效的实现。

二、培训目标与企业战略

在培训对接企业战略中，培训目标首先要对接企业战略，但往往战略目标过于遥远，感觉很难与实际工作接轨，战略管理中的BLM模型（见知识链接：战略管理的BLM模型）是一套有效的从战略向落地执行对接的工具。

知识链接　战略管理的BLM模型

BLM（Business Leadership Model）是一个中高层用于战略制定与执行联结的工具与框架。从市场结果的差距出发，围绕市场洞察、创新焦点、战略意图、业务设计、关键任务、正式组织、人才、氛围与文化以及领导力与价值观等各个方面帮助管理层在企业战略制定与执行的过程中进行系统的思考、务实的分析、有效的资源调配及执行跟踪。

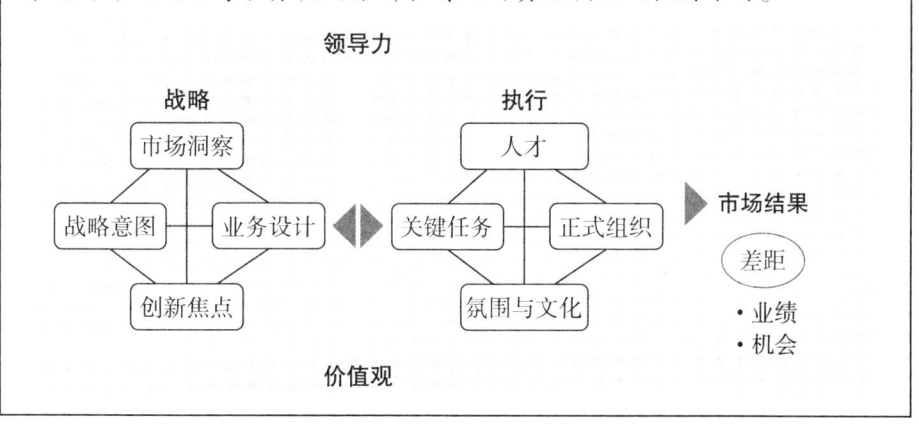

在BLM模型中，企业战略从市场洞察出发，明确企业的创新焦点，梳理战略意图，最终形成企业的业务设计。在落实企业战略时，需要先将业务设计转化为关键任务，再匹配实现关键任务的正式组织、氛围与文化、人才。在战略制定与执行中，需要有领导力和价值观的支撑。

在企业战略的制定过程中，要紧紧抓住业务设计和关键任务，将关键任务落实所需的领导力、价值观、人才技能、文化等作为培训的主要目标，以保证培训目标能够承接企业战略。

三、培训落实与企业运营

培训目标对接企业战略后，第二个环节是要将培训落实与企业运营进行对接，也就是说，承接企业战略的企业运营（执行）是企业战略目标实现的关键所在，同样，承接培训目标的培训落实（执行）也是培训目标实现的关键所在。

图17-2 培训落实对接企业运营

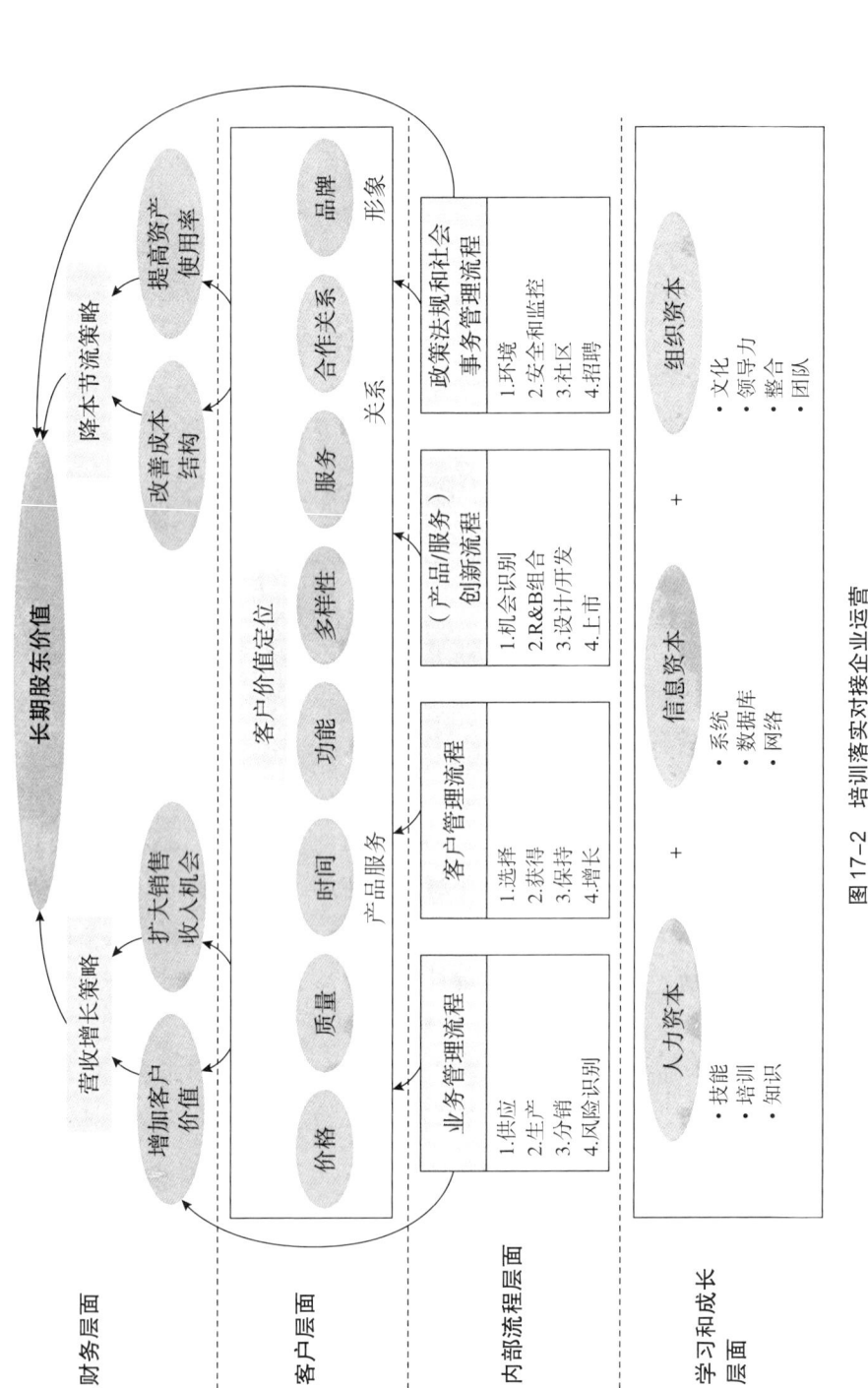

这个环节的对接可以参照战略地图或BSC（平衡计分卡）的管理思路（见图17-2），企业战略目标通过4个维度具体落实到运营（执行）层面，主要包括财务层面、客户层面、内部流程层面、学习和成长层面。其中，学习和成长层面的落实正是培训落实（执行）的层面，它将企业战略到企业运营（执行）的下沉真正落实到可操作的方式，培训的落实也完全融入到企业运营的落实，形成一体化的企业运营（执行）机制。

经验分享　在培训落实层面紧扣战略目标

在企业培训的实际落实中，虽然培训目标最初是根据企业战略目标进行规划和落地的，也制定了详细的培训计划；但是，到了实际落实操作中，往往会卷入企业运营的实际操作，会根据运营的急需或员工的个人需求做出调整，这种调整往往会着眼于满足短期运营或个人急需的培训。随着全年的实际落实，最终培训执行还是只侧重于眼前需求，而遗忘最初的源于企业战略的培训目标。

四、培训效果与企业绩效

实景案例

M企业是一家快速发展的企业，但是随着业务的快速增长，其出现急缺管理人员的问题。从外部招聘的部分管理人员由于不能认同企业文化，跟不上企业的发展，所以离职率较高，而且这还造成了企业一些老员工的流失。M企业决定自己培养管理人才，除内部提拔外，还成立了应届毕业生管理人才培训项目，每年都从高校毕业生中选拔优秀人才，成为企业的后备管理人才。这些人才在未进入企业前就经过一定的文化培训，进入企业后，在各部门各岗位轮岗培训一年后，才正式确定在某一部门工作。

应届毕业生管理人才培训项目是M企业每年培训的主要支出项目，占全年培训费用的50%以上。在开始的两年中，几乎看不到效果，应届毕业生第一年轮岗，第二年大多在初级岗位上工作，很难提升为管理人员。在这个过程中，曾经有不同的声音，认为M企业投入过多，投入产出比低，而且见效难，对于企业当期的绩效毫无贡献。虽然有很多质疑，但M企业还是坚持下来，历经几年的投入，自身培训的管理人才终于占到管理人才一半以上；而且，这批管理人才素质好、懂业务、对企业的忠诚度高，最终成为企业发展的中坚力量，为企业发展、绩效的增长做出很大的贡献。

案例启示

通过以上案例我们可以看出，企业培训落实的最终效果有时需要一个长期的过程，或者说，人才培训效果最终转化为企业绩效，可能会有一个较长的滞后周期。那么，对于这样的培训来说，如何评估效果、如何评估培训对于企业绩效的贡献就变得更为困难了。

在实践管理中，最难的一个环节就是评估培训对企业绩效的贡献。虽然我们也在前面章节分享过柯氏四级、考夫曼五级等培训效果评估模型，前几级相对比较好落实、易操作，但到第四级、第五级，涉及业务结果、企业绩效、社会效益甚至投资回报率等的评估时，我们在实践中就会遇到很多困难。

产生这些困难的原因，主要是培训效果本身具有滞后性，有些培训是一个长期的思维转变、行为改变再形成绩效提升的过程；另外一个原因是，培训有时是"点燃"，不一定是实际行为的转变，但"点燃"引起思想转变进而促进创新等业务转变的过程是无法估量的。例如，企业内部进行了新技术的交流培训，工程师参加培训后，产生新思想，对企业的关键技术进行了改进，类似这样的培训效果无法直接与技术改进带来的绩效提升挂钩评估。

培训管理者虽然在实践中面临很多难点，但还要不断地探索，将培训效果与企业绩效进行对接，思路可以借鉴PDCA的模式（见图17-3），即在制定了培训计划（P）后，进行培训落实（D），在落实过程中不断检查（C），评估培训效果与培训目标、企业绩效的差距，落实为行动（A），为下一步培训目标的制定奠定基础。在这样的循环过程中，不断地提升培训效果。

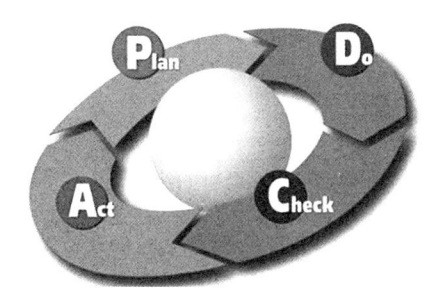

图17-3　在PDCA中将培训效果对接企业绩效

🔔 在实践工作中运用
第17项精进：对接战略绩效

1. 请写下你曾经使用过或了解的提升组织绩效的方法。

   ✎ _____

   ✎ _____

   ✎ _____

2. 你是否能画出你所在组织的战略地图？

战略地图

   如果画不出，你觉得原因是什么？或有什么反思？

   ✎ _____

   ✎ _____

   ✎ _____

3. 就你亲身参加过的培训，你觉得对你的工作绩效有实质帮助的是哪些？

   ✎ _____

   ✎ _____

   ✎ _____

第18项 | 掌握培训趋势

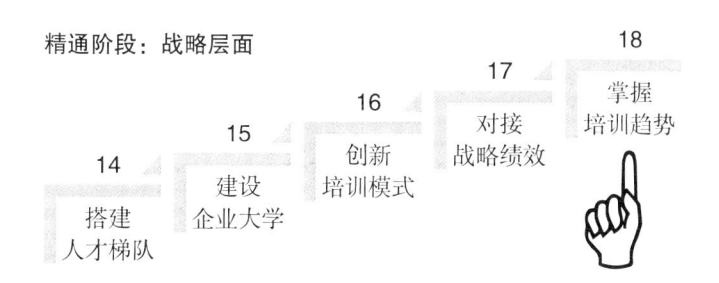

精通阶段：战略层面

14 搭建人才梯队
15 建设企业大学
16 创新培训模式
17 对接战略绩效
18 掌握培训趋势

通过本项精进，旨在掌握以下方面：
- 培训发展有哪些主要的趋势
- 企业培训的发展趋势有哪些
- 理解职业人培训需求的升级
- 如何理解新兴技术促进培训
- 人工智能引起哪些培训变革

一、培训管理的发展趋势

我们身处于知识经济时代，信息和知识被大量地生产和传播，学习者会发现自己"知识贫乏"、学习的速度太慢、要学的知识太多。这是由于个人学习的有限性、滞后性与知识增长的无限性、快速性之间的反差造成的。培训是学习的重要途径，培训本身也在变革和发展之中。

在企业培训管理的变革和发展中，有三个要素是最关键的，那就是企业、个人和技术（见图18-1）。

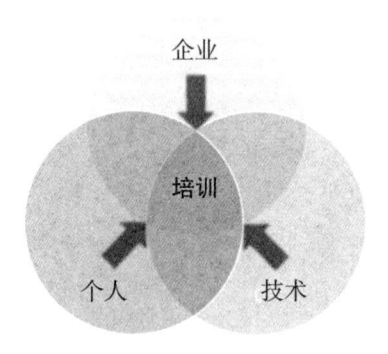

图18-1 培训变革三要素

二、企业培训管理的发展

企业处于VUCA时代，商业环境急剧变化、客户要求越来越高、竞争对手不断涌现、人才抢夺越来越激烈。很多传统的管理模式不再有效，敏捷管理模式应运而生（见知识链接：敏捷革命）。

知识链接　敏捷革命

敏捷革命源于杰夫·萨瑟兰所著的《敏捷革命：提升个人创造力与企业效率的全新协作模式》一书，企业不仅需要产品竞争力、技术竞争力，还需要工作方式的竞争力。敏捷的工作方式通过敏捷的价值观、原则和实践来指导和激励个人、领导者和组织，从而创建高效、可持续的工作场所。该书中提出了敏捷管理的核心思想SCRUM。落实SCRUM管理的主要步骤包括：

1. 挑选一位产品负责人。
2. 挑选一个团队（3—9人）。
3. 挑选SCRUM主管。
4. 拟定待办事项清单，并确定优先顺序。
5. 改进和评估待办事项清单。
6. 冲刺规划会。
7. 工作透明化。
8. 每日例会。
9. 冲刺评估或冲刺展示。
10. 冲刺回顾。

敏捷转型只是企业变革的冰山一角，扁平化组织、自组织、团队管理等组织变革正为越来越多的企业采用，企业的培训管理也正在适应这种组织变革。目前，企业的培训发展趋势主要有以下几方面。

1.企业培训由"指令型"向"指令型+需求型"转变

很多企业投入了大量的人力、物力、财力，用于培训、提升员工的素质。这种"指令型"培训多是出于企业的需求，而大多数参训的学员都是"被安排"，这种培训很少考虑受训人自身发展的要求。这种"指令型"的培训企业做了不少，但参训人普遍不积极，收效并不理想，更多的是把培训理解为外出、拓展、福利，甚至是休假。

随着企业培训管理的发展，企业逐步将"指令型"培训转向"指令型+需求型"，即企业培训除考虑企业发展需求外，更要重视对员工个人职业生涯的设计、潜能的发挥，使培训也为员工个人事业发展做准备。这样的培训将"要你培训"与"我要培训"相结合，能取得比较理想的效果。

2.企业培训由"管理型"向"经营型"转变

企业培训课程曾主要以管理类课程为主，如管理理念、管理实操、管理标准、质量控制等。但是随着市场竞争的加剧，企业管理标准化、服务规范化水平的不断提高，管理者不仅要考虑企业内部管理的问题，还要考虑经营问题。企业培训逐步向"经营型"转变，如市场营销、成本控制、资本运营、管理战略等。

3.企业培训由"线下"向"线上+线下融合"转变

这个转变笔者在前面章节已详细介绍，此处就不再赘述。

三、职业人培训需求升级

实景案例

小刘曾在一家企业做软件开发工作，经过几年的积累，他已经掌握了几种开发语言，也积累了项目开发经验。随着年龄的增长，繁重的开发工作让他觉得越来越力不从心，可企业里除了开发工作，没有其他可转型的职业。一个偶然的机会，领导让他当师傅带新入职的两个应届毕业生。他很用心，单独给徒弟们写了教案、用以学习的模拟项目等，两个"徒弟"的学习效果非常好，再经小刘当面辅导，很快就上手成为开发人员。部门领导发现后，又安排了好几个新手给小刘，每次不出3个月就带得非常好。历经一段时间后，经徒弟介绍，小刘在网络平台上做了课程讲解，收到很多学员的点赞。小刘在发现自己的才能之后就在业余时间进行线上培训。目前，他在业界小有名气。

案例启示

通过以上案例我们可以看出，新一代职业人借助移动互联网逐步走出被动参加培训和学习的局面，正在转向主动学习和个性化学习。受训者既需要知识型的培训，也需要实操型的培训，培训者也在培训过程中不断地学习和创新。

新一代职业人对于培训需求的升级体现在以下几方面。

1.培训方式由"传承"向"创新"转变

企业培训是为了培训合格的人才。传统的培训方式已难以适应企业学员的需求。现代企业的培训需要具备超前性，其目标不仅仅是培养现实人才，还要培养未来人才，培训方式要由"传承"向"创新"转变。

2.培训者由"知识传播者"向"知识生产者"转变

大部分的知识传播可以靠线上培训完成。线上培训可以让培训者有时间进行知识更新、教学创新：一是将知识进行加工，让学员更乐于接受；二是在综合分析原有知识的基础上，提出新观点、新理论和新方法，创建新的知识体系。这样，培训者将由"知识传播者"转变为"知识生产者"。

3.培训内容由"补缺"向"挖潜"转变

一直以来，培训遵循岗位能力补差的原则，多着眼于学员的"应知""应会"及操作技能掌握、基本知识应用、解决具体问题能力等"补缺"培训。但是，面对日益激烈的市场竞争，培训逐步转移到挖掘潜力，把思维变革、观念更新、潜能开发等纳入培训内容，使学员能从培训中真正学会思考、学会创新，实现个人潜能的有效释放。

四、新技术推动培训变革

不论怎样，现代所有企业、所有人都受到新技术的冲击，培训也不例外。正如我们在前面章节已经分享的，人工智能、大数据、云计算等先进技术逐步应用于培训中，新技术也成为培训变革与发展的主要因素之一。

新技术的发展也在加速，以人工智能为例，中国人工智能发展迅猛，中国政府也高度重视人工智能领域的发展。随着人工智能技术的快速普及与发展，其在培训领域中的应用将大大改变培训模式，教学环境将转变为高度智能的人机一体化新教学环境，将根据学员定制个性化的培训，并提供沉浸式的学习体验和高度智能化的学习过程跟踪服务。智能教学助手和智能评测系统的协同，可以为学生提供全面的学习诊断，并配之以及时精准的学习干预，从而真正实现教学的规模化与个性化统一。智能时代对培训者能力的要求也相应地发生巨大的变化，对培训者信息素养的要求被提升到前所未有的重要地位，培训者的能力标准将被重新定义，对培训者的职业要求将全面更新。

经验分享　新技术催生知识IP

之前企业并不允许员工兼职，但是在新技术的支持下，知识型员工越来越可能成为自主的知识传播者。在知识付费逐步成熟后，知识型员工就会以企业无法控制的方式，成为知识IP。这是把"双刃剑"，企业的人才培养需要付出巨大的人力、物力和财力，并不能支持所有员工的职业发展，新技术会加速成熟员工的流失；但同时，新技术也催生企业变革，给企业带来更多的人才与技术，促进企业的发展。

在实践工作中运用
第18项精进：掌握培训趋势

1.请写下你工作或生活中遇到的、对你影响最大的变革。

　　_____

　　_____

　　_____

2.请分析一下，你与上一辈人（比你大10岁）和下一辈人（比你小10岁）的主要不同是什么？原因是什么？

　　_____

　　_____

　　_____

3.在新技术的推广过程中，你自己的接受度如何？你如何把它们与自己的生活和工作进行融合？

　　_____

　　_____

　　_____

图书在版编目 (CIP) 数据

培训管理18项精进/闫轶卿著.—北京：中国法制出版社，2020.9
ISBN 978-7-5216-1209-7

Ⅰ.①培… Ⅱ.①闫… Ⅲ.①企业管理—职工培训 Ⅳ.① F272.92

中国版本图书馆 CIP 数据核字（2020）第 128439 号

策划编辑：潘孝莉
责任编辑：刘　悦（editor_liuyue@163.com）　　　　　　　　　　　　封面设计：汪要军

培训管理18项精进
PEIXUN GUANLI 18 XIANG JINGJIN

著者/闫轶卿
经销/新华书店
印刷/三河市紫恒印装有限公司
开本/710毫米×1000毫米　16开　　　　　　　　　　　　　印张/18　字数/285千
版次/2020年9月第1版　　　　　　　　　　　　　　　　　　2020年9月第1次印刷

中国法制出版社出版
书号 ISBN 978-7-5216-1209-7　　　　　　　　　　　　　　　　　　定价：66.00元

北京西单横二条2号　邮政编码100031　　　　　　　　　　　传真：010-66031119
网址：http://www.zgfzs.com　　　　　　　　　　　　　　　编辑部电话：010-66073673
市场营销部电话：010-66033393　　　　　　　　　　　　　邮购部电话：010-66033288

（如有印装质量问题，请与本社印务部联系调换。电话：010-66032926）